Christian Grönroos
クリスチャン・グルンルース

In Search of a New Logic for Marketing

サービス・ロジックによる現代マーケティング理論

Foundations of Contemporary Theory

消費プロセスにおける価値共創への
ノルディック学派アプローチ

蒲生智哉 [訳] Tomoya Kamoh

東京　白桃書房　神田

In Search of a New Logic for Marketing
Foundations of Contemporary Theory
By
Christian Grönroos

Copyright © 2007 Christian Grönroos

All Rights Reserved.
Authorised translation from the English language edition published by John Wiley & Sons Limited.
Responsibility for the accuracy of the translation rests solely with
Hakuto Shobo Publishing Company and is not the responsibility of John Wiley & Sons Limited.
No part of this book may be reproduced in any from without the written permission of
the original copyright holder, John Wiley & Sons Limited.

Japanese translation right arranged with
John Wiley & Sons Limited
through Japan Uni Agency, Inc., Tokyo

日本語版によせて

　現代のマーケティングは，未だにひどく因習的なロジックの支配下にある。その典型として，4Pモデル（製品，流通，価格，プロモーションがそのマーケティングにおける意思決定変数となる）を伴うマーケティング・ミックスの観点は，半世紀も昔から存在し，それは当時の北米における消費財を対象としたマーケティングのコンテクストに基礎をおく。このロジックが構築されてから50年もの間に，随分と環境は変化し，消費者の教育水準や情報のアクセス方法は全く違ったものになり，流通やメディアの構造もすっかり変わってしまった。さらに，市場は成熟し，サービスが以前まで占めていたモノ（物財，製品）の地位を奪った。マーケティングのコンテクストにおけるあらゆる事象が変化したというのに，マーケティングの主要なロジックは旧態依然のままだ。

　マーケティングの究極の目標は，誓約の締結とその達成に関する包括的な方法をつうじて企業の意義を顧客に示すことである。そうすることで初めて，顧客は自らの欲求が満たされることを予期できる。マーケティングの因習的なロジックやそのモデルは，誓約の締結に対応するものであり，それによって魅力や知名度は高められる。その一方で，誓約の達成（実現）はマーケティング部門とは関係のないその他のビジネス機能の責務とされる。その因習的なロジックとマーケティング・ミックス・アプローチが開発された50年前は，4Pモデルの「製品」の変数が顧客満足を充足すると考えられ，それは企業能力に対する顧客の認識に一定の影響を与えた。したがって，その変数は誓約の達成に対応し，その一方で他の3つのPは部分的にしか誓約の達成に関連せず基本的には誓約の締結に対応した。さらに重大なことに，マーケティング（販売を含む）以外のビジネス機能は，誓約の達成及び顧客満足に対して全くあるいは最低限の影響力しかもたないと考えられた。今日

では，このことは物財においてさえもすっかり変容した。コールセンターやサービスセンターは誓約の達成及び顧客満足に関わり，顧客との関係性において，誓約達成のための企業と顧客間の接触が非常に多くみられるようになっている。サービス企業では，サービス従業員，インターネットを基盤とするシステムやその他のシステム，インフラ等との接触が顧客の満足や誓約の達成に影響する。製造企業でも，そういったサービス企業と同様の状況が見られるようになりつつある。

　マーケティング以外のビジネス機能が，顧客との関係性における最も重要な責務とされるようになった。すなわち，顧客を満足させ，その企業が彼らにとって意味のある存在であると認識させることである。マーケティングは基本的に誓約を締結するだけである。顧客とのインターフェースが，マーケティングの因習的かつ支配的なモデルでは対応しきれないほど拡大したために，企業におけるマーケティングの役割や重要性は広く廃れてしまった。マーケターは，取締役会あるいはトップ・マネジメントチームに相当するレベルにおいて，その地位を失った。本書の目的は，マーケティングに対するサービス・ロジック及び顧客との関係性に基礎をおく現代的なアプローチをもって，これとは逆の開発を行なうこと，すなわち，マーケティングを顧客にとって意味のあるものへと再び開発し直すことである。このような現代的なマーケティング・アプローチは，取締役会，トップ・マネジメント，株主，さらには社会にその意義を再認識させることになるだろう。

Christian Grönroos
教授：サービス・マーケティング，リレーションシップ・マーケティング
ハンケン経済大学

訳者まえがき

　本書の原著である Christian Grönroos [2008] *In Search of a New Logic for Marketing : Foundations of Contemporary Theory* は，彼のもうひとつの主著である *Service Management and Marketing*（邦題『北欧型サービス志向のマネジメント』）の後を追って刊行された。つまり，本書はそのエッセンシャル版としての意味を持ちながらも，サービス・マーケティング（あるいはサービス・マネジメント）研究に関する彼ならびにノルディック学派の思想の核が刻まれており，単なる補足のための存在ではない。これまでも，彼以外の研究者によっても，タイトルに「サービス・マーケティング」や「サービス・マネジメント」と銘打たれた文献が多く世に出てきているが，特に，Kotler に代表される北米のマーケティング研究（アメリカン学派と称する）の主張・思考と北欧の Grönroos や Gummesson が設立し牽引してきたノルディック学派のそれとは本質的に異なる。

　これまで主流というポジションに鎮座していたアメリカン学派によるマーケティング理論は，製造業のロジックをベースとして開発・発展・教育されてきた。それは，生産物（物財）を顧客との経済取引においていかにして「交換するか」ということに焦点をあてたものであった。すなわち，物財と金銭との取引から価値が生じるという「交換価値」の観念にその思想の基礎をおいた。そのロジックをサービス財に転用して，因習的なマーケティング理論の観点からサービス財を捉えるところから彼らのサービス・マーケティング研究はスタートしている。その一方で，ノルディック学派のサービス・マーケティング研究は，1970年代からみられはじめたが，当時の実証研究に基づき，従来のマーケティング理論をサービス企業やサービス財に適用して議論することは極めて困難だという結論に至り，サービスのコンテクストに適した独自のマーケティング概念を開発するところから研究をスタートさせ

ている。そして，そのマーケティング概念は，サービスのコンテクストだけではなく，マーケティングにおけるドミナント・ロジックとして通用すると，彼らは強調している。前者は「交換価値」に基礎をおくマーケティング思想であるのに対し，Grönroos をはじめとするノルディック学派の研究者は，顧客が求める価値は提供者と顧客との相互作用プロセスをつうじて価値が共創されていく「利用価値」の観念に焦点をあて，価値の消費プロセスにマーケティングの本質をみている。

　Grönroos は，Gummesson とともにノルディック学派の研究の思想や手法に基づき，サービス・マーケティングの原理・原則，サービス品質モデル，サービス・ロジックといった理論の開発をつうじて，その主張の影響力を増してきた。例えば，近年，北米や日本でも注目を集めていた Vargo & Lusch[2004] が提唱する S-D ロジックは，Grönroos の思想の核となる「サービス・ロジック」に影響を受けるものであった。しかしながら，本書のなかでは，彼らのその理論に対する批判が加えられている。本文にもあるように，1970年代当時のマーケティングに関連する学界において彼の主張は極めて異端とされた。だが，2011年に彼が北米以外のマーケティング研究者として初めて "Legends in Marketing" に認定されたという事実は，彼ならびにノルディック学派のサービス・マーケティング研究の正当性が，これまで主流とされてきた北米のマーケティング研究者にようやく認められたことを意味する。最近の彼の研究は，一転して注目を集めたノルディック学派の思想や研究手法について書かれた論文もあるが，「価値共創」を主要なテーマとしてサービス・マーケティング研究を今なお牽引している。

　本書は，これまで北米のマーケティング理論に倣い，それを真実として受容してきた日本のマーケティング研究において大きな衝撃を与えることを期待して，マーケティング研究者のみならず，社会人院生や実務家の方々に読み広めていただきたいという一心で翻訳した。著者の C. Grönroos 教授には，私が博士課程の大学院生の頃，突然の留学の申し入れにもかかわらず快く受け入れていただき，慣れない海外生活における丁寧な対応や大変有意義な指導をいただいた。彼のもとに留学できた経験は，私の研究だけでなく人生においても大きな転機になっている。また，『北欧型サービス志向のマネ

訳者まえがき

ジメント』に引き続き，本書の翻訳・出版にも快諾していただき，さらには多忙にもかかわらず急遽この日本語版刊行へのメッセージを寄せていただいた。教授には，心より深く感謝申し上げたい。そして，本書の重要性を理解し出版をお手伝いいただいた白桃書房の大矢栄一郎氏ならびに広島大学の村松潤一教授にも謝意を述べたい。

2015年1月

蒲生　智哉

まえがき

　ちょうど60歳を迎えた頃，1960年代のビジネススクールで私が学んだものに取って代わる新しいマーケティングのロジックを探求し始め，自らの半生を費やしていたことに気づいた。ビジネススクールで研究を始めてから10年後に，私はあることをきっかけにサービスの存在に着目し，それからすぐにサービス・ロジックに基づくマーケティングは，物財に基づく主流のマーケティングよりも優れたマーケティング理論の基盤を築くことができるという考えに至った。サービス財はいつも関係性を有するものであるが，リレーションシップ・マーケティングが確固たる分野として認知されてから，この考えは現実味を帯びるようになった。ビジネス及びマーケティングの環境は日々移り変わり，顧客は多くの情報を得るようになり，その要求は厳しくなってきた。だいたいにおいて，顧客市場及びビジネス市場に対する企業のマーケティングはいずれも同じ課題に直面している。インターネットの導入やITの発展は，この流れを後押ししている。自社の競争力を維持するために，情報やアドバイスの提供，取付・設置，修理，メンテナンスといった顧客との接点にさらなる要素を積極的に付け加えたり，苦情対応や請求システムといった隠れたサービスを積極的に顧客志向のサービス財へと変えなければならない。迅速かつ平等に解決される品質の問題やサービスの失敗，あるいは常に正確でわかりやすい請求書の作成及び発送は，制限を伴ったり顧客の視点を無視した事務的あるいは規則的なルーティンとして管理され実行されるため，顧客から見えないサービスのままである。顧客の観点からすると，もしこれらのタスクが適切に実行されなければ，結果的にサポートどころか迷惑なものになってしまう。苦情対応及び請求書や送り状の作成や発送は，数多くあるあらゆる隠れたサービスのうちのたったふたつの例でしかない。

　近年まで，サービス・マーケティングとリレーションシップ・マーケティ

ングは異なる領域として発展し，マーケティング・ミックスを用いたマネジメント・アプローチに基づく主流のマーケティングに干渉することはなかった。これまでは，正統なマーケティングの領域としてサービス・マーケティング及びリレーションシップ・マーケティングを構築することが重要であった。サービス・マーケティング及びその延長線上にあるリレーションシップ・マーケティングを基盤とするロジックが，一般的なマーケティングに対して有用であるかどうかについては議論されてこなかった。だが，このことに関しては今となっては国際的なトピックとして扱われるようになっている。

　移り変わるマーケティングの状況において，主流のマーケティングは企業にとってその重要性が薄れてきた。学問分野及び実践としてのマーケティングは，決定的な転換期にある（第１章参照）。マーケティングの概念では，企業の意思決定や活動は顧客のニーズやウォンツに対応すべきであり，そうすることで企業と顧客は関係性をもつ。つまり，彼らは顧客の日常生活やプロセスをサポートすべきなのである。「誓約（promise：約束・契約）」の概念を用いると，マーケティングは入手可能なソリューションについて顧客と誓約を交わし，その誓約によってつくられた期待と合致し満足させることのできるソリューションを提供することで誓約を達成すべきである。こうして，成功をもたらす顧客マネジメントが実現する。しかし，その新しい状況においては，マーケティングは約束を交わすことや顧客獲得や新規ビジネスの創造ばかりに気をとられている。こうした経緯から，マーケティングは過剰に戦術的になったり，そのあるべき姿を捉え直すことが難しくなった。同時に，往々にして，契約の達成や顧客ロイヤルティの創造は他部門の組織機能の責務となった。

　基本的に，マーケティングの刷新は二通りの道程を辿る。学問及び実務としてのマーケティングは，顧客獲得と新規ビジネスの創造に限定され，マーケティング理論はそのことに対応して開発されてきた。このような道筋が選ばれる場合，マーケティングは，競合他社よりも確実な方法を用いて，顧客に既存のソリューションの存在を気づかせ，自社の商品を選択肢として考慮させることを目的とする独立した組織機能として開発されるべきである。し

かしながら，このことはマーケティングを誓約の締結ならびにブランド認知の形成へと注力させ，誓約の達成やブランド実現ならびにブランド・イメージの形成は度外視される。マーケティングは，顧客マネジメントの一部のみに限定されて戦術的に用い続けられるだろう。顧客マネジメントの主な役割，すなわち，顧客満足や顧客ロイヤルティの開発を確実に行なうことは，未だに他部門の組織機能とされる。マーケティングの概念が求めるところは満たされないだろう。私見では，このことは我々のディシプリンにとって有益ではない。

　もうひとつの変化の道筋は，顧客マネジメントの全体的なプロセスに責任を負うことができるようにマーケティングを開発することである。顧客が標準化された製品のみを求め，それだけで顧客の満足とロイヤルティが形成されるのであれば，これまで主流だったマーケティングで充分に責任を負うことはできた。今日の顧客マネジメントの全般的な責任を負うことができるマーケティングを実現するためには，姿勢や構造やマネジメントに変化を起こさなければならない。例えば，マーケティングに関する意思決定の範囲を予め制限することはできないし，独立した組織機能のみで責任を全うできないままである。前者の変化の道筋と比べ，学問ならびに実務においてマーケティングの課題は大きなものとなっている。

　個人的な意見となるが，前者の道筋を辿るマーケティングの開発は，マーケティングをさらにビジネスの実践から遠のけてしまう。また，マーケティングやマーケターとトップマネジメントや顧客や株主との関連性は，ますます薄れてしまう。ディシプリンとしてのマーケティングは残るが，それは戦術的な意味合いを増し，学生は興味・関心を失ってしまう。後者のマーケティング開発の道筋に挑戦するとしても，私見ではあるが，それは，顧客マネジメントにおいてマーケティングの重要性を回復し，企業の意思決定におけるその役割を取り戻す方法にしかならない。したがって，サービス・マーケティング及びリレーションシップ・マーケティングの概念やモデルの開発やそれらを基盤とするロジックの出現が，マーケティングの刷新にひとつの基礎を与えてくれる。サービス・ドミナント・ロジックの関心が高まっているが，それは，サービスと関係性におけるマーケティングのロジックが現代の

マーケティング理論に有益な基礎を与えることができるか，という検討を当たり前に行なっているにすぎない。

　本書には，1978年から2006年までに発行されたサービス・マーケティングとリレーションシップ・マーケティングに関する自らの学術論文9つを掲載した。第Ⅰ部はサービス・マーケティングに関する4つの論文（第2章～第5章）から，また第Ⅱ部はリレーションシップ・マーケティングの4論文（第6章～第9章）からそれぞれ構成される。加えて，導入部分の序章と第1章はマーケティングを取り巻く現状の分析から構成され，まとめとなる第Ⅲ部は，9つ目の論文（第10章）と現代のマーケティング理論のための基礎を築く結論部分から構成される。当然ながらそれは，サービス・マーケティングやリレーションシップ・マーケティングから生まれたロジックがどのように全般的なマーケティングに有益性をもたらすかに関する私の考察である。さらにいえば，私の研究は，最初から常にマーケティング思想における「ノルディック学派（Nordic School）」の立場をとってきた（序章のノルディック学派の議論を参照のこと）。もちろんこのことは，私の科学的アプローチ及び当該分野の研究アプローチに影響を与えている。

謝辞

　たくさんの研究者ならびに実務家に少なからずお世話になった。その全ての方々に感謝の意を伝えたい。できることなら感謝すべき全ての方々について述べたいところではあるが，頁数の都合上，私の思想やキャリアに最も大きな影響を与えた数人のみを名前をあげて謝意を伝えなければならない。それは6名いる。まず，Kurt Kääriäinen は，サービス財のマーケティングの理論的側面に関する報告会に招待するため私に電話をくれ，サービスの存在に気づかせてくれた。Lars Lindqvist は私が博士論文に考えていた余計なトピックを全て却下し，サービス・マーケティングに集中するよう説き勧めてくれた。Evert Gummesson は，1970年代私と同様に博士課程の大学院生でサービス・マーケティング研究を行なっていたが，長年にわたって我々は主流のマーケティング，サービス・マーケティング，リレーションシップ・マーケティングの観点や思想，そして人生についても意見を交換してきた。米国マーケティング協会のサービス・マーケティングに関する最初の特別会議の共同議長であった William George は，Kurt と同じようにある日アメリカから突然電話をかけてきてくれ，私にその会議のために論文を提出するよう正式に依頼し，ずっと早くから私を国際的なネットワークへ参加させてくれた。博士論文の担当教員であった Alf-Erik Lerviks には，前代未聞であり，ほとんどの主流のマーケティング研究者が異端で受け容れ難いと考えていた私の研究テーマと当時では非常に型破りな科学的アプローチにもかかわらず，受け容れてサポートしていただいた。最後に，ハンケン経済大学 (Hanken Swedish School of Economics Finland) とヘルシンキ大学においてマーケティングと経済学の教授であり，私の指導教員であった Gösta Mickwitz には大変お世話になった。彼は私に，ラテラルに考え一般論によって決められた枠を超えて解決の糸口を探ることを教えてくれた。心より彼

らに感謝申し上げる。

　私が所属するビジネススクールや大学の同僚には，様々な方法で私の研究やキャリアに多大な助力をいただいている。特に，私が主に所属するフィンランドのハンケン経済大学のLars Lindqvist，Tore Strandvik，Veronica Liljander，Annika Ravald，Maria Holmlund，Kirsti Lindberg-Repo，故Henrik Calonius，そして第2の家のように思っているテンピーにあるアリゾナ州立大学のStephen Brown，Mary Jo Bitner，ビジネスにおける輝かしいキャリアのために学界から離れたLawrence Crosby，スウェーデンのルンド大学のヘルシンボリ・キャンパスにいるHervé CorvellecとJan Perssonに，最高の謝辞を送りたい。その大学は学部から博士課程まで一貫したサービス研究の研究プログラムを唯一提供している研究機関である。

　そして，研究とビジネスのキャリアでの成功に努めているBo Edvardsson，Uolevi Lehtinen，Jarmo Lehtinen，Kaj Storbacka，さらにDavid Ballantyne，Leonard Berry，Roderick Brodie，Pierre Eiglier，Ray Fisk，William George，故Eric Langeard，Christopher Lovelock，Robert Lusch，Parsu Parasuraman，Roland Rust，Benjamin Schneider，Lynn Shostack，Stephen Vargoにも感謝を申し上げたい。また，様々な方法で私の作業をサポートしてくれた数えきれないほど多くの実務家の方々にも心より御礼申し上げる。

　John Wiley & Sons社のSarah BoothとAnneli Andersonは，本書の出版のプロセスを通して素晴らしいサポートをしてくれた。心より感謝している。最後に，本書の執筆中，私の妻Vivecaと子供たちと孫に，支えとなってくれたことに対して感謝の言葉を伝えたい。

Christian Grönroos
フィンランドのTölöより
2007年1月16日

目　次

日本語版によせて　i
訳者まえがき　iii
まえがき　vii
謝辞　xi

序　章　I Did It My Way―自分の信じるままに ……………… 1
　全ての始まり　1
　マーケティング思想におけるノルディック学派　5
　本書のねらいと構成　8

第1章　マーケティング―原理の転換期 ……………………… 19

第Ⅰ部　サービス・マーケティング

第2章　サービス財のマーケティングに対するサービス志向的アプローチ ……………………………………… 27
　問題の所在　27
　　本章の目的　28
　サービス財のマーケティング―今日のマーケティング近視眼　29
　　サービス・マーケティングの混乱　29
　　全ての者が本当にサービスに関わっているか　30
　　サービス財の特性　31
　　物財に基づく伝統的なマーケティング・ミックス概念の欠点　33
　サービス提供の設計　34
　　サービスのアクセシビリティ　34

　　　　人的資源　　35
　　　　補助サービス　　37
　　　　サービスの企業内要素　　37
　　マーケティングにおける能動的な参加者としての消費者
　　　39
　　事例による補足　　41
　　　　研究　　41
　　　　パッケージツアーのマーケティングの事例　　42
　　　　理髪店のマーケティングの事例　　43
　　結論　　44

第3章　適用されるサービス・マーケティング理論 …………49
　　はじめに　　49
　　サービス財の特性とサービス・マーケティングの性質
　　　51
　　サービスの品質　　53
　　買い手と売り手の相互作用における資源　　55
　　サービス・マーケティング・モデル　　58
　　サービス・マーケティングの動的側面─3段階モデル
　　　62
　　結論　　64

第4章　サービス品質モデルとそのマーケティングへのインプリケーション ……………………………………………67
　　失われたサービス品質の概念　　67
　　期待サービスと知覚サービス　　68
　　誓約とパフォーマンス　　69
　　技術的品質と機能的品質　　71
　　品質の側面としてのイメージ　　73
　　サービス品質モデルに関するいくつかの経験的実証　　74

結論とマーケティングへのインプリケーション　77

第5章　サービス財のマーケティング：失われた生産物の事例 ……………………………………………… 81

はじめに　81
　　　顧客が抱える問題へのソリューションに関する議論　81
プロセスと結果の消費　82
　　　従来のプロダクトマーケティング　83
クローズド・プロセス　84
　　　結果の消費とプロダクトマーケティングの性質　84
　　　マーケティングにおいて鍵となる3つの当事者　84
　　　プロセスの消費　85
プロセスの消費とサービス・マーケティングの本質　86
　　　資源の調整　86
　　　個人としての対応　88
　　　技術的資源　89
　　　顧客の知覚価値　90
失われた生産物の捜索：サービスの知覚品質の概念　90
　　　基本的なサービス知覚品質　91
　　　仮説生成型研究プロセス　92
　　　理論的構成概念　93
　　　複数の比較基準　94
　　　即席の認識　94
　　　第一に先行する知覚品質　95
失われた生産物のマネジメント　95
　　　接客従業員　96
　　　サポート部分　97
優れたサービス品質　98
　　　事例：エレベーターの修理・メンテナンス　98
　　　問題の原因究明　99
質的調査の実施　99

技術的品質と機能的品質　100
　　サービスとその品質の理解　100
サービス技術者　101
　　システムとオペレーション資源　101
特有のシステム知識　102
利用されるオペレーション・システムへの好影響　102
　　物的資源と設備　102
　　接客従業員　103
プロセスの観点　103
明瞭な結果　104
　　顧客　104
結論　104
　　サービス財の理解　105
　　サービス・プロセスの理解　106

第Ⅱ部　リレーションシップ・マーケティング

第6章　サービスのコンテクストにおけるマーケティングへの関係性アプローチ：マーケティングと組織行動の接点 ……………………………………… 113
はじめに　113
マーケティングの従来の役割　114
買い手と売り手のインターフェースへの関係性アプローチ　115
マーケティングにおける関係性の定義　116
マーケティングへの関係性アプローチの意義　118
サービス文化の必要性　120
インターナル・マーケティングの必要性　121
結論　122
　　マーケティングと組織行動の共同の課題　122

xvi

目　次

第7章　マーケティングはどこへ向かうのか？リレーションシップ・マーケティングへのパラダイムシフト ……………… 127

はじめに　127
マーケティング・ミックスの歴史　129
マーケティング・ミックスの本質　131
経済理論とパラメータ理論におけるマーケティング変数　133
現代のマーケティング理論　135
新しいアプローチとマーケティング・ミックス　138
将来の展望：リレーションシップ・マーケティングの概念　140
結びにかえて：いくつかの考察　142

第8章　リレーションシップ・マーケティング：組織の課題 ………………………………………………………………… 149

リレーションシップ・マーケティング：1990年代以降のマーケティングのパラダイム　151
リレーションシップ・マーケティングの観点から問われるマーケティングの基礎　154
マーケティングの変数と資源　155
市場提供物　156
組織的ソリューション　158
マーケティング計画　161
顧客ベースの個別化　163
顧客の調査と成功のモニタリング　164
マーケティングの再生：関係性アプローチ　166
付録　169

第9章　リレーションシップ・マーケティング・プロセス：
　　　　コミュニケーション，相互作用，対話，価値 ……… 175
　　はじめに：リレーションシップ・マーケティングの理論的
　　　枠組み　175
　　目的と観点　177
　　リレーションシップ・マーケティングにおけるサービス財
　　　　177
　　リレーションシップ・マーケティングとサービス競争
　　　　179
　　リレーションシップ・マーケティングの鍵となるプロセス
　　　　182
　　　　コミュニケーション　182
　　　　相互作用　184
　　　　価値　185
　　中核：リレーションシップ・マーケティングにおける相互
　　　作用プロセス　186
　　リレーションシップ・マーケティングにおける計画的コ
　　　ミュニケーション・プロセス　189
　　リレーションシップ・マーケティングにおける対話　191
　　リレーションシップ・マーケティングにおける価値プロセ
　　　ス　195
　　結論　200

第Ⅲ部　新しいマーケティング・ロジック

第10章　マーケティングへのサービス・ロジックの適用 ‥211
　　はじめに　211
　　消費のブラックボックスの開封　214

xviii

交換から相互作用への注視　217
　　活動としてのサービス財とマーケティング・ロジックとしてのサービス　220
　　サービス・ロジック VS. 製品ロジック　222
　　物財はサービスと同様になる　224
　　消費の拡張概念　226
　　ドミナント・ロジックとしてのサービス・ロジック　228
　　結論　230

結章　現代マーケティング理論に向けて …………………… 237
　　マーケティングによって何が達成されるべきか　237
　　マーケティングの基本的な３つのガイドライン　239
　　顧客はどのようにして物財やサービス財から価値を得るか：交換価値か利用価値か　240
　　サービス・ロジック：奇抜な例外から規範へ　242
　　焦点：交換かあるいは相互作用か　245
　　顧客との関係性のマネジメントかあるいは顧客マネジメントか　247
　　素材のミックスかあるいは誓約のマネジメントか　249
　　マーケティング：機能かあるいは多機能的プロセスか　254
　　マーケティングのための新しいロジックに向けて　255
　　現代マーケティング理論の開発のための提案　259
　　結論　264

序章　I Did It My Way
　　　　―自分の信じるままに

全ての始まり

　全ては30年ほど前の電話から始まった。1976年3月，私の元同僚が電話で，その春の終わり頃の公開セミナーのなかでサービス財のマーケティングに関する理論の報告をできないか尋ねてきた。彼が勤めるそのコンサルタント会社は，フィンランドのホスピタリティ産業を対象としたマーケティング調査を終えたばかりだった。少しためらった後，私は承諾するに値する良い感覚を覚えた。私はサービス財のマーケティングという領域をそのとき初めて耳にしたが，明らかにフィンランドの学界では誰もそれを行なっているものはいなかった。これが今なお続くマーケティングの新しいロジックを探る30年にも及ぶ冒険の始まりだった。そのとき私は博士論文執筆のために，マーケティングに多大な貢献をなし得る話題性の高い研究テーマを探していた。また，そのとき私は教育におけるマーケティングに関する試験的な研究提案を執筆していた。そのホスピタリティ産業におけるサービス財についてのセミナーは中止となったが（まだサービス・マーケティングが受け容れられるには時が足らなかった），マーケティング研究の拡大された領域は私の視野を広げ，研究計画にサービス財のマーケティングのセクションを取り入れた。その電話をかけてきてくれた Kurt Kääriäinen（今では成功しているコンサルタント会社のオーナー）と，当時私の博士課程の研究仲間で今ではフィンランドでマーケティングの教授である Lars Lindqvist（私のマーケティング教育の提案が却下されたその春の終わり頃の研究セミナーの後，彼と私は昼食に出かけ，そのとき彼は他のものには見切りをつけサービス・マー

ケティングに専念して研究するよう説得してくれた）がいなければ，私はおそらくサービス財に興味をもつことはなかっただろう。昼食から戻ったとき，私は既にLarsのアドバイスのとおりやってみることを決心していた。

　1979年1月，私はサービス財のマーケティングについて執筆した博士論文を提出した。その前年，私は既にこのトピックに関する最初の論文を国際的な学術誌に投稿していた。この論文は，サービス・マーケティングに関する最初の論文として本書に掲載されている（第2章「サービス財のマーケティングに対するサービス志向的アプローチ（'A Service-Orientated Approach to Marketing of Services'）」）。

　私は，当初から「サービス・マーケティング」という表現を用いた。振り返ると，私はそれぞれに全く異なるサービスビジネスにおけるマーケティングではなく，現象としてのサービスの本質的なロジックについて研究していた。最初に行なった文献レビューの際，私はJohn Rathmellの著書 *Marketing in the Service Sector* [1974] とAubrey Wilsonによるプロフェッショナルのサービス財に関する著書 [1972] を見つけた。Rathmellは，サービス財を解明しようとするとき，「マーケティングの観点からみると，定義，分類，データ，概念が曖昧であったり，適当ではなかったり，非現実的である」と述べ，さらに「独自の伝統や習慣をもっていたり，一般とは全く異なるマーケティングを実践している企業や機関や業種の間でマーケティングの用語や概念や実践を統一しようとしても，ぎこちなくなってしまい，適当ではない」と結論している。彼の意見は，数種のサービス産業に関する私の実証研究によって説得力のある裏づけがなされた。Rathmellの主張と私自身の初期の実証的な分析は，私にサービス・マーケティングは全く新しいロジックを必要とするということを（最初からであるが）確信させた。

　しかしながら，すぐに，私はその延長線上にサービス・マーケティングのこの新しいロジックや原理及び概念が，企業の中核的な提供物がサービス財であるか物財であるかを問わず，全般的なマーケティングに適合するという仮説に大胆にも辿り着いた。1977年に開催された学会の全国大会において，他の大学とビジネススクールに所属する7名の博士課程の院生とともに私は，フィンランドにおけるマーケティングの最も権威ある教授が司会を務め

るセッションで博士論文の研究提案を報告した。口頭での発表が終わりにさしかかり（私は何と表現してよいか全く思いつかないが良い感触をもっていた），私は，自分が展開したサービス・マーケティングの原理と概念は全般的なマーケティングのための新しい基礎になり得るものであるという結論を述べた。当然ながら私は，正気の沙汰ではないと即座に非難された。博士課程の院生は謙虚であるべきだと，あるいは少なくとも間違った立場で考えを表現してはならないと。司会者は講評のなかで次のようなコメントを付け加えて述べた。「8つの研究提案のうち5つは現状のままで良かったが，ふたつは何かしらの再考が必要である。しかし，8番目の博士課程の院生はPh.Dには到達することはないだろう」。そこにいた誰もが，そしてもちろんだが当の本人である私も，彼がそれは誰のことを指して言っているのかわからった。

　1977年，Lynn Shostackが執筆した別の草分け的な論文 'Breaking Free from Product Marketing' が発表された。それは，新しいロジックが必要になってきたという私の主張を支持したものであった。1978年にフィンランドで開催された別の学会の全国大会の後，Philip Kotlerはそこで Shostackの論文についての質疑に対して彼女の主張には同意しないと答え，次のように述べた。「もしサービス企業においてマーケティングが失敗したのであれば，それはマーケティングに何かしら間違いがあるのではなく，その実践が悪かったのだ」。その後，若い博士は，マーケティングにおいてサービスに焦点をあてた新しい原理・原則を追求し続ける勇気があるか尋ねた。私は，「やる」と答え，実際に達成した。

　1976年，私はスウェーデンでのセミナーでEvert Gummessonと出会った。彼はそのとき，私より博士課程のいくらか上級生だった。彼もまた，プロフェッショナルのサービス財のコンテクストにおいてだが，マーケティングの新しいロジックを探求していた。我々はすぐに同じアイディアを追求していること，そして，我々が調査したサービス企業のほとんどのマーケティング担当者は，その主張に可能性を見出しているにもかかわらず，学界の人間は我々の主張を全く理解していないと悟った。次の年，私はフランスでのサービス財に関するワークショップでPierre EiglierとEric Langeardに出

会った。彼らは，マーケティングの分野においてサービスに焦点をあてた原理・原則を探求している研究者であった。私は，彼らの研究からも大きな影響を受けた（Eiglier & Langeard［1975, 1976］）。

　従来のマーケティングにおける国際的な研究からすると，私のアプローチは全く科学的ではないとしばしばみられた。私は，質的データや複数のサービス産業のケーススタディに依拠し，既存の関連知識や厳格な仮説検証による理論の開発ではなく概念の開発を行なった。しかし，サービス・マーケティングには新しいロジックと新しい原理や概念が必要とされるという主張だったため，前例がなく私には用いるべき理論の検証方法を知る由もなかった。私は，スウェーデンのEvert Gummessonやフランスの Pierre Eiglier と Eric Langeard と同様に，スタート地点として既存のマーケティングの一連の知識を受け容れず，まずは概念的な知識体系を開発しようと試みた。さらに言えば，私の意見では，一分野における飛躍は理論検証からではなく，概念研究や理論形成によってなされる。

　私は，当該分野における学術的研究のあらゆるルールのうちひとつのことを除いて壊してしまっただろう。そしてそれはもちろん，賢明な博士課程の院生がやってはならないことだ。私が壊そうとしなかったそのひとつのルールとは，私が行なった全てのことにおいて論理的であり続けることだった。私は調査を行なおうとしたが，その回答者は，頭の中にあるサービス財のマーケティング・ロジックを明らかに根拠としているため，私の質問をあまり理解できないと気づき，私は解釈的なケーススタディ・アプローチや質的インタビューを代わりに用いることを決めた。既存研究の慣習や学界の同僚がどのような提案をくれたかは関係なく，非効率であったり全く馬鹿げていると考えたことでも，私は自分自身でやってみることを抑えられずにはいられなかった。最終的に私の粘り勝ちだったわけである。1970〜1980年代からサービス・マーケティングの分野で活躍してきた学者によるエッセイ集（Fisk, Grove & John［2000］）のために自らの当該分野の研究者としてのキャリアに関する記事を執筆するとき，私は自分自身を研究者として描写しようとした。私は Frank Sinatra から引用する以外に良い方法はないと気づいた。つまり，「I Did It My Way（自分の信じるままに）」。

序章　I Did It My Way—自分の信じるままに

マーケティング思想におけるノルディック学派

　1980年に開かれたサービス・マーケティングをテーマとした米国マーケティング協会（AMA）の第1回特別会議に参加した際，Evert Gummessonと私は，当該分野においてなされるべき学術的研究方法からすると，我々のサービス・マーケティングの知識の開発方法ならびにその研究方法は全く異なっているということを理解した。大体の北米の学者の参加者は我々のアイディアに興味をもち示唆に富むとさえ感じてもらえただろうが，一部の例外を除き，そのアイディアについて何をすべきか理解できる者はいないようであった。我々のケーススタディ・アプローチは，大方の北米の研究者から，せいぜいよくても面白い逸話的な証拠にすぎないと考えられた。そのことに対してRathmellはこちら側の観点から，従来のマーケティングの一連の知識の観点を用いて次のように言い換えた。「我々のマーケティングの術語，概念そして実践は，ぎこちなく不適切とさえも思われる従来のマーケティングとは全く遠い存在であるが，繋がりをもつ」。我々は，マーケティング・ミックスのマネジメントの理論的枠組みという既存するマーケティングの「真実」にさほど敬意を表していないと感じた。確かに我々はそうだったのだ。むしろ，我々はそれを，サービス志向的マーケティングの概念やモデルの開発の邪魔にならないよう避けるべき足枷だと考えていた。もちろん，このことは，マーケティング・コミュニケーションや価格設定，セグメンテーション，ターゲッティングといった従来のマーケティングの多くの要素がサービスのコンテクストにおいて有益ではないということを言っているのではない。

　しかしながら，当該分野への我々のアプローチは充分に興味を惹いたようで，1982年に開かれた第2回のAMAの特別会議に招待され，さらに私は基調講演を依頼された。その会議の前，私はヘルシンキの自宅のサウナのなかで，我々はそのとき北欧諸国のうち2カ国にすぎなかったが，我々がサービス・マーケティング研究に対する全く異なるアプローチを説き，そのアプローチに何かしらの方法で名称を付けるべきだろうと考えた。我々は，サー

5

ビス・マーケティングにおける「ノルディック学派（Nordic School）」という名称を付けることにした。この行為は，今日でいうところのブランディングである。まだほとんどが北米の観衆ばかりの時代であったが，その前で行なった基調講演において，私はノルディック学派の研究手法に基づいた思想や研究成果を説明し納得させ，ノルディック学派について紹介した。1980年代をつうじて，ノルディック学派の研究者の数は増え続け，驚くべき速さでこの学派は当該分野における3つの学派のうちのひとつとして国際的に認知されるようになった（Berry & Parasuraman［1993］）。

　私の研究は絶えず首尾一貫してこの研究手法に則ったものであり，本書のなかの9つの章は全て「ノルディック学派による出版物（論文）」である。そして，それらはサービス・マーケティングやリレーションシップ・マーケティングのロジックのみならず，全般的なマーケティング・ロジックの一部を開発する。サービス・マーケティングにおけるノルディック学派の観点の開発を理解するには，あるひとつのことを記憶にとどめておく必要がある。つまり，サービス・マーケティング研究に対する主流のアプローチ（物財を基礎とした既存のマーケティング理論を出発点としたもの）に反して，その研究者は出発点としてサービスの現象をそのマーケティングのコンテクストに取り入れ，そして，「この現象に適合させるためにマーケティングをどのように捉えるべきか（図1）」ということを考えなければならなかった。こ

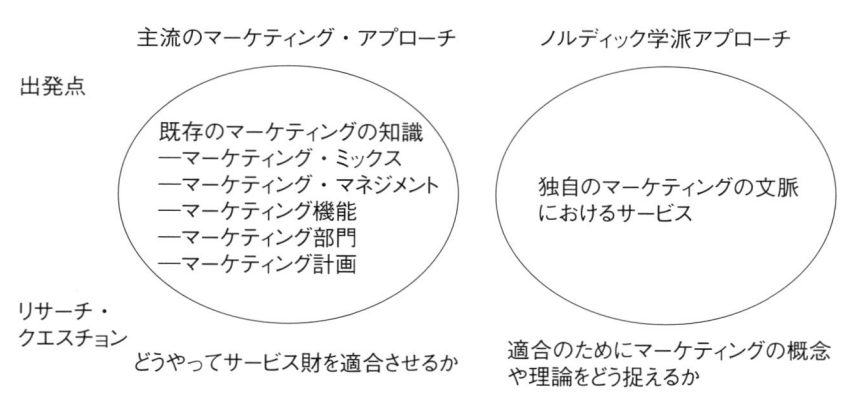

	主流のマーケティング・アプローチ	ノルディック学派アプローチ
出発点	既存のマーケティングの知識 ―マーケティング・ミックス ―マーケティング・マネジメント ―マーケティング機能 ―マーケティング部門 ―マーケティング計画	独自のマーケティングの文脈におけるサービス
リサーチ・クエスチョン	どうやってサービス財を適合させるか	適合のためにマーケティングの概念や理論をどう捉えるか

図1　サービス研究へのノルディック学派アプローチと主流のマーケティング・アプローチとの比較

うすることによって，異なるロジックに基づき開発された既存のマーケティング理論は，サービス・マーケティングの開発の足枷とはならなかった。

　ノルディック学派の研究手法では，理論検証よりも理論形成がより重要であり，当該分野の開発に対してより生産的とされる。しかし，このことには注意すべき以下のふたつの側面が存在する。

1. 理論形成と理論検証は全く異なる科学的手段とは考えない。すなわち，理論形成は理論検証の要素を含むこともある。
2. 今後，より確実な知識体系が築かれていくなかで，純粋な理論検証も重要かつ関心がもたれるようになる。

　この研究手法におけるその他の基本的な側面は次のようなものである（Grönroos & Gummesson［1985］）。

1. 「マーケティングとは何か」あるいは「何が研究を科学的たらしめるか」といったことの確立した規範によって研究は拘束されない。
2. 研究は，アクションリサーチやケーススタディや質的研究のスタイルを基本的にとるが，必要なときはサーベイや定量的手法を用いる。
3. 最初のうちは，研究は規範的かつ実践的であるが，基礎研究を応用研究へと発展させるよう努める。
4. マーケティングに肝要な一部としてインターナル・マーケティングへの関心を必然的に伴う。
5. サービス財の多くの性質やサービス企業の顧客との関係性は，B to B マーケティングのコンテクストにも適応する。
6. 「交換（exchange）」よりもむしろ「相互作用（interaction）」や「関係性（relationship）」のほうがマーケティング及びその研究の焦点となるものと考える。
7. プロセスこそがサービス財の主要かつ最も特異な点である。
   i. サービス財は活動でありプロセスである。
   ii. サービス・プロセス（しばしばサービス生産やサービス提供と呼ばれる）とサービス消費は同時にプロセスのなかで発生する。
   iii. 消費者は共同生産者としてサービス・プロセスに参加し，そのプロセスと結果の双方に影響を及ぼす。

iv. サービス財はある程度無形性である。
8. サービス財の購買と消費は，マーケティングの観点から切り離せない統合されたプロセスである。
9. マーケティングとその他の組織機能は切り離すことはできないが，それらは顧客視点を中心にして全て統合されなければならない。
　　i. マーケティング・マネジメントから市場志向的マネジメントへ。
　　ii. サービス・マーケティングからサービス・マネジメントへ。

　ノルディック学派のアプローチの根底にある信条は，プロセスとしてのサービス財は本質的に関係性をもつため，その観念が常に存在するという考え方である。また明示されなくとも，顧客にとっての価値は企業の設計や企画のプロセスにおいてではなく，彼ら自身の活動やプロセスのなかで発生する，すなわち「利用価値（value-in-use）」と呼ばれる観念をもつ。さらに，顧客がサービス・プロセスの一部であり，そのプロセスの流れと結果に影響を与えるため，彼らは単なる「共同生産者（co-producer）」ではなく，自らのための価値の「共同創造者（co-creator）」である。

本書のねらいと構成

　本書は，このおよそ30年間に学術雑誌に掲載された私の9つの論文と，マーケティング原理の状況分析に続く導入部分と最後の結論部分から構成される。サービス・マーケティングに関する4つの論文は1978～1998年に発表され，リレーションシップ・マーケティングに関する4つの論文は1990～2004年に発表された。そして，9つ目の論文は2006年に発表され，結論となる最終章はマーケティングの新しいロジックがどのように現在のマーケティング理論の基礎を形成できたかという分析を紹介する。これらのようなサービス・マーケティングやリレーションシップ・マーケティングに関する文献ならびにマーケティングにおけるサービス・ドミナント・ロジックの議論（Vargo & Lusch [2004]，Lusch & Vargo [2006]）の視点からみると，新しいマーケティング・ロジックの開発のための出発点としてサービス・マーケティングやリレーションシップ・マーケティングを理解することは，まさ

に必然と考えられるだろう。基本的に，本書におけるその分析と議論は，当然ながらノルディック学派的研究手法に基づく。

以下のものが本書に掲載する論文である。

- A Service-Orientated Approach to Marketing of Services. *European Journal of Marketing*, vol.12, no.8, 1978, pp.588-601.
- An Applied Service Marketing Theory. *European Journal of Marketing*, vol.16, no.7, 1982, pp.30-41.
- A Service Quality Model and its Marketing Implications. *European Journal of Marketing*, vol.18, no.4, 1984, pp.36-44.
- Marketing Services: The Case of a Missing Product. *Journal of Business & Industrial Marketing*, vol.13, no.4-5, 1998, pp.322-338.
- Relationship Approach to Marketing in Service Context: The Marketing and Organizational Behavior Interface. *Journal of Business Research*, vol.20, no.1, January 1990, pp.3-11.
- Quo Vadis, Marketing? Toward a Relationship Marketing Paradigm. *Journal of Marketing Management*, vol.10, no.5, 1994, pp.347-360.
- Relationship Marketing: Challenges for the Organization. *Journal of Business Research*, vol.46, no.3, 1999, pp.327-335.
- The Relationship Marketing Process: Communication, Interaction, Dialogue, Value. *Journal of Business & Industrial Marketing*, vol.19, no.2, 2004, pp.99-113.
- Adopting a Service Logic for Marketing. *Marketing Theory*, vol.6, no.3, 2006, pp.317-333.

　上記の論文からみてとれるように，始めから主流のマーケティング・ミックスによるマネジメントを理論的枠組みとした製品ロジックに取って代わる新しいロジックを探求してきた。しかしながら，サービス・マーケティングに関する最初の3つの論文では，マーケティングの対象としてのサービス財を明瞭に物財と比較して両者の違いに言及している。矛盾しているようにみ

えるが，これに対しては自然な理由がある。1970〜1980年代は全体的に物財に基づいたマーケティング・ミックス・マネジメントの理論的枠組みの信奉者によって支配されており，マーケティングの学界に受け容れられるには，物財とサービス財との違いの強調ならびにその新しい研究領域は主流のそれを妨げないという指摘が新しく物事を始めるために必要な手段だったためだ。実際には，サービスを基盤とする概念が製造業の生産物においても意義あることだと明らかになったのは1980年代終わり頃，リレーションシップ・マーケティングの関心が高まったことがきっかけだった。その論文のなかでこのことが明確に理解できる。1990年代，ときどきあらゆるビジネスがサービスビジネスだと主張されたが（Webster［1992］参照），物財を生産する企業はサービス・ロジックに基づくフレームワークや理論や概念を適用することでより利益を得ることができるという可能性に関する明確な議論は，2000年に入ってから初めて文献にみられるようになった（Grönroos［2000］，Vargo & Lusch［2004］参照）。

　サービス・マーケティングに関する4つの論文は本書の第1部を，そしてリレーションシップ・マーケティングに関する4つの論文は第2部を構成する。「マーケティングへのサービス・ロジックの適用」に関する9つめの論文は結論部分におかれる。

　1978年，1982年，1984年に発行されたサービス・マーケティングに関する最初の3つの論文には既に，サービス・ロジックの重要な要素が全て記述されている。1978年の最初の論文（第2章）では，マーケティングのコンテクストにおけるサービス財の生産と消費が切り離せないという考え方と，顧客はただサービス財を消費するのではなく共同生産者としても活動するという考え方について議論されている。マーケティングに対するふたつの重要性が指摘される。すなわち，「顧客がサービス提供の形成に積極的に参加する」ということと「生産とマーケティングは非常に相互関連の強いプロセスであり，その両方の活動はサービス企業においては同一人物によって同時に行なわれる」ということである。企業内の課題についても議論されている。すなわち，「サービス企業におけるインターナル・マーケティングの役割に気づくことは重要である。例えば，サービス財はまず従業員に上手く売り込ま

れ，そうすることで彼らはそのサービス提供を受け容れ自らのマーケティングの職務を充分に全うする」。1978年に発表されたこの論文では，「利用価値（value-in-use）」の概念がこの表現を用いたり明らかに指摘するわけでもないが確かに存在する。「当然ながら，サービスあるいは価値の満足の提供のために消費者によって物財及びサービス財が購入されると考えることは合理的である」。顧客は自らに価値を提供してくれるサービスの共同生産者であるので，同時に「価値の共同創造者（co-creators of value）」でもある。サービス財だけでなく物財もまた顧客に対してサービスを提供するという主張に着目する。それは近年，マーケティングの議論のなかでスポットライトを浴びたサービス・ドミナント・ロジックの存在意義となる主張の核心である（Vargo and Lusch［2004］）。

　1982年に発表されたふたつ目の論文（第3章）のなかで，マーケティング・プロセスを従来のマーケティングの部分とインタラクティブ・マーケティングの部分との分類について議論し，「インタラクティブ・マーケティングは生産と消費とのインターフェースにおいて発生することに関連する」と結論している。Eiglier & Langeard［1976］の先行研究に基づき，インタラクティブ・マーケティング資源モデルも開発されている。この資源モデルには，接客従業員，物的資源，技術的資源，顧客，さらにサービス・プロセスの結果としてのサービスの知覚品質（結果の技術的品質，サービス・プロセスの機能的品質，イメージの3つの側面をもつ）が含まれる。「関連資源を用いた買い手と売り手の相互作用，ならびにその資源と相互作用のマネジメントの存在はきっと顧客の選択と将来の購買行動に影響を与える」。サービスの知覚品質モデル（3つ目の論文にてさらなる開発を行なった。第4章参照）の要素について，このふたつ目の論文の最初に紹介している。

　さらに，1982年発表の論文では，「リレーションシップ・マーケティング」という用語を用いずに，マーケティングへの関係性アプローチについて以下のように明確に論じている。

　　当然ながら，マーケティングは動的なプロセスであり，そのなかでマーケターは顧客獲得（例えば，販売）にのみ興味をもつのではなく，顧客の

維持(例えば,再販売や顧客との恒久的な接触)にも興味をもつべきである。つまり,マーケティング活動は,サービス企業が顧客と接触するプロセスをつうじてなされなければならない。

1998年に発表されたサービス・マーケティングにおける「失われた生産物の事例(The Case of a Missing Product)」について述べた論文(第5章参照)では,生産プロセスの結果である物財と比較しながらサービス財がどのようにして消費されるかを説明するため,プロセス消費の概念を紹介している。

サービス・マーケティングの重要部分は,サービスの消費は結果の消費ではなくプロセスの消費という事実に基づく。すなわち,消費者あるいは利用者は,物財を対象とする従来のマーケティングにおける単なるプロセスの結果としてではなく,その生産プロセスをサービス消費の一部として認識するのである。

また,サービス・マーケティング・トライアングルの議論も掲載している。それには,サービス・プロセスにおける資源として,従業員に加え,技術と知識,さらに顧客と顧客の時間が含まれる。従来のマーケティング及びインタラクティブ・マーケティングやインターナル・マーケティングに関する初期の研究,ならびに1978年と1982年に発表されたインタラクティブ・マーケティング資源モデルに基づいて作られたこのモデルは,もともと1996年に発表した論文において紹介された(Grönroos [1996]:本書には含まれていない)。

リレーションシップ・マーケティングに関する論文では,ノルディック学派の研究は伝統的に関係性アプローチをサービスの基本としていることが明らかになっている。1990年に発表されたその最初の論文では,リレーションシップ・マーケティングについて次のように定義づけている。すなわち,「マーケティングは参加者の目的を一致させるために顧客との関係性(長期的関係性がいつも必要というわけでもない)を構築し,維持し,強化し,営

利化することである」。このことは，相互の交換ならびに誓約（約束・契約）の達成によって実現する。後の論文や文献では，この定義は若干変更されている部分もあるが，その基本的な考え方は変わらない。この定義とマーケティングの鍵となる誓約（約束・契約）の概念の使用は，その年よりも先に発表された論文（Grönroos [1989]）のなかで紹介されていた。拙著である *Service Management and Marketing* の2007年版（邦題『北欧型サービス志向のマネジメント』）では，リレーションシップ・マーケティングは次のように定義づけられている。すなわち，「マーケティングは，関連する全ての集団の経済的利益やその他の利益に関する目的と合致させるために，顧客（やその他の関係者）との関係性を特定し，構築し，維持し，強化し，ときには打ち切ることである。これは，誓約を締結し達成することをつうじて実現する」。1990年に発表した論文（第6章）では，そのリレーションシップ・マーケティングの考え方を次のように幾分か断定的に説明している。

　マーケティングは，関係性を中心にして考えられる。そのいくつかは単一の取引のようなものであり，範囲が狭く，若干の社会的関係性を伴ったり，あるいは全く伴わない（例えば，石鹸や朝食のシリアルのマーケティング）。他方，それ以外の関係性はより範囲が広く，重要な社会的接触を伴い，事実上継続していき恒久的なものになるかもしれない（例えば，財務サービスやホスピタリティ産業におけるサービス財のマーケティング）。

　本書には掲載されていない後の論文（Grönroos [1997]）では，全ての顧客が「関係性モード（relational mode）」を望むわけではないし，企業との関係性に関与することに興味をもつわけではないと結論している。顧客は「取引モード（transactional mode）」に留まることもできるし，そこから関係性モードに移ることもできる。したがって，潜在的に関係性が存在しても，マーケティングの基礎としていつも用いることができるわけではない。顧客はいつもポジティブに反応するわけでもない。さらにいえば，近年の研究が示すように，関係性戦略の遂行によって企業は常に利益を得るわけではない（Reinartz & Kumar [2002], Ryals [2005]）。だが，潜在的な関係性

はいつでも存在し，企業と顧客の両方の視点から妥当性が認められるとき，企業はその潜在的な関係性をリレーションシップ・マーケティング戦略の基礎として用いることができる。

1994年に発表されたリレーションシップ・マーケティングに関するふたつ目の論文（第7章）では，今日でも主流なパラダイムであるマーケティング・ミックスのマネジメント・アプローチに対する批判的な分析が行なわれている。それは内部優先的であり，（二分法に則して言い換えると製品志向的マーケティングとなるので）マーケティングに対するこのアプローチは「製品志向的」であると結論される。現代のマーケティングの状況においては，例えば，マーケティング以外の何かしらの職務に就き，基本的には顧客との相互作用を正規に行なう従業員である「パートタイム・マーケター（part-time marketer）」がしばしば多くみられる（Gummesson［1991］）。Gummessonの主張によると，フルタイム・マーケターとしてのマーケティング部門のマーケティング専門家は，往々にして，その企業の顧客と直接的に接触せず，彼らに自社からの購買を続けさせようとするマーケティングらしい貢献が必要とされても，その場には現れない。さらに彼は，パートタイム・マーケターはフルタイム・マーケターよりもたいてい数倍も数のうえで勝ることに気づいた。付け加えていえば，「パートタイム・マーケターこそが（顧客の）まわりにいるマーケターなのである（Grönroos［1984］）」。この論文は，マーケティングへの関係性アプローチの分析とそのアプローチをどのようにして現代のマーケティングのコンテクストに適応させるかという議論をもって結論づけられている。

1999年に発表された3つ目のリレーションシップ・マーケティングの論文（第8章）では，マーケティングにおける関係性アプローチの重要性について分析され，8つの提案（観点）を打ち出している。それらには，例えば，マーケティングの内容と提供，マーケティングのための組織化，マーケティングの計画と予算の立案などリレーションシップ・マーケティングを活用するための原則が含まれる。その最後の提案は，およそ100年もの間，顧客マネジメントの現象に用いられてきた「マーケティング」という術語に関連する。「マーケティング」という術語に関する諸問題について明らかにし議論

している。これは，ふたつ目の論文（1994年発表）において既に簡単に触れられている問題である。すなわち，「いくつかの企業は，この問題（従業員に対してパートタイム・マーケターになることに関心をもたせる）を，単にマーケティング部門を縮小したり撤去するだけでなく，マーケティングという術語の使用を禁止することによって解決している」。

2004年に発表されたリレーションシップ・マーケティングに関する4つ目の論文（第9章）は，マーケティングを顧客の価値創造に結びつけるリレーションシップ・マーケティングの動的プロセスのモデルが示されている。このモデルは3つの継続的かつ並行するプロセスを含む。すなわち，(1)計画的コミュニケーション・プロセス，(2)相互作用プロセス，(3)価値プロセスである。それは以下のように説明される。

　　販売交渉や個人宛の手紙といったコミュニケーション活動は関係を示すものとみられるかもしれないが，別個のコミュニケーション媒体をつうじて，たとえそれが双方向のプロセスであったとしても，マーケティング・コミュニケーションを計画し管理運営するだけではリレーションシップ・マーケティングとはならない。計画的コミュニケーションと相互作用プロセスを体系的に遂行されるひとつの戦略に統合することによってのみ，リレーションシップ・マーケティングは実現される。そのような場合において，顧客が認識する関係性の価値が良い方向へと開発される。

最後に，2006年に発表された9つ目の論文（第10章）ならびに現代のマーケティング理論に向けた結論を述べる結章では，8つの論文及びその他の文献のまとめがなされている。その論文では，現代のマーケティングに対するサービス・ロジックの適用の必要性について分析されている。まとめると，製品ロジックは，顧客が標準化された製品以上のものを求めない単純な（顧客との）インターフェースという特殊な状況においてのみ，適用できる。その一方で，マーケティングの枠組みにおいて，消費と利用を直接的に統合すること，ならびに今日の顧客とのインターフェースがどのようなものであるかという考察が，標準化された製品を含むあらゆる物財ならびにサービス財

を想定してなされない限り，サービス・ロジックに基づくマーケティングが全般的なものとして認められることはない。結論部分では，サービス・ロジックに基づくマーケティング理論の開発のための11の細分化された提案を含む4つの提案が示され，マーケティング・ミックスのメタファーの代わりとなる現代のマーケティング理論として，プロセス志向的な誓約（約束・契約）の概念を用いる「誓約のマネジメント（promises management）」の定義づけを行なっている。

参考文献

Berry, L.L. and Parasuraman, A. (1993) 'Building a New Academic Field – The Case of Service Marketing', *Journal of Retailing*, 69(1): 13–60.
Eiglier, P. and Langeard, E. (1975) 'Une approche nouvelle du marketing des services', *Revue Française de Gestion*, 2(November): 97–114.
Eiglier, P. and Langeard, E. (1976) *Principe de politique marketing pour les enterprises de service*, Working Paper. Institut d'Administration des Enterprises, Université d'Aix-Marseille.
Fisk, R.P, Grove, S.J. and John, J. (eds) (2000) *Services Marketing Self-Portraits: Introspections, Reflections, and Glimpses from the Experts*. Chicago: American Marketing Association, pp. 71–108.
Grönroos, C. (1989) 'Defining Marketing: A Market-Oriented Approach', *European Journal of Marketing*, 23(1): 52–60.
Grönroos, C. (1996) 'Relationship Marketing Logic', *The Asia-Australia Marketing Journal*, 4(1): 7–18.
Grönroos, C. (1997) 'Value-Driven Relational Marketing: From Products to Resources and Competencies', *Journal of Marketing Management*, 13(5): 407–419.
Grönroos, C. (2000) *Service Management and Marketing: A Customer Relationship Management Approach*. Chichester: John Wiley & Sons, Ltd.
Grönroos, C. (2007) *Service Management and Marketing: Customer Management in Service Competition*. Chichester: John Wiley & Sons, Ltd.
Grönroos, C. and Gummesson, E. (1985) 'The Nordic School of Services: An Introduction', in Grönroos, C. and Gummesson, E. (eds) *Service Marketing: Nordic School Perspectives*, Series R2. Stockholm: University of Stockholm, pp. 6–11.
Gummesson, E. (1991) 'Marketing Revisited: The Crucial Role of the Part-Time Marketer', *European Journal of Marketing*, 25(2): 60–67.
Lusch, R.F. and Vargo, S.L. (eds) (2006) *The Service-Dominant Logic of Marketing. Dialog, Debate, and Directions*. Armonk, NY: M.E. Sharpe.
Rathmell, J.M. (1974) *Marketing in the Service Sector*. Cambridge, MA: Winthrop Publishers.
Reinartz, W. and Kumar, V. (2002) 'The Mismanagement of Customer Loyalty', *Harvard Business Review*, 80(July–September): 4–12.
Ryals, L. (2005) 'Making Customer Relationship Management Work: The Measurement and Profitable Management of Customer Relationships', *Journal of Marketing*, 69(October): 252–261.
Shostack, G.L. (1977) 'Breaking Free from Product Marketing', *Journal of Marketing*,

41(April): 73–80.
Vargo, S.L. and Lusch, R.F. (2004) 'Evolving to a New Dominant Logic for Marketing', *Journal of Marketing*, 68(January): 1–17.
Webster Jr., F.E. (1992) 'The Changing Role of Marketing in the Corporation', *Journal of Marketing*, 56(October): 1–17.
Wilson, A. (1972) *The Marketing of Professional Services*, London: McGraw-Hill.

第1章　マーケティング
―原理の転換期

　従来の，そして特にノルディック学派のマーケティングの考え方によるサービス・マーケティング及びリレーションシップ・マーケティングの領域の発展から，その範囲と内容がどのように変わり，その変化からマーケティングの性質がどのように変わってきたのかについて明確に説明される。限られた意思決定の変数から成るマーケティング・ミックスのマネジメント及びその4Pモデル（McCarthy［1960］）に対してすみずみまで焦点をあてた主流のマーケティングの高構造的なアプローチは，しだいにマーケティングの理論同様に実践においてもその発展の足枷となってしまった。産業や中核的な提供物がサービス財か物財であるかにかかわらず，企業とその顧客との間のインターフェースやそこでの顧客との多種多様な接点は，主流なマーケティングに基礎をおく単純なインターフェースよりもはるかに多くなっている。

　マーケティングは，発展し多面的な（顧客との）インターフェースをコントロールできるように刷新されなければならないだけでなく，（ふさわしいとされるとき）顧客との長期的な関係性を築き育むことができるように開発されなければならないと，当該研究から示唆されている。凝り固まった理論的枠組みと取引志向的なモデルでは，これを刷新することはできないだろう。さらにいえば，それらは主流のマーケティングを過度に戦術的なものにし，戦略的考察に配慮していない。マーケティングそれ自体が戦略になる可能性は低いが，付け加えて，開発されたマーケティングの手法が企業レベルでのマーケティング計画と戦略的計画との繋がりをも断ち切ってしまっている。McGovernらの調査によると，「とても多くの企業で，マーケティングは戦略とほとんど関連していない（［2004］p.72）」。その戦術志向は，マーケティングから革新性を排除し，マーケティングが環境の変化に適応するの

を妨げる (Day & Montgomery [1999] p.3)。

 4半世紀もの間，ほとんどの企業のビジネスの機能とプロセスは大きな変化を経験してきた。今日では，自動化，プロセス・リエンジニアリング，総合的品質管理（TQM），ジャストインタイム・ロジスティクス，リストラクチャリング，製造とオペレーション，流通と倉庫保管，配達等の多くのプロセスが，50年前に比べると信じられないほど劇的に開発・改善されている。さらに，コンピュータ・システムの導入，IT，エクストラネットとイントラネット，ならびにダウンサイジング，リエンジニアリング，アウトソーシングをつうじて，経営管理のルーティンやプロセスもまた変化してきた。その50年間を月で過ごしたマーケターが現代の職務に戻ったとしたら，実に快適に感じることだろう。少数の新しいコミュニケーションや流通チャネルの導入を除いて，根本的な構造変化やイノベーションは起こっていない。さらに，マーケティングの生産性についていえば，他の機能のそれよりも遅れをとっている。Sheth & Sisodia の1995年の報告によると，1947年から1990年代の間に，製造とオペレーションのコストは全体のコストの50％から30％に減少し，同時期に経営管理のコストは全体のコストの30％から20％に減少した。その1940年代から1990年代の間，総コストに占めるマーケティングコストの割合は確実に増加した。そのときからマーケティングの生産性に関する大きな改善は起こっていない。

 2005年発行の*Journal of marketing*に掲載された「マーケティング復興（marketing renaissance）」の必要性について書かれたトップセクションにおいて，北米の著名なマーケティング教授ではあるが，マーケティング理論の現状に関する懸念を表明した。それは主流のマーケティングの問題を明らかに認めていたが，全ての掲載論文は従来のマーケティングの考察やフレームワークに囚われているようであった。革新的な提案はほとんどみられなかった。だが唯一，大企業を代表する傑出したトップマネジメントのチーム・メンバーによる「企業にとって顧客がいかに重要であるか」という議論について，Stephen Brown が論説していた。企業と顧客との関係を扱う方法について議論されるとき，彼らはマーケティングを顧客マネジメントにおける重要な役割として述べることはない (Brown [2005])。Brown は，「とりわ

け経営者のなかには,マーケティングを顧客に対して責任があるものと述べる者はいない」と報告している（[2005] p.3）。彼はまた,「約束を果たすことや顧客ロイヤルティの構築は,たいていの場合,企業内のその他の部門の責任と考えられる」が,「顧客との誓約（約束・契約）の締結や新規ビジネスの発生」にマーケティングや販売が大きな役割を担う,と主張している（[2005] p.3）。これらの,顧客マネジメントはマーケティング以外の組織機能の問題だとする考え,ならびにマーケターは顧客に購買を勧めるという戦術的なタスクのみに責任を与えられているという考えは,主流のマーケターや研究者や実務家にとって,目を覚ましカーテンを明けて（もし既に始めているならば）新しいマーケティングのロジックを探求し続けるための深刻な警鐘にならなければならない。顧客の思考や好みや期待を解明する責務は他者に譲り,その責務は戦略的あるいは戦術的な顧客マネジメントに取って代わっているのに,マーケティングの基本的なフレームワークは,マーケティング・ミックスの4Psによって作られた檻であり,マーケターの思考や行動はその中に閉じ込められたままである。主流のマーケティングは,顧客を「何かなされる存在」としてみるのではなく,顧客に対して何かしらを行なっていこうとし続けている。Dixon & Blois [1983] が数十年以上も前に述べたこの結論は,今なお全くもって通用する。以上のことから,マーケティングの開発はトップマネジメントや企業の意思決定にとって関連性が薄れ,それゆえに株主にとっても関係ないものになっていった。そのことに付随する不幸な結果として,マーケティングは顧客との関連性をますます失ってしまった。

　研究の潮流と欧米からの報告は,トップマネジメントの思想や決定におけるマーケティングの影響は衰え,顧客の声は企業の意思決定にとって重要性を失っているということを言い表している。しだいにマーケティングはその信頼性を失い,マーケティング機能は減退している（Webster Jr., Malter & Ganesan [2005] 参照）。このことはあらゆるところで全ての企業にあてはまるというわけではないが,傾向としてみられる。マーケティング専門家が取締役会やトップマネジメントのチームにおいて代表されることはなくなりつつある。McGovernら [2004] の米国企業の大規模な調査によると,取締

役会でマーケティングや顧客に関する問題の議論に費やす時間は1割未満であった。別の米国の世論調査では，インタビューを受けた約半数のCEOがマーケティング部門の改善の必要性を主張した（Chief Executive [2004]）。この見解はマッキンゼー社による欧州の研究でも同様にみられた。すなわち，インタビューを受けた半数以上のCEOが自社のマーケターにネガティブな印象をもっていることが明らかになった（Cassidy, Freeling & Kiewell [2005]）。米国のまた別の研究は，最高マーケティング責任者は長くその実権を保つことはできないと主張している（Welch [2004]）。

　主流のマーケティングは悪循環に陥っているようである。すなわち，そのフレームワークやモデルのために，マーケティングは戦術的な課題に過度に夢中になることで戦略的ではなくなり，そのことによってトップマネジメントはマーケターに訊ねる必要性を失い，顧客マネジメントに関する意思決定を他の者に任せる傾向を助長し，やがてこの流れはさらにマーケティングを戦略的なものから戦術的なものに変えてしまう。

　マーケティングが大きな構造的な変化や経営上の変化が起こっていないままの唯一のビジネス機能であるという事実，ならびにマーケティングの生産性は絶えず減退しているという事実は，従来のフレームワークやモデルによって未だに支配されているマーケティングが驚くべきことに，顧客マネジメントに対して全く責任がとれないほど役立たずになってしまったことを証明している。主流のマーケティングは間違った活動に夢中であり，間違った資源や効果的ではない資源を用いたり，あるいは部分的にしか適切なことを行なっていない。1998年，Ian Gordonは次のように述べている。「マーケティング業務に忙殺され，マーケターは，マーケティングは事実上，役に立たないということに気づいていないのかもしれない。マーケティングが，恒久的に優位性をもつ高価値を開発し，他社と差をつけるという期待に応えることはほとんどない（Gordon [1998]）」。その主張より7年前に，Regis McKennaが，従来のマーケティングのフラッグシップである北米の広告業界の衰退に関する議論に対して次のような結論を述べている。すなわち，「（この衰退の）背景の根底にある原因は，広告業界の内輪の恥にある。つまり，それは何も有益な効果をもたらさない。広告は，適応性やフレキシビリ

ティや反応の良さといったマーケティングの基本的なポイントを見失ってしまっている（McKenna［1991］）」。疑う余地なく，これは極論ではあるが，要点をよく捉えた主張である。

　マーケティングの生産性は，既存のフレームワークや構造において改善されることはない。マーケティングの主な責務が顧客獲得や誓約（約束・契約）の締結である限りは，そのコストは増加し続け，その効果も下がり続けるだろう。インターネットならびに双方向のコミュニケーションやモバイル・コミュニケーションの媒体を導入し，ダイレクトマーケティング・チャネルやイベントマーケティングへと変わったとしても，本質的な革新や構造的な新しい改善はなにひとつ達成されていない。ブランド・マネジメントの開発やマーケティングにブランディングの用語を適用することも同様であり，いくらかの状況において従来のマーケティングの効果を高めることもあるかもしれないが，顧客マネジメントに対して革新的な手段をもたらしていない。ディシプリンとしてのマーケティングは危機的状況にある。そして，顧客マネジメントに責任をもつ職務としてのマーケティングは，信頼を失っている。

　マーケター及び販売員は，顧客の選択や期待を企業の戦略や顧客マネジメントの計画及び活動に繋げる最良の方法を知る人間でなければならない。ゆえに，彼らは顧客マネジメントに責任をもつべきだ。しかしながら，戦略的意思決定において，マーケティングの形骸化やその革新の欠如のため，トレーニングや経験を積んだ理想的なマーケターではなく，しばしば顧客志向をもたない従業員によって顧客の声が解釈される。だが，マーケターが思考や行動において時代遅れかつ視野の狭いフレームワークに囚われたままだと，マーケティングの悪循環はマーケターと顧客にとって不幸な方向へ回り続けてしまい，最終的には企業とその株主にも悪影響が及ぶ。

　マーケティングにおいて，サービスを基盤とするロジックを理解することを目的とする本書は，次の3つのパートから構成される。第Ⅰ部はサービス・マーケティングについて，第Ⅱ部はその延長としてのリレーションシップ・マーケティングについて，第Ⅲ部は現代のマーケティング理論の基盤としてのサービス・ロジックの分析を行なって締めくくられる。

参考文献

Brown, S.W. (2005) 'When Executives Speak, We Should Listen and Act Differently', *Journal of Marketing*, 69(October): 2–4.

Cassidy, F., Freeling, A. and Kiewell, D. (2005) 'A Credibility Gap for Marketers', Research Brief. *McKinsey Quarterly*, 2.

CEOs Are Not Happy With Their Marketing (2004) *Chief Executive*, 201, August/September, www.chiefexecutive.net/depts/ceowatch/201a.htm

Day, G. and Montgomery, D. (1999) 'Charting New Directions for Marketing', *Journal of Marketing*, 63(Special Issue): 3–13.

Dixon, D.F. and Blois, K. (1983) 'Some Limitations of the 4 Ps as a Paradigm for Marketing', Paper Presented at Marketing Education Group Annual Conference, Cranfield Institute of Technology, UK, July.

Gordon, I. (1998) *Relationship Marketing*, John Wiley & Sons, Toronto: p. 1.

'Marketing Renaissance: Opportunities and Imperatives for Improving Marketing Thought, Practice, and Infrastructure' (2005) *Journal of Marketing*, 69(October): 1–25.

McCarthy, E.J. (1960) *Basic Marketing: A Managerial Approach*. Homewood, IL: Irwin.

McGovern, G.J., Court, D., Quelch, J.A. and Crawford, B. (2004) 'Bringing Customers into the Boardroom', *Harvard Business Review*, 82(November): 70–80.

McKenna, R. (1991) *Relationship Marketing. Successful Strategies for the Age of the Customer*. Addison-Wesley, Reading, MA: p. 13.

Sheth, J.N. and Sisodia, R.S. (1995) 'Improving Marketing's Productivity', in *Marketing Encyclopedia*, Lincolnwood, IL: NTC Business Books, pp. 217–237.

Webster Jr., F.E., Malter, A.J. and Ganesan, S. (2005) 'The Decline and Dispersion of Marketing Competence', *MIT Sloan Management Review*, 46(4): 35–43.

Welch, G. (2004) 'CMO Tenure: Slowing Down the Revolving Door', Blue Paper, July, www.spencerstuart.com/research/articles/744/

第Ⅰ部

サービス・マーケティング

第2章 サービス財のマーケティングに対するサービス志向的アプローチ[※]

問題の所在

　サービス・マーケティングに関するある調査[1]によると，複数のスウェーデンの優良企業に対して1975年と1976年に行なわれた数回のミーティングの後，サービス産業においては，物財のマーケティングと比べて重大なマーケティングの問題が存在すると発表した[2]。物財とサービス財とのマーケティングの大きな違いは，具体的で触知できるサービス提供の開発の困難性の度合いだと理解されてきた。サービス企業によって議論された多くのマーケティングの問題は，この結論を支持した。
　また，サービス・マーケティングは失敗だとも囁かれてきた[3]。スウェーデンとフィンランドのサービス産業における企業で筆者が行なった調査において，サービス財のマーケティングは困難な業務であるという見解が確認された。さらに，既存のマーケティングの文献には，サービス産業における企業にとってそれは，ほとんど役に立たないと述べているものもある。この見解に対してなにも驚くことはない。マーケティングの文献や研究は，製造業の事例を用いているものがほとんどである。そのため，この領域の事業に関する諸問題は残らず研究され尽くされている。しかしながら，マーケティング研究者は，サービス産業における企業の諸問題にはほとんど関心をもたずにいた。この産業におけるマーケティングの諸問題やマーケティング計画

[※] Grönroos, C. A Service-Orientated Approach to Marketing of Services, *European Journal of Marketing* 1978; 12(8): 588-601. Reproduced by permission of Emerald Group Publishing, Limited.

第Ⅰ部　サービス・マーケティング

に関する状況の事例が，研究者によって議論されたりマーケティングのテキストで扱われることはほとんどない。

　サービス産業はこのようにして忘れ去られてきた[4]。生産の概念の再定義は，サービス・マーケティングにとって唯一の根本的な発展に繋がると考えられる。生産物は物財とサービス財の両方を指すようになり，それはサービス財にも関心が寄せられるようになったことを意味した。だが，このことは取り返しのつかない状況をもたらした。つまり，マーケティング研究者が同じ概念やモデルや論理のフレームワークを用いて，サービス財と物財のマーケティングを論じる危険性が生じた。高度に発展している製造企業の問題にマーケティングの焦点があてられる時代にあって，この進歩はサービス企業の発展にも繋がるとマーケターに対して信じ込ませた。多くの論者は，サービス・マーケティングは物財のマーケティングとは区別すべきだと主張した。それにもかかわらず，サービス企業特有の問題に対するマーケティングの理論や概念さえも開発する根本的な貢献はみられていない[5]。サービス産業において活動する企業は，マーケティング研究者から手厚く扱われる必要がある。

本章の目的

　サービス企業が抱えるたくさんのマーケティングの問題は，サービス・マーケティング独自の理論が欠けていることに起因すると考えられる。本章の目的は，この問題について議論すること，ならびにその理論（つまり，マーケティング・ミックス）の重要部分に対する仮説のフレームワークを提案することである。その仮説を支持するいくつかの経験に基づいた証拠についても説明される。

　サービス・マーケティングの最も深刻な問題は，マーケティング・ミックスに関連してみられる。私見であるが，マーケティング計画のこの部分が物財を基礎とするマーケティング研究の第一犠牲者であると思う。この文脈において，筆者はサービス・マーケティング・ミックスの設計プロセスの一部として，具体的なサービス提供の開発に対して重点的に言及する。その一方で，サービス企業にとって「生産」にあたる提供の一部として考えられてい

ないマーケティング変数については，詳細に議論されていない。さらに，消費者市場におけるサービス財のマーケティングに着目する。

サービス財のマーケティング
―今日のマーケティング近視眼

サービス・マーケティングの混乱

　私見では，サービス・マーケティングの混乱は少なくとも3つ存在するが，それらはサービス・マーケティングの状況に大いに責任があるといえよう。サービス財のマーケティングは，今日のマーケティング近視眼と呼ぶことができる。GNPに占めるサービス産業の割合及びこのセクターの労働者の割合は，先進国においては50%に達しているとされるが，実際にはその数値は50%を超えている。

　サービス・マーケティングの混乱とは，(1)サービス概念の行き詰まり，(2)全ての者がサービスに関わっているという意見，(3)製造企業に役立っているマーケティング研究がサービス企業にも同様に役立つという見方である。

　サービス概念それ自体が混乱している。マーケティングの対象としてのサービス財とマーケティングの変数としてのサービス財（つまり，物財のマーケティングのように競争の手段として）との間に区別がない。そのような線引きは，明確に行なうべきだと考えられる。サービス財のマーケティングは，まずサービスの概念と関係する。マーケティングの対象としてサービスをみるとき，「企業はその市場提供物の中核としてサービスを販売している」のである。サービス財が競争の手段として扱われるとき，中核的な販売物はサービスではなく製品である。それではサービス・マーケティングとはならず，その計画の状況は従来のマーケティングの文献における概念とモデルの手法をもって対処される。

　そのサービス概念の行き詰まりは，物財とサービス財が連関しているという考えに拠っている可能性がある。全ての提供物は，一方の極端が純粋な物財であり，他方が純粋なサービス財である連続性によって説明され，ほとんどの提供物はこの両端の間のどこかに位置づけられるといわれる[6]。この

連続性の概念は，既述のふたつに分けられたサービス概念が混合されている。マーケティング計画の観点からみても，その連続性は存在しないし，あるいは少なくともマーケターを大いに誤解させる。それは，全ての提供物は基本的には同じであり，同じ設計のツールを用いた同様の方法をもって計画できると印象づけてしまう。私見では，提供物は物財（純粋な物財，あるいは輸送，メンテナンス，修理等のサービスを伴う物財）とサービス財（純粋なサービス財，物財の利用を可能にするサービス財，あるいはレンタカー，ホテル，ツアー等の物財を伴うサービス財）の両方が関係していると考えられる。

その企業は当然ながら，物財のマーケティングとサービス・マーケティングのいずれも行なっているかもしれない。しかしながら，企業は，どのような状況にあっても，計画の問題を分析し，その提供物としてサービス財と物財のいずれを開発しているのか認識しなければならない。これら2種の提供物を分ける明確な境界線は，物財とサービス財との連続性の間に引くことはできない。その問題は，本来，マーケターによって解決されなければならない。

ときどき，物財とサービス要素の等しく重要な組合せが市場においてみられる。しかしながら，このマーケティング計画の状況（システム・セリング）について取り扱っている論文が今のところ存在しない。

全ての者が本当にサービスに関わっているか

あらゆるマーケティングがサービス・マーケティングになる，という考えが浸透してきた。消費者は物財やサービス財を購入しているのではなく，提供物の価値満足を購入しているとされる[7]。そのように考えると，製造業とサービス業の区分は意味がなく各産業はサービス要素を多かれ少なかれ伴う存在であり，全ての人びとがサービスに関わっているということになる[8]。

これは，サービス・マーケティングに別の混乱を招く。既存のマーケティングに関する文献は，たいてい物財のマーケティングとサービス財のマーケティングに類似点はなく，ただ物財（とサービス財）のマーケティングが存在すると主張している。また，そういった文献は，同じ根拠に則っているわ

けではないが，あらゆる者が同ビジネスに関わっているという見方も支持している。だが，サービス産業における企業は，マーケティングに問題を抱えたままであるようだ。

もちろん，何らかのサービスや価値の満足を得るために，顧客は物財やサービス財を購入するという考えは的を射ている。そして，物財のマーケティングを行なう企業は，自社のマーケティング計画においてその物財自体ではなく，消費者のニーズに集中することで確実により良い選択ができるだろう。全ての消費者はおそらくサービスに関わっているといえるが，それは全ての企業に当てはまるとは言い切れない。全ての産業がサービス産業であると主張することは，マーケティング計画の視点からみると，計画の状況ならびに適用されるツールや概念やモデルは，サービス企業と物財のマーケティングを行なっている企業と同じであることを意味する。しかし，私見では，マーケティング計画の状況は，物財のマーケティングを実行するときとサービス財のマーケティングを実行するときとでは全く異なると考えられる。

もしその意見のとおり，マーケティング計画の状況がサービス業と製造業との間に違いがあるとすれば，製造業におけるその問題解決のために開発された計画の手法やツールは，サービス・マーケティング計画時には上手く適用できないかもしれない。しかし，製造業における企業によって用いられる概念やモデルは，サービス企業にも同様に適用できるという主張も極めて頻繁になされる。この見解がまさにサービス・マーケティングに間違いと混乱を引き起こしたことを証明するに足る現実的な根拠も存在するはずである。サービス・マーケティングの理論が必要とされている。従来のマーケティングはサービス企業に適切な計画ツールを提供しない。

サービス財の特性

程度の差はあれ，既存の不充分な定義に対して筆者による定義を付け加えるつもりはない。ひとつの決定的な定義を見つけることはほとんど不可能だと考える。例えば，1960年代にJuddが提唱した伝統的でいささか古い定義をここに用いる。

第Ⅰ部　サービス・マーケティング

　市場サービス財とは，有形の商品の所有権の移動を市場取引の目的としない経営者の企業による市場取引である[9]。

　それは，物財とサービス財の注目すべき相違点を明らかにすること，ならびにサービス財の特性によるマーケティング計画への影響を調査するのに有益となるだろうと考えられる。

　いくつかの特性が明示できるが，そのうちのサービス・マーケティング計画に重要だと思われる3つを強調して述べる。おそらくサービスの最も重要な特性はその「無形性（intangibility）」である。顧客は，購入前にはそれを感じることも，味わうことも，匂いを嗅ぐことも，見ることもできない。誰もサービスの絶対的な評価をすることはできない。しかし，そういった評価は多くの消費者から求められるようだが，彼らは自らでできる評価をしている（例えば，レストランのインテリア，客室乗務員の外見，銀行員の振る舞い）[10]。

　もちろん，物財であっても評価するのは常に簡単なことではないが，それらは物質的に評価されている，つまり，評価のための有形物が存在するということがポイントである。サービス財はそのようにして評価することはできないので，提供物を具体的なものにしなければならない。そのような提供物であれば，評価することができ競合他社との比較が可能となるだろう。もし企業がこのプロセスをマネジメントしなければ，顧客は無意識に心の中のサービスから有形物を思い起こす。

　サービス財の別の本質的な特性は，ほとんど全てのサービスビジネスにみられる「生産と消費の相関（production/consumption interaction）」である。サービス財は生産者から分離することはできず，その生産者と販売者は同一の組織体となる[11]。サービスは生産と同時に消費されると考えられる。したがって，生産とマーケティングも極めて相互作用的なプロセスとなる。両活動は，サービス企業では同一人物によって同時に行なわれる。さらに，サービス財の不可分性は直接の流通のみ可能となると主張されている。実際に，普通の流通チャネルを用いて流通すべき有形物はないため，一般的な流通は不可能である[12]。

第2章　サービス財のマーケティングに対するサービス志向的アプローチ

　サービス財の3つめの特性は，サービス財の商取引の際，「所有権及び所有権の取引が無いこと（lack of ownership and transaction of ownership）」である。サービス財を購入しても，誰も何も所有しない。ただ人は生産物を利用する権利を得るだけであり，所有権が無いためにそのシンボルとして人は，例えばチケットや証明書やクーポン券を手にする。
　つまり，サービス財がマーケティングの対象物として物財と異なるということは明らかであるようだ。したがって，サービス財はマーケティング計画のコンテクストにおいて物財と同じように取り扱うことはできない。新しいサービス・マーケティング・ミックスの概念が必要とされる。

物財に基づく伝統的なマーケティング・ミックス概念の欠点

　同じコンテクストにおける全てのマーケティング変数を同時に分析することは，たいてい不可能であるが，McCarthy の4Pモデルや Lipson 及び Darling の副次的な構成要素のモデルといったマーケティング・ミックスのモデルが開発されてきた。その他のミックス・モデルは，それぞれに設計され，最終的には総合的なマーケティング・ミックスに混合されたと考えられる。プロダクト・ミックスだけは，詳細な価格設定や流通やコミュニケーションの計画がなされるより以前に，どうにかして形成されるはずである。
　これは物財のための効率的なマーケティング・ミックスの設計方法であり，そのモデルは物財のマーケティングのために開発される。そのモデルがどれほど洗練されていようが，それは当然のことのように副次的なミックスを設計できると考え，やがて総合的なミックス・モデルへと組み込まれる。これは有形の商品を伴うのであれば可能だ。その際，開発，価格設定，流通，伝達するための何かがそこには存在する。すなわち，物財を対象とするマーケティングでは，有形物を中核として，伝統的なマーケティング・ミックス・モデルを反映した方法で開発され得る提供物が存在している。サービス・マーケティングでは，そのような有形の中核となるものは存在しない。別々の副次的なミックス・モデル（総合的なマーケティング・ミックスに混合される）を設計することは単純に不可能である。したがって，物財のマーケティングのために開発された伝統的なマーケティング・ミックスの概念

は，おそらくサービス・マーケティングの設計においては成功しないと考えられる。このことが，サービス企業が製造企業と比べてさほどマーケティング志向とはならない大きな原因である。

サービス提供の設計

サービスのアクセシビリティ

　生産と消費の近接的な相関のため，直接販売のみがサービス企業にとって可能だと早期から述べられてきた。物財の流通の概念の観点から厳密にその問題を捉えるとそうだろう。だが，サービス財の流通に対するより革新的なアプローチが求められる。従来の概念をサービス・マーケティングに適用すべきではなかった。それは，有益な競争手段ではなく，マーケターに対して不必要な苦労を強いる。

　サービスのアクセシビリティは，サービス企業にとってずっと有望な概念であると考えられる。アクセシビリティに影響を与える資源は，例えば，人材，機器，オフィス，建造物といった物的なもののほか，付随するサービス財である。これらの資源はマーケターによってマネジメントされ得るが，それらは全てサービスの迅速化と顧客にとって快適に利用することができるようにするためのものである。

　流通チャネルの概念と物理的な流通の概念との違いは，サービス財のコンテクストにおいては意味がないように思われる。例えば，ツアーコンダクターはその旅行において，流通チャネルの一部として考えられるかもしれない。彼（女）がいなければ，その旅行における豊かな経験やたくさんの景観や実状は，消費者に伝わらない。同時に，彼（女）はサービスのこの部分を流通させもする。つまり，彼（女）は物理的流通としての役割を果たす。

　従来の概念を適用しても，ツアーコンダクターのような人材を流通チャネルの一部としてみることは難しいかもしれないし，彼（女）は実際には物理的な流通を何も行なっていない。なぜなら，流通させるための有形物が何も存在しないからである。だが，アクセシビリティの点からみると，そのツアーコンダクターは，顧客のそのサービス消費を可能にするのに扱いやすい資

源となる。

アクセシビリティの概念は，少なくとも二通りの方法でサービスの理解を改善できると考えられる。まず，サービス提供のあらゆる部分を強調し，そして消費者はサービスとしてそれを認識するかもしれない。サービスそれ自体は無形であるが，アクセシビリティに影響を与えている（人的・非人的）資源は，サービスを具体的な提供物へと変化させる。それは消費者が利用しやすくし，競合の提供物と比較することで評価可能である。したがって，これらの資源は，「サービスの使者（bearers of the service）」と名づけることができる。なぜなら，それらは市場にサービスをもたらすからである。

そのサービス提供の構成要素は，例えば，銀行の立地，銀行や旅行代理店のオフィスのインテリア，交通手段やその状況，レストランのインテリアとエクステリア，給仕，バスや電車の切符受取人，銀行員と出納係，理美容師，小切手，銀行通帳，チケット，コンピュータと通信ネットワーク等があげられる。これらの要素は実際には多様にあるが，それらは全てふたつの共通した本質的な特徴をもつ。すなわち，それらはサービスのアクセシビリティを促進する。そして，それらはマーケターによって管理され，競争の手段として用いられる。

次に，アクセシビリティの概念を適用することによって，サービス・マーケティングは従来の流通の概念の足枷から解放される機会を得る[13]。そのとき直接販売は，サービスを顧客に利用させやすくする単なる方法では決してない。保険の自動契約機やホテルやケータリング企業によって用いられるフランチャイズの準備・調整は，アクセシビリティに影響を与える資源の革新的開発の事例である[14]。

人的資源

サービスの消費者は，購買や消費のプロセスの間，たいていサービス企業の幾人かの代表者と出会う。他方，組織内の居場所に関係なく，ほとんど全ての従業員は，たまにしか顧客と接触しない。したがって，銀行の支店長や行員，旅行代理店の代表者，電話受付係，ツアーコンダクター，理美容師，給仕の対応方法や言動は，消費者が受けるサービスの見解において極めて重

要となる。サービス企業のなかのほとんど全ての個人は，それゆえに販売員として行動し，企業の個人市場コミュニケーション活動に従事する。

サービス企業の人的資源もまた，サービスのアクセシビリティ・システムの一部であり，この事実は従業員をその企業やマーケティング計画にとってさらに重要な存在にする。つまり，人材マネジメントは，サービス・マーケティングにおいて重要な競争手段として考慮される。マーケティングのトレーニング（特に，コミュニケーションや販売）は，製造業よりもサービス業では，ずっと大きなタスクであり，たくさんの人を巻き込む。物財を生産しマーケティングを行なう企業にとっては，マーケティング・スタッフが適切にトレーニングを受け，販売員が販売方法を知っているのであれば，それで充分である。サービス企業では，ほとんど全ての従業員が「マーケティング部門」に関与している。これは，例えば，人材採用や従業員の研修プログラムの計画の際，認識しておかなければならない事実である。そして，これは銀行の財務マネジャーからレストランの給仕や航空会社の電話受付係にも当てはまる。

サービス企業のほとんどの従業員がマーケティング業務に携わることから，彼らの行動は会社の成功に大きく影響を与える。したがって，サービス企業のインターナル・マーケティングのタスクを認識していることは大切である。サービスはまず，従業員がそのサービス提供を受け容れ，彼らにマーケティングの職務をきちんと全うさせることができるように，従業員に上手く売り込まなければならない。さもなければ，そのサービスは，その最終的なターゲット市場に対して容易く失敗してしまうことを身を以て知ることになるだろう。

今日，サービス企業の成功のための従業員とインターナル・マーケティング・プロセスの管理の重要性は，完全には認識されていないようだ。たびたび従業員は，いかなるマーケティングのタスクにも携わらずに，サービス生産にのみ従事する。したがって，サービス企業にとって人的資源をよりマーケティング志向的方法でマネジメントすることは至難の業である。まず，従業員は単なるサービスの生産者ではなく，同時に同サービス財の販売にも携わっているということを受け容れるように彼らの態度を変化させなければな

らない。

　従業員によってなされる個別の市場コミュニケーションや販売業務は，サービスの使者であり，アクセシビリティに影響する資源でもある。なぜなら，その企業の代表者の行動もまた，サービス提供の一要素である。彼らの行動は，市場に無形のサービスを提供するが，サービスそのものよりもその行動が消費者に考慮される。

補助サービス

　サービスのアクセシビリティは，追加されるサービス財の提供に影響を受けるかもしれない。例えば，顧客を手助けするために，銀行員は書類に記入するかもしれないし，スーパーマーケットは広い駐車場を提供してくれるかもしれない。しかし，さらなるサービス財が個々の競争手段として提供され得る。例えば，航空会社から提供されるホテルの予約やパッケージツアーのコーディネート，理髪店で提供されるコーヒーといったものがその補助サービスである。

　時折，ある消費者にとってはアクセシビリティに影響する追加サービスになるかもしれないし，別の消費者にとっては補助サービスになるかもしれない。ある人はバスの代わりに電車で行くことを選択するかもしれない。なぜなら，彼は電車内のレストランでランチを食べることができるから，あるいは提供される美味しい食事を単に楽しみたいから電車に乗るのかもしれない。しかし，彼は実際に何かを食べなければならないわけではない。

　補助サービスはサービスの使者ではない。なぜなら，それはサービスを市場に打ち出すわけではないからである。しかし，それはサービスを促進するし，消費者によってサービス提供の一部として具体的に認識される。

サービスの企業内要素

　マーケティング計画プロセスにおいて，サービス企業は異なる種類のマーケティング・ミックス変数を，物財のマーケティングでしばしばなされるように，分けることはできない。特に，人材マネジメントの一部としての個人市場コミュニケーションとアクセシビリティに影響を与えている資源は，強

第Ⅰ部　サービス・マーケティング

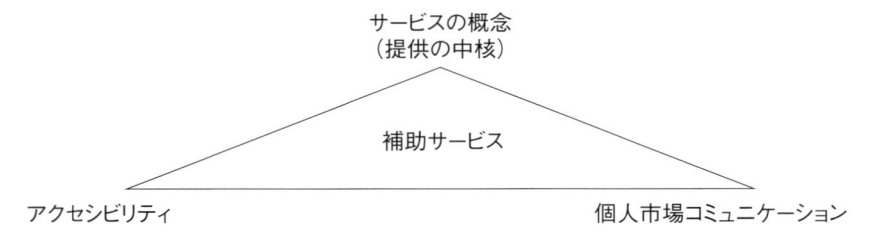

```
            サービスの概念
           （提供の中核）

             補助サービス

アクセシビリティ                個人市場コミュニケーション
```

図1　サービスの企業内要素

く関連しており，無形のサービス自体とも同様のことがいえる。

　実際のところは，個人間のコミュニケーション及びサービスのアクセシビリティは，ターゲット市場に提供されるサービス財の一部としてみられるかもしれない。つまり，サービス産業における「生産物」の一部として，である。それらはサービスの使者としての機能を充分に備え，それは具体的なサービス提供（つまり，生産物）として市場に無形のサービス財をもたらす。さらに，提供される補助サービスも，消費者の視点から見ると，サービス提供の一部となる。また，それらは，顧客が評価し，やがて購入するであろうサービス財を形成する。

　サービスの使者及び補助サービスは，企業内部の要素である。なぜなら，マーケターがそれらを完璧に操作し続けることができるからである。図1は，どのようにしてサービスの使者と補助サービスが互いに繋がり，その提供物の中核（つまり，サービスの無形の概念）へと繋がっているかを示している。

　この図は，マーケティング変数の設計がどのようにしてサービス・マーケティングにおいて統合されなければならないかについて説明している。商品開発は実際には，物財志向の概念の感覚から商品開発コンセプトをサービス・マーケティングに適用しようとするとき，普段考えているタスクとは全く異なるものになる。

　サービス産業に属する企業は，従来考えられていたものよりも商品開発には，ずっと多くの活動を伴うことに気づかなければならない。アクセシビリティに影響を与える資源の開発，人材マネジメント，補助サービスの開発は，商品開発プロセスの一部である[15]。そのような観点を身につけること

によって，サービス企業はマーケティングの成果において目覚ましい改善を達成することができると考えられる。

マーケティングにおける能動的な参加者としての消費者

　たいていの消費者は，そのニーズが曖昧であったり，既製品ではさほど満足しない存在，そして提供される商品を購入するか否かを決める存在としてしか考えられていない。彼らは，ニーズの不満足を得たとしても，受動的な方法でしか商品開発プロセスに参加することはできない。彼らは能動的に商品を形成する存在ではないとされる。消費者テストやテストマーケティングは実施されるかもしれないが，これらは実際のところ，顧客がその商品に影響を与えられる受動的な方法にすぎない。当該市場における競合他社のみが，マーケティングのパフォーマンスに対して能動的に影響を与えると考えられる。

　しかし，サービス財のマーケティングにおいては，マーケターの状況は幾分か異なる。従来，市場における消費者の役割は，マーケティングの開発に対する不必要な制約としてみられていた。この見方は，物財を扱うマーケターの状況を述べたものだろう。消費者の行動に関して，サービス企業は別の考えをもたなければならない。

　消費者は，サービス提供の形成（つまり，商品開発）において能動的に参加している[16]。これは，サービス産業の特徴である生産と消費の相関（同時性）のためである。すなわち，複数の消費者や潜在消費者が，サービスの消費・購買・購買計画のいずれかの時点に同時に存在しているという事実のためである。消費者はサービスのアクセシビリティとサービスに関するコミュニケーションの両方に影響を与え，そしてその影響は良いものにも悪いものにもなり得る。

　消費者は，例えば，銀行で待ち行列ができることによってその銀行のサービスの質が低いと感じてしまったり，彼（女）が音楽ホールの雰囲気と一体となることでコンサートの質が高まるかもしれない。また彼（女）は，潜在

消費者に例えば，あるホテルのレストランのことを話すかもしれない。そこは退屈な場所だったとその体験から知った彼（女）は，そのレストランに関して好ましくない情報を流すかもしれない。反対に，彼（女）は，そのホテルのレストランに訪れることを熱心に他人に勧め，好印象な情報へ変えるかもしれない。

したがって，サービス産業に属する企業は，消費者を，競合他社だけでなく，マーケティング計画に能動的に影響を与えるその市場内の要素として捉えるべきだ。消費者視点からみると，同時にサービス財の購入を決めたり消費する別の消費者は，そのサービスの一部となる。サービス・マーケターはこの事実を認識し，マーケティング計画のなかに消費者のこの能動的な役割を含めるべきである。

さらに，消費者自身は購入し消費するサービス財の一部として捉えることができる。彼（女）の期待と実際の行動は，確実にそのサービス企業の代表者の行動に影響を与える。つまり，サービスの品質は消費者の行動によって変わる。サービスに対する消費者の態度，ならびにサービスを生産しマーケティングを行なう組織に対する態度は，最初から良好な状態に保たれなければならない。そしてもし，その消費者が失望することが偶然起こってしまったら，迅速な対応行動が求められる。

そのような活動もまたサービス業における重要な競争手段になる。そし

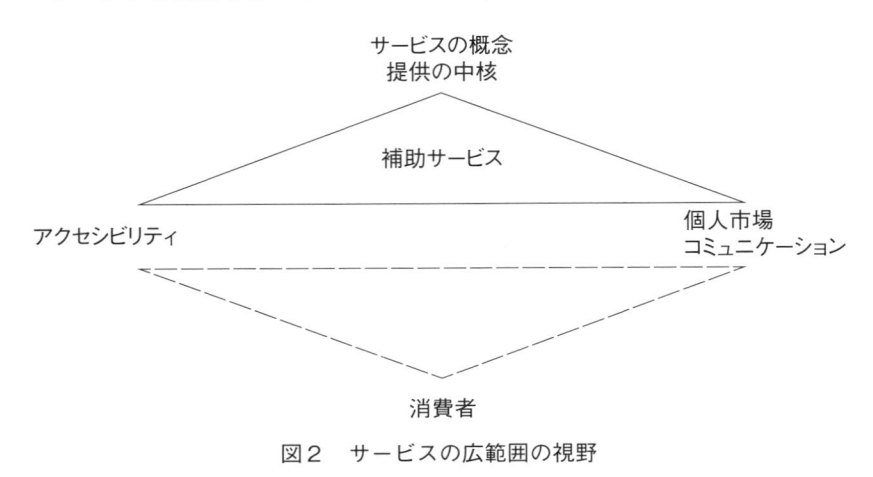

図2　サービスの広範囲の視野

第2章　サービス財のマーケティングに対するサービス志向的アプローチ

て，サービスの消費者は，そのサービスの企業外要素として考えられる。図2では，これらの要素はサービス財の企業内部の側面に付け加えられている。

図中のサービスの概念を繋いでいる，アクセシビリティと個人市場コミュニケーションの直線，そして補助サービスはそれぞれ，これらのサービスの要素はマーケターによって直接的に調整・管理することができるということを説明している。消費者とふたつのサービスの使者とを繋ぐ点線は，消費者はそれら両方に影響を与えるかもしれないが，その消費者の行動はマーケターによって間接的にしか管理することはできない，ということを説明している。しかし，そのラインは，消費者の行動はそれでも何らかの方法で管理可能であるという点を強調している。

マーケターは，アクセシビリティとコミュニケーション（情報伝達）に対する望ましくない影響を排除できるように，消費者の行動パターンを予測することができる[17]。そして，サービスの品質を改善するような望ましい顧客による影響を活用する準備もしておくべきである。

事例による補足

研究

本章で提案されるサービス提供の仮説の見解を検証するために，筆者はスウェーデンとフィンランドで1976年から1977年の間，複数のサービス産業において12の成功している企業のマーケティング計画のケーススタディを行なった。その情報は2段階のインタビュー調査方法にて収集された。まず，質問項目を企業に郵送し，そして次に，その回答をもとにマーケティング計画責任者とのインタビューを行ない，内容を補充した。

本章では，その全てのケーススタディを報告することはせず，ふたつの事例に限定する。パッケージツアーのマーケティングと理髪店のマーケティングである。これらの他に事例を追加しても，新しい経験則に基づいた根拠は得られないだろう。

第Ⅰ部　サービス・マーケティング

パッケージツアーのマーケティングの事例

　休日の行楽客にパッケージツアーを提供している企業は，例えば，レクリエーション，環境の変化，経験，刺激，冒険といった無形のプランを実現している。「我々は一週間の活力を販売しています。消費者は，サービスを受けるために他者に注文することができ，そこでは彼（女）は被雇用者ではなく，雇用者としてのポジションを購入するのです」。

　その無形のサービスを具体的な提供物へと変えるために多様な方法が用いられる。これらの方法はたいてい，消費者がそのサービスを利用しやすくもするが，それらのいくつかは単に補助サービスにすぎない。旅行の申し込みの際，従来のチケットは（コンピュータで発行・印刷される）電子トラベルサーティフィケート（渡航証明）に取って代わった。そのコンピュータは，ミスを最小限に抑え，詳細な予約情報を迅速化することによって，顧客への正確さと安全の印象を与えている。「望むサービスが確実に得られる確信は誰にもありません。そのため我々は彼らに前もって，彼らが購入したサービスについて記載された具体的な仕様書を提示します」。このサーティフィケートは万能なチケットとして提供されるが，これは単にサービスを目に見える方法で記号化したものではなく，紙資源の削減と一般的に必要な申込書の省略にもなる。こうして，サービスが消費者にとってより便利になり利用しやすくなる。

　ホテル，航空会社，使用される航空機のタイプ，ならびに多様な補助サービス（例えば，目的地に合わせた旅行中に提供される料理等）は，企業が提供するサービスの一部でもある。これらの資源によって，そのパッケージツアーは顧客にとって利用しやすくなり，顧客が受けられるサービスは形成されていく。

　企業の人材は，マーケティング活動に極めて重要なものと考えられる。例えば，マネジャーや予約窓口の裏側にいる従業員やツアーコンダクターは，アクセシビリティにとって不可欠である。従業員は注意深く採用し育成される。従業員の活動が，提供されるサービスを極めて広い範囲で形成すると考えられる。ツアーコンダクターは特に重要である。「なぜなら，彼らは次の

旅行を販売する案内人だからである」。旅行が終わるまでは，ツアーコンダクターは消費者と接触するが，その消費者との接触のなかには多かれ少なかれサービスや企業と接触する機会が含まれる。もし何かしら問題が生じた場合，サービス品質を維持し消費者を満足させ続けられるように，そのサービスを再形成しなければならないのは，企業の代表者としてのツアーコンダクターである。

　企業の従業員は，市場コミュニケーションと販売業務を行なっており，彼らが旅行の目的地について知れば知るほど，旅行商品はよく売れる。明らかに，企業の人材マネジメントと人材育成はマーケティングにとって重要である。

　消費者はサービス提供の一部と考えられる。「我々のイメージは飲酒者を遠ざけます。つまり，そのイメージが他の消費者にとって旅行をより快適なものにするのです」。消費者はまた，ときどきそのサービス財についてのコミュニケーションに関与する。ある一人が，特に理由もなく何かしらの不満をその他の皆に言うかもしれない。「でも，その旅行を最後まで過ごし期待以上に素晴らしかったと熱心に話すことで周りの人びとを別の旅行に誘ってくれる人がいるはずです」。

　企業イメージは，マーケティングに重要なものと考えられる。なぜなら，消費者は旅行とともにその会社を購入するのだから。アクセシビリティや個人市場コミュニケーションに影響を与える資源，従業員によって販売される資源，そして提供される補助サービスは，サービス提供を形成するマーケティング変数である。さらに，消費者はサービス財に能動的に影響を与え，それに関するコミュニケーションに参加している。

理髪店のマーケティングの事例

　理髪店は，個人へのケアや気晴らし等の無形のサービス財を提供する。その無形のサービス財を具体的な提供物に変えるために，様々な手段が用いられる。

　店舗が人通りの多い場所の近くにあることは大切である。店舗のインテリアとエクステリアもまた，その企業の成功に不可欠な要素となる。店舗の窓

は，通り行く人びとが店内で行なわれていることを見やすくするために，カーテン等で隠されてはならない。これは，理髪店のサービスをより具体的にする手段のひとつである。「私達は，顧客を喜ばせる雰囲気づくりをしていきたいと考えております。私達の顧客は私達とともにここでの滞在を楽しんでいただけることでしょう」。色彩と音楽は室内環境に重要な要素であり，健全な雰囲気づくりのため用いられる。

店舗で働いている従業員，ならびに顧客の好みや要求に応じられる優れた仕事をこなすための彼らの能力は，おそらくそのサービスのアクセシビリティにおいて最も重要なものとなる。彼らはしっかりとトレーニングされなければならないが，その上，外見も大切である。彼らは制服を着用しているが，その制服はときどき変更される。

従業員の振る舞いも重要である。彼らがどのように仕事をするかだけではなく，何をどのように話しているかについてもである。人的資源は，顧客が得るサービスの一部であり，その資源管理は理髪店において成功の鍵となる。「もし私たちの従業員が彼らの仕事に満足し職場を楽しんでいるのであれば，彼らはより良い仕事をしてくれ，顧客はさらに我々のサービスを楽しんでくれるでしょう」。

ある程度の補助サービスが提供される。コーヒーが提供され，雑誌を読むことができる。待ち時間を短縮するために，前もって店側はその顧客の予約をとろうと努めている。これは店内で順番待ちをする顧客を苛つかせるリスクと，それによって客を逃がすリスクを減らしてくれる。

以上のことから，無形の理美容サービスの使者に関して極めて重要なことに気がつく。その店舗の立地，店舗計画の方法，プロデューサーやセールスマンとしての従業員や彼らの行動は全てサービス財の一部であり，それを消費者は購入する。加えて，補助サービスが提供され，そしてその消費者の行動はある程度，理髪店によってコントロールされる。

結論

今日のマーケティング・ミックスを設計するための概念やモデルは，サー

ビス企業には適応しないようだ。ここで報告したふたつのケーススタディだけでなくその他も，従来のマーケティング・ミックス・モデルと比較すると，そのマーケティング変数の設計をより相当に統合して行なわなければならない，ということを指摘している。サービス企業の「生産物」は極めて複雑であり，したがって，商品開発プロセスは，そのトピックについて議論されるときには，たいてい考慮されない要素を伴う。

　サービスの使者（つまり，サービスのアクセシビリティに影響を与える資源や個人市場コミュニケーション）は，そのサービスならびに提供可能な補助サービスに統合される。この事実は，これらのサービス提供の企業内要素の計画を商品開発の部分へと変換する。さらに，サービスは消費者によっても形成される。すなわち，そのサービスの企業外要素として能動的に，マーケティング計画に影響を与える。

　企業イメージは，サービス企業にとって極めて重要なものとしてみられる。なぜなら，消費者はまさにそのサービス財を提供している企業と常に接触しているからだ。そのため，イメージはアクセシビリティの一部であり，顧客が第一に考えるであろうことのひとつである。良好なイメージは，顧客を惹き付ける企業の試みによって不可欠であろうが，他方，ネガティブなイメージは，人びとにその他の競争手段に気づいてもらい関心をもたせることも遠ざけてしまうだろう。

　サービスの一部として考えられないマーケティング変数は，ここでは考慮されていない。しかしながら，それは「価格設定（pricing）」と「非相互作用的な市場コミュニケーション（non-interactive market communication）」というふたつの大きなカテゴリーに分類することができると考えられる。後者は主に広告や宣伝等といったコミュニケーション方法から成り，そこでは，サービス企業の代表者と消費者との間に生産と消費の相関（同時性）はみられない。

　例えば，消費者に関する調査に基づく数多くの研究が今なおなされている。その目的は，本章で提案したサービス要素の仮説ならびに報告した補足のケーススタディで示されているが，消費者は実際に同一のサービス提供を評価し購入するかどうかを明らかにすることにある。

45

第Ⅰ部　サービス・マーケティング

参考文献

[1] George, W.R. and Barksdale, H.C., 'Marketing Activities in the Service Industries', *Journal of Marketing*, October 1974, p. 65; Bessom, R.M. and Jackson, D.W., Jr., 'Service Retailing: A Strategic Marketing Approach', *Journal of Retailing*, Summer 1975, p. 84; and Holloway, R.J. and Hancock, R.S., *Marketing in a Changing Environment*, New York, John Wiley & Sons, 1973, pp. 55–6.「マーティングは多くのサービス企業にとって重要な機能になっているわけではない。(中略) ひょっとすると我々は10年後にサービス産業がより市場志向的なものになっているのを目の当たりにするかもしれない」。

[2] Back, R. (ed.), *Erfagruppverksamheten* 1975, Report from Marknadstekniskt Centrum, Stockholm, Sweden, 1976.

[3] Levitt, T., 'Product-line approach to service', *Harvard Business Review*, September-October 1972, p. 43.

[4] Wilson, A., *Professional services and the market place*, Report from Marknadstekniskt Centrum, No. 4, Stockholm, Sweden, 1975, p. 5.

[5] だが，新しい概念を構築するためのいくつかの研究はみられた。例えば，Donnelly, J.H., Jr., 'Marketing Intermediaries in Channels of Distribution for Services', *Journal of Marketing*, January 1976, p.57. はサービス財のコンテクストにおける仲介業者のマーケティング概念について提案している。

[6] Rathmell, J.M., 'What is Meant by Services?', *Journal of Marketing*, October 1966, pp. 33–4.

[7] Levitt, T., *Marketing for Business Growth*, New York, McGraw-Hill, 1974, p. 8.

[8] Levitt, T., 'Product-line approach to service', *op. cit.*, pp. 41–2.

[9] Judd,R.C.,'The Case for Redefining Services', Journal of Marketing, January, 1964, p.59. この定義はサービス財の主要な3つのカテゴリー間の違いを明確にする。すなわち，「1. 生産物の所有と利用の権利（モノのレンタルサービス）」，「2. 顧客が所有する生産物の作成・修理・改良（所有物へのサービス）」，「3. 物的要素以外の経験あるいは試験的所有（非製品サービス）」(*ibid.*, p.59) である。サービス財のマーケティングは，その1と3のカテゴリーのみに関係する。所有物に対応するサービス財はたいてい（常にそうとは限らないが），消費財のマーケティングにおいて競争手段となる。

[10] Wyckham, R.G., Fitzroy, P.T. and Mandy, G.D., 'Marketing of Services: An Evaluation of the Theory', *European Journal of Marketing*, No. 1, 1975, p. 61.

[11] Stanton, W.J., *Fundamentals of Marketing*, Tokyo, McGraw-Hill Kogakusha, 1975, p. 551.

[12] George and Barksdale, *op. cit.*, p. 67.

[13] Donnelly, J.H., Jr., *op. cit*. Donnellyによって主張された，製品志向的な流通の概念にとって置き換えられた仲介業者は，もはや生産者と消費者との間に位置し，消費者にとってサービスを利用可能にしたりより便利にしてくれる外的な事業体にすぎない。確かにこのことはサービス・マーケティングに寄与するものであったが，彼は共通目的をもつ企業内の資源としてそれを含めなかった。すなわち，彼の主張はサービス企業にとっての一助とするために流通の概念を拡大する際，極めて限定的なものであると考えられる。

[14] サービス企業にとって企業イメージは極めて重要である。製品の消費者はその製造企業と会ったり見る必要は特にない。彼らは棚卸し業者や小売業者と取引するのが一般的だ。だが一方で，サービス財の消費者はほぼ常にそのサービス企業と接触している。このことはその企業が提供するサービスのアクセシビリティの一部を形成する。それゆえに，サービス企業の企業イメージはマーケティングにおいて極めて重要なものになると考えられる。もし消費者がそのイメージを魅力的で好意的に感じなかったら，彼らはその企業の他の競争手段に意識を向けることもしなくなるだろう。

[15] とある場合において，個人市場コミュニケーションがサービスの一部としてではなく，コミュニケーションのコンテクストの中でのみ見られる。アクセシビリティ・システムの一部ではなく，顧客からただのセールスマンとして捉えられる専属の販売員の活動は，広告やその他の非個人的なコミュニケーションと同様にそのコンテクストの中で別個のものとして計画されるだろう。だが，消費者市場に対するマーケティングにおいて，個人的なコミュニケーションはそのサービス提供に関する正確な情報を伝えることは稀である。つまり，それはまたサービスそのものをいつも形成しているのである。

第 2 章　サービス財のマーケティングに対するサービス志向的アプローチ

[16] この興味深い主張がなされている．Eiglier, P. and Langeard, E., *Principes de politique marketing pour les enterprises de services*, L'Institute d'Administration des Enterprises, Universite d'Aix-Marseille, December 1976 を参照のこと。
[17] 例えば，Kotler, P. and Levy, S.J. ('Demarketing, yes, demarketing', *Harvard Business Review*, November-December 1971) によって提唱された「デ・マーケティング（demarketing）」の概念がこの文脈に適用可能とされる。

第3章 適用されるサービス・マーケティング理論[※]

はじめに

　研究者と実務家の両者は，サービスビジネスにおけるマーケティングの問題に対して驚くほどに関心をもってこなかった。1973年の Bessom の報告によると，「たいてい必然的に顧客と直接的に接触するサービスビジネスが，顧客志向的なマーケティングの概念を適用する最後の事業者になるとは，皮肉なことだ」[1]。イギリスでの産業革命が起きた19世紀からこの数十年前まで，西ヨーロッパ経済の製造業セクターはほとんどの経済発展にとって価値あるものであったという事実が，その主張に関する裏付けといえるかもしれない。この分野のビジネスは興味深いものだったので，圧倒的に広い範囲で他の経済セクターよりも研究者と実務家の関心を惹き付けた[2]。

　現在，サービス・マーケティングの理論は提案されているが，当該分野は発展途上にある。サービス・マーケティングは今でも，10年ほど前の生産財マーケティングの状況と同じ位置に立っている。

　最初の包括的なサービス・マーケティングの理論は，おそらく1974年に Rathmell が発表したものである[3]。彼はサービス・マーケティングに対して，消費財のマーケティング理論から従来の概念やモデルを適用しようと試みた。しかしながら，彼自身の結論は，「定義，分類項目，データ，概念が欠如していたり，比較不可能であったり，マーケティングの観点からすると

[※] Grönroos, C. An Applied Service Marketing Theory. *European Journal of Marketing*, 1982; 16(7): 30-41. Reproduced by permission of Emerald Group Publishing, Limited.

非現実的である。さらにいえば，マーケティングの術語，概念，従来のマーケティングとは全く異なる独自の伝統や慣習や実践をもつ企業や組織や専門家の統一を図ったところで，その繋がりは不自然で不適当であることがわかる」[4]。Rathmellのサービス企業のマーケティング志向の欠如に関する発見と報告[5] は，もしサービスビジネスが当該市場の指向とマーケティングの方針において支持されているのであれば，サービス・マーケティングの理論開発の必要性を指摘する。

　サービス・マーケティングの一般的な理論あるいはフレームワークの開発は，二通りの全く異なる経路を辿ってきたようだ。ひとつのアプローチは，サービス企業から提供されるサービス財は，既存のマーケティング理論が適用できるように，もっと製品志向的なやり方へと変えられるべきである[6]。他方のアプローチは，サービス財は物財と比較すると異なるということの気づきから出発し，マーケティングの概念やモデルはもっとサービス志向的に開発されなければならないという考えに至った[7]。

　北欧での相当な量の実証研究に基づく私見では，サービス財と物財との間には類似性がみられるが，サービス財には，マーケティングの視点からみると根本的に異質ないくつかの基本特性がみられる。サービス財を，例えば，より目に見えるカタチにしたり非個人的なものにする等，まるで従来のマーケティングの知識を適用できるかのようにサービス財の性質をねじ曲げようとすることは適切ではない。確実なサービス開発は，サービスビジネスをより有益なものにする魅力的な手段であるが，サービス企業に選択肢を用意しなければならない。製品志向的な方法によるサービス提供の開発は，ただひとつの戦略にすぎない。サービス企業が別の戦略（製品志向的な提供方法とは全く異なる）を適用するのであれば，その企業は改善される決定的な機会を得る。したがって，サービス・マーケティングは，サービス財の基本的な特性とサービス企業のマーケティングの状況に適応した方法で開発されなければならない。そうすることで，（製品志向的な提供物の開発及びマーケティング活動等を含む）マーケティング戦略を，より「サービス志向」的なものに開発して適用することができるかもしれない[8]。

　サービス・マーケティングの開発に関する本章の目的は，サービス財の基

本的な特性ならびにサービス企業の顧客との関係性やマーケティングの状況に則したサービス・マーケティングの理論や理論体系を提案することである。よって，従来の消費財のマーケティングの理論や概念は，この理論開発の出発点にはならないが，もちろんそれらは必要に応じて用いられる。サービス企業の競争手段のみを考慮しているので，マーケティングのその他の領域（マーケット・セグメンテーションや市場分析）については除外する。

本章の研究成果は，理論研究と実証研究の両側面に基づく。このサービス・マーケティングの理論は，1976年に開始した継続中の調査プロジェクトの結果である。紙面の都合上，実証研究の材料はここでは割愛させていただく。英文のそれらのいくつかは第2章にて紹介されている[9]。

サービス財の特性とサービス・マーケティングの性質

サービス財には，多様な特性がみられるが，それらは各種サービス産業によって重要度が異なる[10]。だが，少なくとも3つの基本的な特性がみられる。すなわち，サービスそのものは「物理的に無形性（physically intangible）」である。サービスはモノではなく「活動（activity）」なのである。そして，ある程度において「生産と消費が同時（production and consumption are simultaneous activities）」に発生する。

サービスに付随する書類や物的設備や機械や道具は数多く存在するが，サービスそのものは物理的に無形性である。これは，銀行の貸金庫サービスやレストランが提供するフルサービスについてもいえる。多くの物財のように，サービス財は精神的にも無形性となる[11]。さらに，サービスが発生するとき，サービスを提供する企業は顧客のために何かしらを行なう。これは，企業を代表する者がいない状況でも同様である。つまり，顧客のための何かしらを実行するために企業は，物的資源や技術的資源ならびに顧客の協力を要する。例えば，銀行サービス，レストランサービス，航空旅行といった活動は，部分的あるいは広範囲にわたり，顧客に直接協力を得て生産され，その間にサービスは消費されていく。

第Ⅰ部　サービス・マーケティング

　これらのサービス財の基本特性は，そのマーケティングの状況及びサービス企業と顧客との関係性を，消費財を取り扱う企業のそれらと根本的に異質なものにする。後者の事業者の顧客はたいてい，製品そのもの，ならびにその企業のマーケティング・ミックス活動（販売拠点，価格設定，販売促進）と流通チャネルしかみない。したがって，その製品の消費者の意見は，その企業の従来のマーケティング・ミックス活動に大きく基づいている。

　サービス企業の消費者は，全く異なる状況に直面している。消費財を扱う企業にとって，生産と消費は同時に起こることはないため，どちらかが他方に影響を与えることはない。だが，サービスの消費者は，その企業の生産プロセスに参加する。彼（女）は，生産のための資源とプロセスから影響を受ける。サービスそれ自体が物理的にも精神的にも無形性であり，それ自体で評価することが難しいため，彼（女）は，同時に起こる生産と消費のプロセスのなかで発生する出来事に確実に影響を受け，さらに，自らの行動によって生産プロセス自体に影響を与えるだろう。

　図1は，サービス・マーケティングと消費財のマーケティングの両者の特徴にみられる根本的な違いについて説明している。マーケティングの目的は，市場の物財やサービス財に対する市場の声に影響を与えるあらゆる資源を管理することであるべきだ。消費財を扱う企業にとって，これらの資源は多かれ少なかれ，生産と消費との橋渡し役としてマーケティング部門によっ

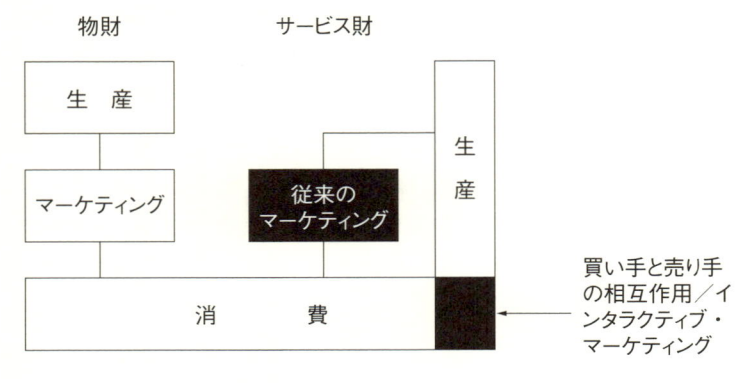

図1　生産とマーケティングと消費の関係性

て管理されるものである。このことについては，図の左部分に描かれている。図の右部分は，サービスに関して消費者がどのように影響を受けるかを説明している。サービス・マーケティングにおいても，例えば，広告やその他の非相互作用的な販売促進の手段といった，各々のマーケティング活動がみられる。だが，これらは企業の全マーケティング機能の一部にすぎない。なぜなら，そのサービス企業とそのサービス財の消費者の声ならびに将来の購買行動もまた，生産と消費が同時に発生する買い手と売り手の相互作用における出来事によって決定づけられるからである。したがって，この相互作用を管理することもマーケティング機能の一部である。

　以上のように，サービス企業はふたつのマーケティング機能をもつ。それらは事実上全く異なる。すなわち，従来のマーケティング機能とインタラクティブ・マーケティング機能である。後者の機能は，図１の生産と消費のインターフェース，つまり買い手と売り手との相互作用において起こる出来事に関連している。

サービスの品質

　サービスの消費者がそのサービスに対する意見をまとめるとき，生産の資源とプロセスに関連する莫大な量の諸資源と活動を評価され得るので，そのサービスの品質は相当に複雑なものになる。図２は，サービス品質のモデルについて説明している。このモデルによると，総合的なサービス品質は３つの異なる構成要素の関数となる。すなわち，技術的品質，機能的品質，企業

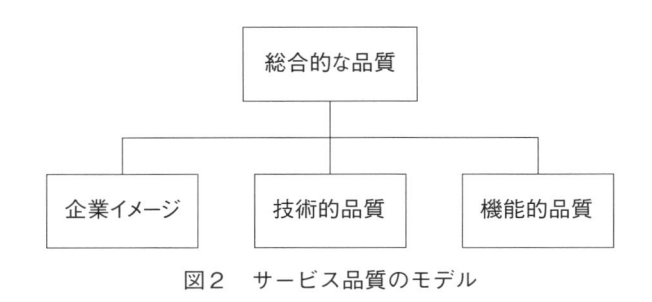

図２　サービス品質のモデル

イメージである。

　当然ながら，そのサービスは技術的に受容可能であるか，つまり「技術的品質（technical quality）」を保証するか，ということが消費者にとって重要となる。このことが意味するところは，銀行の貸金庫の安全な利用，レストランでの晩餐の時間，理髪等が適正な結果をもたらすべきであるということだ。つまり，契約書や株式は安全である，利用客はダンスしたり良い音楽を聴きながら楽しい食事をする，理髪や美容方法が優れているといった結果がもたらされなければならない。その一方で，その技術的品質がどのようにして顧客に移転されるかもまた重要となる。サービスは「機能的品質（functional quality）」を保証しなければならない。安全なデポジットサービスの提供方法，レストランでの晩餐の間の出来事，その理美容サービスの方法と空間は，その消費者の意見に技術的品質と同様に重要なものになり得る。多くの場合，機能的品質のほうが重要とされる。

　サービス財の無形性のため，企業イメージもまたサービス企業にとって極めて重要なものとされる。ある研究者は，「顧客は，外観に基づいてサービスを購入し，その品質と性質を部分的に判断するので，サービスビジネスが優れているだけではなく，良く魅せなければならない[12]」と主張している。もしそのイメージが魅力的でなければ，顧客は自らをその企業のマーケティングや実際の活動に関わることさえしないだろう。そのために，せっかくの高い技術的品質及び機能的品質が日の目を見ることはなくなってしまう。また，傑出したイメージは他の品質の構成要素における小さな問題を許容するが，悪いイメージは技術的品質あるいは機能的品質に関する不慮の事故に対して決定的かつネガティブな反応を容易くもたらす。

　買い手と売り手の相互作用，すなわちサービス企業のインタラクティブ・マーケティング機能を計画するとき，品質の全構成要素に配慮することが大切である。さもなければ，その資源は優れた技術的品質を保証するためだけに開発されかねない。このことによって，そのオペレーションは生産志向になり顧客を不満にさせてしまいかねない。技術的品質が比較的簡単に開発されることがしばしばあるが，この品質の様相がユニークな販売提案に基づかないことを意味する。しかしながら，均等な技術的品質を移転する方法を複

製することは難しい。そのような状況においては，傑出した機能的品質がそのサービス提供を差別化する良い手段となるかもしれない。

買い手と売り手の相互作用における資源

　インタラクティブ・マーケティング機能の目的は，買い手と売り手の相互作用に含まれる資源をマネジメントすることである。重要なその資源とサービス企業及び消費者の関連について，Eiglier & Langeard がわかりやすく図説している[13]。図3によると，サービス企業はふたつの部分に分けられる。すなわち，顧客から見える部分と見えない部分である。見えない部分は，企業の組織内部のシステムから構成され，少なくとも二重の目的をもつ。すなわち，顧客との接触に関与する従業員に物理的サポートとマネジメント・サポートを提供することである。

　図3の右側は，企業の顧客との関係性において欠かせない資源について説明している。それは3つの主要な資源のカテゴリーに分けられる。すなわち，接客従業員（顧客と接触する企業の代表者あるいは従業員），サービス消費における物理的環境，生産プロセスに参加する消費者である。

　従来，サービス産業は極めて労働集約的であり，このことは今なお多くのサービスビジネスにおいて変わらない。Sasser & Arbeit は，「マクドナルドでは，技術が（その顧客にではなく）支援的な環境を供給し，サービス提

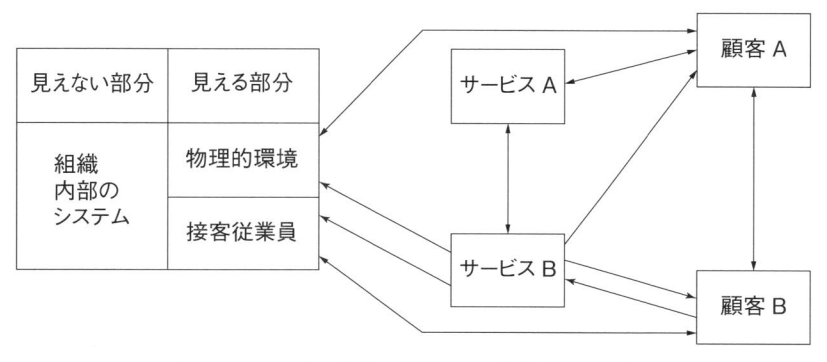

図3　サービス企業の顧客との関係性のモデル

供者によってそのサービスが販売され生産され提供される。たとえハンバーガーが美味しかったとしても，従業員がしっかりしていたとしても，その顧客はもしかしたら二度と購入しないかもしれない。同様のことが，コンサルタントや医療技術者やペットシッターによってなされるサービスでも実際に起こる[14]」と述べている。品質，サービス志向，接客従業員の顧客への細やかな配慮は，その消費者が形成するサービス企業ならびにそのサービス財の意見に極めて重要な意味をもつ[15]。例えば，銀行窓口，レストランの給仕，ツアーコンダクター，ビジネス・コンサルタント，バスの運転手からもたらされるサービスの影響を考えてみるとよいだろう。

次の資源のカテゴリーは，物理的環境であるが，それは例えば，レストランのエクステリアとインテリア，銀行のコンピュータシステム，航空会社の航空機，保険会社に必要な文書，配管工や電気工が使う道具や設備である。サービス企業におけるこれらの異なる種類の資源を統一する名称は，「物的資源あるいは技術的資源（physical/technical resources）」である。サービス企業に赴きサービスを購入し消費するとき，あるいはサービス従業員が顧客のもとを訪れサービスを提供するとき，顧客はそのような資源を経験する。

3つ目の資源のカテゴリーは消費者から構成される。彼らは受動的にサービス財を消費するのではなく，能動的に生産プロセスに参加する。そのため，生産プロセスに影響を与える。さらに，消費者同士でも影響を与え合うかもしれない。

消費者から認識されるサービス財は，サービスビジネスにおける顧客との関係性に関するEiglier & Langeardのモデルに示されているように，資源間の多様な相互作用の結果である。これらの相互作用，つまり買い手と売り手の相互作用は次のようなものがみられる。

- 消費者に対する接客従業員
- 消費者に対する物的資源あるいは技術的資源
- 消費者に対する消費者

第3章 適用されるサービス・マーケティング理論

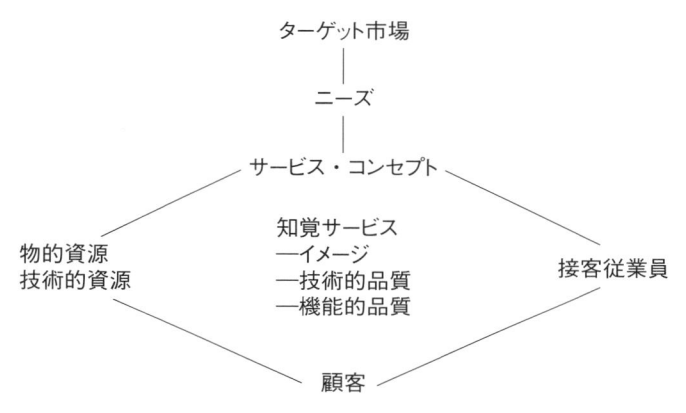

```
                    ターゲット市場
                         │
                        ニーズ
                         │
                   サービス・コンセプト
                   ╱              ╲
                  ╱   知覚サービス    ╲
     物的資源    ╱    ―イメージ       ╲   接客従業員
     技術的資源        ―技術的品質
                       ―機能的品質
                  ╲                ╱
                   ╲              ╱
                         顧客
```

図4　インタラクティブ・マーケティング資源の計画

　だが，そのインタラクティブ・マーケティングが上手く機能し市場志向的な方法で扱われるようになると，ターゲット顧客層のニーズやウォンツに関して明確に見当をつけられるはずである。買い手と売り手の相互作用及びそれに伴う資源は，その企業のサービスのコンセプトやアイディアのなかに顧客志向の意思がみられないのであれば，開発され得ない。企業が充足させようとするニーズがどのようなもの明確に理解しているときのみ，資源を真の顧客志向的方法で計画し活用できる。さもなければ，買い手と売り手の相互作用は顧客志向ではなく，オペレーション志向的なものになりかねない。したがって，Eiglier & Langeard のモデルのなかの資源は，計画作因を必要とする。それは，顧客志向を実現するために，どのように接客従業員，物理的資源や技術的資源，消費者，そしてそれらの多様な相互作用を開発すべきであるかを決定する。そうして，それらの資源は効率的かつ有益に活用される。このことは図4にて説明されているが，図中ではサービス・コンセプトがその計画作因となる。また，この図に示されているように，技術的品質及び機能的品質ならびにイメージに対する諸資源の影響を考慮すべきである。

　その一方で，顧客志向的なインタラクティブ・マーケティングは，接客従業員を関与させるか否かについて言及すべきである。いくらかのケースにおいて，消費者のターゲット・グループによっては人的資源を伴わないものがあり，そこではサービス・コンセプトを具体的かつ成功するサービス提供に

換えるための物的資源や技術的資源のみが必要とされる。このようにして，例えば，ATMやレストランのセルフサービスは実現するが，その一方で別のセグメントでは，サービスに専念する接客従業員が多くみられる。あらゆるケースにおいて，ひととおりの資源を伴う買い手と売り手の相互作用が存在し，これらの資源や相互作用のマネジメントは消費者の嗜好や将来の購買行動に影響を与える。それはしばしば当該市場での企業の成功に極めて重要なものとなる。

サービス・マーケティング・モデル

Eiglier & Langeardが示したサービス企業の顧客との関係性における資源モデルに基づく図4は，サービス企業が顧客志向のサービス及びインタラクティブ・マーケティング機能を開発する際に用いられる計画ツールを説明している。このツールを用いるとき，すなわち買い手と売り手の相互作用のなかの資源を計画するとき，5つの変数（サービス・コンセプト，サービスのアクセシビリティ，従業員と顧客との双方向のコミュニケーション，補助サービス，消費者の影響）が重視される[16]。この変数は，サービス企業のインタラクティブ・マーケティング機能に関連する競争手段となる。図5に視

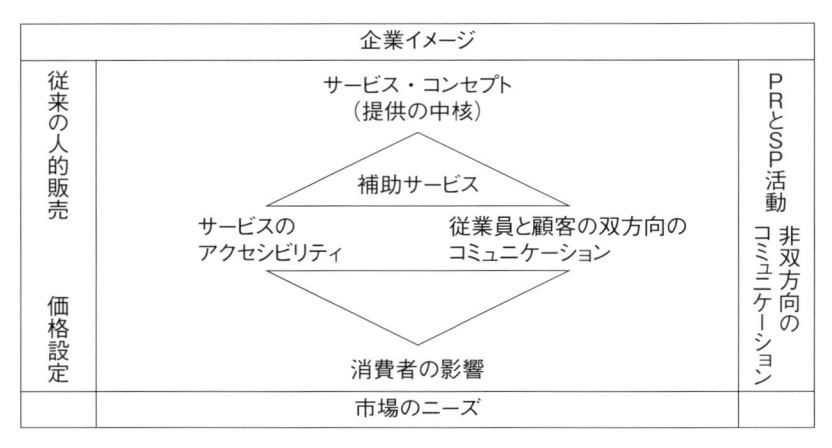

図5　サービス・マーケティング・モデル

第3章　適用されるサービス・マーケティング理論

線を移すと，図の中心部分にこのインタラクティブ・マーケティングの変数が示されている。これらはまた，消費者が獲得し評価するサービス提供の構成要素でもある。図1において，それらは生産と消費が重なる部分が示すマーケティング活動である。

図1の従来のマーケティング機能のボックスに示されるとおり，多くの従来のマーケティング活動もサービス企業に適用され得る。サービス・マーケティング・モデルにおいて，この変数は，従来の人的販売，非双方向のコミュニケーション，PRとSP活動，価格設定と名づけられる。ここでは，そのモデルのこれらの要素について詳細に説明はしない代わりに，インタラクティブ・マーケティング機能の競争手段について議論する。

サービス・コンセプトはサービス提供の中核であり，それは特定の消費者のターゲット・グループのニーズやウォンツから導き出されなければならない。企業はたいてい一般的なサービス・コンセプトをもつ。例えば，スウェーデンのあるレンタカー企業のそれは，人びとの一時的な移動の問題に対するソリューションの提供である。だが，企業は具体的なサービス・コンセプトをもつべきであり，それは具体的なサービス財の中核となる。例えば，キャンドルライトの雰囲気を味わえるディナーや東洋の料理は，そのレストランの具体的なサービス・コンセプトになるだろう。

サービス・コンセプトはサービス提供の中核であり，サービス企業の生産物であるが，いずれにせよ無形である。インタラクティブ・マーケティング機能の他の4つの要素を開発することにより，この無形性の中核は具体的なサービス提供へと変化する。まず，サービスのアクセシビリティについて考えなければならない。サービスは魅力的で便利な方法をもってターゲット顧客の利用を手助けしなければならない。そうすることで，彼らはサービス財を購買及び消費できるその方法に満足する。例えば，旅行代理店のような外部資源とコンピュータ化された予約システムのような内部資源は，購買者志向のアクセシビリティ資源であり，それはホテルが提供するサービス財を利用しやすくするために導入され得る。だが，生産と消費は同時発生の活動なので，これらのサービスによって消費プロセスもまた利用されやすいものにする。ホテルの内部資源である，従業員やホテルの建物のような物的資源な

第Ⅰ部　サービス・マーケティング

らびに技術的資源，客室，申込書等もアクセシビリティ資源であり，それはそのホテルが提供するサービスのインタラクティブ・マーケティングにおいて考慮されなければならない。

　消費財のマーケティングにおける流通の概念は，サービス・マーケティングに適用しにくい。なぜなら，流通は極めて限定的な概念であるからだ。流通活動の目的は，購買プロセスのなかで製品を市場にアクセスできるようにすることだが，消費プロセスで優れたアクセシビリティを保証できるのは製品そのものに限られる。消費財のマーケティングでは，流通は有益なマネジメント概念であるが，サービス・マーケティングではそれよりも広いアクセシビリティの概念が必要となる。さもなければ，消費プロセスにおいてサービス財を正しく利用可能にする重要なタスクが，マーケティングの問題として考慮されない[17]。

　接客従業員と物的資源及び技術的資源が，サービスのアクセシビリティを改善するために開発され得るものであることは明白だ。加えて，その消費者についても考慮すべきである。例えば，消費者が銀行において待ち行列を引き起こし，このことによってその銀行のサービスの機能的品質は悪化してしまうかもしれないし，あるいは消費者が音楽ホールにおける雰囲気と一体になり，そのコンサートの質を高めることもあるだろう。

　サービスのアクセシビリティが，サービス財のあらゆる品質の面（すなわち，技術的品質，機能的品質，イメージ）に影響を与えることは明らかである。

　顧客と従業員との間にみられる双方向のコミュニケーションの概念は，インタラクティブ・マーケティング機能を計画する重要な手段となる。なぜなら，顧客はほとんどの場合，買い手と売り手の相互作用において，そのサービス企業の幾人かの代表者と出会うからである。ときには，ほとんどの従業員が顧客と接触することもある。そのため，銀行のマネジャーや窓口係，旅行代理店の代表者，キャビンアテンダント，電話予約受付係，コンサルタント，給仕等による顧客対応における言動が，顧客が受けるサービスの見方に決定的な影響を与える。したがって，サービス企業の接客従業員は，販売員として活動しながらその企業の個人市場コミュニケーションの役割を担って

いる。

　しかし，この顧客と従業員間のコミュニケーションと専門の販売員による人的販売との間には相違がみられる。後者の従業員の集団は，マーケティング専門家であり，たいていマーケティング・マネジャーによって管理されている。彼らの主な目的は販売を創出することである。他方，顧客と従業員とのコミュニケーションに直接関与している従業員もまた生産システムの一部であり，たいてい彼らについてはマーケティング資源ではなく生産資源として捉える。加えて，最も重要なことは，顧客の消費時の満足にただちに反応でき，将来の購買行動に極めて大きな影響を与えるという点である。

　全ての品質の面が接客従業員のコミュニケーション活動から影響を受けるのは明らかだ。なかでも，機能的品質に対するその影響は，競争市場の状況における成功に最も決定的なものとなるだろう。

　コア・サービスは，補助サービスによって顧客をより魅了することができる。これは競争手段として用いられるサービス財となる。例えば，航空会社から申し込まれるホテル予約やパッケージツアーであったり，客室のTV設置やホテル内のサウナ室である。これらのサービス財は，そのコア・サービスを具体的な提供にするために必ずしも必要ではないが，競合他社よりも良いサービス財にするための「付属物」となる。補助サービスは，消費者の心の中で総体的なサービス提供の一部となりやすいため，例えば，コスト削減のためにそのような「付属物」を取り除くには厳重に注意しなければならない。さもなければ，その結果は悲惨なものになってしまうだろう。

　サービス提供とインタラクティブ・マーケティング機能に対する消費者の影響は，二通りみられる。消費者自身が生産プロセスに参加し，その結果，彼らが見返りとして獲得するものに影響を与える。他方，他の顧客が同時にサービス財を購入あるいは消費することもそのサービス提供に影響を与える。例えば，順番待ちをしていたり，店内を歩き回っている際，快適である企業はそのサービス品質を高めるかもしれないし，反対に魅力を感じない企業は下げるかもしれない。そのサービスのアクセシビリティは影響を受ける。さらに，消費者はまた，従業員とのコミュニケーションに対して望ましいあるいはその逆の影響をもたらす。例えば，ある消費者が，ホテルのレス

トランの潜在消費者に対して，そこは退屈な場所だという体験談をしたとすると，そのレストランに関する情報はまずい方向へと伝達されてしまう。

消費者視点からみると，そのサービス財を同じ瞬間に購入あるいは消費している他の消費者は，そのサービスの一部分となる。サービス・マーケターはこの事実を認識し，その消費者の役割もそのインタラクティブ・マーケティング計画に組み込まなければならない。注意すべきは，消費者は企業のイメージ及び技術的品質と機能的品質に影響を与えるということである。

サービス・マーケティングの動的側面—3段階モデル

マーケティングは当然ながら動的なプロセスであり，そこではマーケターは顧客を獲得すること，すなわち販売にのみならず，顧客を維持すること，すなわち再販売や顧客との継続的な接触にも関心をもつべきである。これは，サービス企業が消費者と接触するプロセスをつうじて，マーケティング活動は実行されなければならないということを意味している。マーケティングは販売が実行されたとき中止してはならない。表1は，3段階モデルと呼ばれるサービス・マーケティングの動的な見方を説明している[18]。

そのモデルは，ターゲット市場のニーズを満たすために，そのサービス提供のニーズを満たす能力に関する顧客の意見の3段階を考慮しなければなら

表1　3段階モデル

段階	マーケティングの目的	マーケティング機能
内部段階	顧客志向・販売志向の従業員を獲得すること	インターナル・マーケティング機能
初期段階	企業とそのサービスの関心を創出すること	従来のマーケティング機能
購買プロセス	全般的な関心を販売に変えること	従来のマーケティング機能とインタラクティブ・マーケティング機能
消費プロセス	再販売と継続的な顧客との接触をつくりあげること	インタラクティブ・マーケティング機能

第3章　適用されるサービス・マーケティング理論

ないということを示している。これらは，そのサービス企業とその提供物，サービス財の購買，同じあるいは同種のサービス財の再購買のそれぞれの関心である。この3段階の認識は相当なマーケティングの成果をもたらす。それぞれの段階において，マーケティングの目的や性質（責任を負うべきマーケティング機能）は異なる。

　初期段階では，マーケティングの目的は企業とそのサービス財の関心をつくりあげることである。これは従来のマーケティング機能によって最も上手く達成される。広告や販売促進やPR活動や販売は，特に産業財に付随するサービス財に関していえば[19]，有益な競争手段となる。

　第2段階は購買プロセスであるが，そこでは全般的な関心は販売に取って代わるべきである。ここで再び上述したマーケティング活動が使えるが，インターナル・マーケティングもまた，顧客が最終決定をするより前に企業の生産資源と接触するときはいつでも適用することができる。

　消費プロセスの間，再販売や継続的な顧客との接触が保証されるべきである。この段階では，従来のマーケティング活動は，顧客のサービス選択に影響を与えるチャンスがほとんどあるいは全くない。ここではインタラクティブ・マーケティング機能が成功あるいは失敗の責任を負う。すなわち，サービス財のコンセプトに関する決定，サービスのアクセシビリティ，顧客と従業員の双方向のコミュニケーション，補助サービス，そして消費者による影響は，顧客がこの最終段階で失われなければ，極めて重要となる。

　表1では，内部段階という前段階も存在する。それはサービス企業の内部状況に関するものである。従業員，とりわけ接客従業員はインタラクティブ・マーケティングにとって極めて重要となることがあるので，従業員が顧客志向あるいは販売志向をもつことは不可欠である。ある研究者が次のように述べている。「顧客満足のために，企業は従業員も満足させなければならない[20]」。接客従業員がその企業の最初の市場であり，そしてもしその企業が彼らを顧客志向にして，補助サービスを含むサービス財やキャンペーンを販売させることができなければ，おそらくその最終市場でも良い結果になることはない。したがって，ここに忘れてはならない第3のマーケティング機能がみられる。すなわち，インターナル・マーケティング機能であり，それ

第Ⅰ部　サービス・マーケティング

は特に労働集約的なサービスビジネスにおいて，インタラクティブ・マーケティングを上手く実行するための前提条件となる。

結論

ここで示したサービス・マーケティング理論によると，消費財のマーケティング理論における従来のマーケティング活動は，サービス企業の全マーケティング機能の一部にしか適用できない。だが，別種のマーケティングの役割，つまりインタラクティブ・マーケティング活動は極めて重要なものになり得る。企業は，購買と消費のプロセスをつうじて，その買い手と売り手の相互作用をコントロールできる能力を継続的に証明しなければならない。もしそのことに失敗してしまったら，顧客を失うかもしれないが，その一方でインタラクティブ・マーケティング機能を上手く管理している競合他社は，満足した顧客による好評を得て良い企業イメージを確立し，継続的な顧客との接触を実現するだろう。

参考文献

[1] Bessom, R.M., 'Unique Aspects of Marketing Services', *Arizona Business Bulletin*, No. 9, November 1973, p. 14.
[2] Chisnall, P.M., 'Marketing in a service economy', *European Research*, No. 4, July 1977, p. 181.
[3] Rathmell, J.M., *Marketing in the Service Sector*, Cambridge, Mass., Winthrop Publishers, 1974.
[4] Ibid., p. vii.
[5] See, for example, George, W.R. and Barksdale, H.C., 'Marketing Activities in the Service Industries', *Journal of Marketing*, No. 4 (October 1974), p. 65.
[6] See, for example Bonoma, T.V. and Mills, M.K., *Developmental Service Marketing*, working Paper series, Graduate School of Business, University of Pittsburgh, April 1979. See also Levitt, T., 'Product-line approach to service', *Harvard Business Review*, September-October 1972 and 'The industrialization of service', *Harvard Business Review*, September-October 1976.
[7] See, for example, Bessom, R.M., *op. cit.*; Eiglier, P. and Langeard, E., 'Une approche nouvelle du marketing des services', *Revue Francaise de Gestion*, No. 2 (novembre 1975) and *Principes de politique marketing pour les enterprises de services*, Working paper, L'Institut d'Administration des Enterprises, Université d'Aix-Marseille, (décembre 1976); Shostack, G.L., 'Breaking Free from Product Marketing', *Journal of Marketing*, No. 2 April 1977, and George, W.R., 'The Retailing of Services—A Challenging Future', *Journal of Retailing*, No. 3 Fall 1977. From the area of professional service marketing see, for example, Wilson, A., *The Marketing of Professional Services*, London, McGraw-Hill, 1972 and Gummesson, E., 'Toward a Theory of Professional Service Marketing', *Industrial Marketing Management*,

第3章 適用されるサービス・マーケティング理論

April 1976.
 [8] See Grönroos, C., 'A Service-Orientated Approach to Marketing of Services', *European Journal of Marketing*, No. 8, 1978; 'An Applied Theory for Marketing Industrial Services', *Industrial Marketing Management*, No. 1, 1979; 'Designing a Long Range Marketing Strategy for Services', *Long Range Planning*, April 1980; and *Marketing Services: A study of the marketing function of service firms*, Stockholm, Marketing Techniques Center, 1979.
 [9] See Grönroos, C., 'A Service-Orientated Approach to Marketing of Services', *op. cit.*; and 'Designing a Long Range Marketing Strategy for Services', *op. cit.*
[10] See, for example, Bessom, R.M., *op. cit.*; Rathmell, J.M., *Marketing in the Service Sector, op. cit.*; Shostack, G.L., 'Breaking Free from Product Marketing', *op. cit.*; Sasser, W.E., 'Match Supply and Demand in Service Industries', *Harvard Business Review*, November-December 1976; and Eiglier, P. and Langeard, E., *op. cit.*
[11] See Bateson, J.E.G., *et al.*, *Testing a Conceptual Framework for Consumer Service Marketing*, project description, Marketing Science Institute, August 1978, p. 11.
[12] Bessom, R.M., *op. cit.*, pp. 13–14.
[13] See, for example, Eiglier, P. and Langeard, E., *op. cit.*, p. 11, and Bateson, J.E.G., *et al.*, *op. cit.*, pp. 29–31.
[14] Sasser, W.E. and Arbeit, S.P., 'Selling Jobs in the Service Sector', *Business Horizons*, June 1976, p. 62.
[15] See also Besson, R.M., *op. cit.*, p. 12.
[16] 紙面の都合上，これらの調査結果の実証データはここでは割愛する。
[17] サービス志向的な流通の概念を開発する画期的な試みは，James H. Donnelly, Jr. ('Marketing Intermediaries in the Channels of Distribution for Services', *Journal of Marketing*, No.1, January 1976) によって提唱された「マーケティング仲介業者（Marketing intermediary）」の概念となると考えられる。
[18] See Grönroos, C., 'Designing a Long Range Marketing Strategy for Services', *op. cit.*
[19] See Grönroos, C., 'An Applied Theory for Marketing Industrial Services', *op. cit.*
[20] George, W.R., 'The Retailing of Services—A Challenging Future', *op. cit.*, p. 91.
[21] See Sasser, W.E. and Arbeit, S.P., *op. cit.*, p. 61.

第4章 サービス品質モデルとそのマーケティングへのインプリケーション[※]

失われたサービス品質の概念

　サービス・マーケティング及びサービス・マネジメントのモデルを開発するためには，市場のなかの顧客が本当に求めているもの，ならびにサービス企業の顧客との関係性において彼らが評価しているものは何なのかということを明らかにしなければならない。それにもかかわらず，サービス・マーケティングに関する文献（調査報告書，学術論文や書籍）は，サービスの品質が消費者によってどのように認識され評価されるかについての明示的なモデルをひとつも掲載していない[1]。我々に必要なものはサービス品質のモデルである。つまり，顧客によってどのようにサービス財の品質が認識されるのかを説明するモデルである。我々がこのこととサービス品質の構成要素を理解するとき，我々はより適確にサービス志向的な概念とモデルを開発することができるようになる。

　「サービス品質」という術語は，研究者及び実務家の両者によって頻繁に用いられる。しかしながら，それはマネジメントの意思決定の指針となるようには定義づけられていない。「品質」という言葉はまるでそれ自体が変数として極めて頻繁に使われるが，資源と活動の一連の関数として用いられることはない。例えば，サービス企業が将来的に競争できるサービス財の品質を開発しなければならないという主張は，(1)サービス品質が消費者によって

[※] Grönroos, C., 'A Service Quality Model and its Marketing Implications', *European Journal of Marketing*, 1984; 18(4): pp. 36-44. Reproduced by permission of Emerald Group Publishing, Limited.

第Ⅰ部　サービス・マーケティング

どのように認識されるかを定義し，(2)サービス品質がどのように影響を受けるかを特定できない限り，意味をなさない。

現在，我々はサービス品質の概念をもたない。したがって，本章の目的はサービス品質モデルを開発することにある。このモデルは，サービス企業の経営者の事例に基づき検証される。

期待サービスと知覚サービス

どのようにしてサービス品質が認識されるかという最初の問いに答えるために，我々は消費者行動に関する文献にいくつかのヒントを見つけられるかもしれない。しかしながら，消費者行動や購買行動の理論やモデルは，サービス財についてはっきりとは考慮していない。だが，その領域の文献は我々にいくらかのヒントをくれる。

消費者行動の研究者は，生産物を消費した後の消費者認識の影響について，さほどはっきりと考慮していない[2]。だが，数人の研究者が，生産物のパフォーマンスに対する期待が生産物の消費前の評価に影響するという研究を行なっている[3]。他にも色々あるなかで例えば，期待が一定の状態である場合，高いパフォーマンスは高い評価に繋がるということ[4]，生産物の消費において，生産物のパフォーマンスと期待との比較から消費者のなかで葛藤が生じるといったこと[5]が明らかにされている。

ある研究者[6]によると，消費者個人の消費プロセスへの参加度合いが高まるにつれ，消費前の評価に対する生産物の結果は，より大きな重要性をもつようになる。例えば，より深く参加することによって，注意を払う度合いは高まる。

たいていの場合，サービス財は，消費プロセスにおける深い消費者参加を必要とする生産物である。買い手と売り手の相互作用において，生産と消費が同時に起こっている間，消費者は注意及び評価すべき多くの資源と活動をたいていは目にする。例として，我々は航空会社やカンファレンス・サービスの提供者について考えることができる。このことから，消費者のサービスにおける経験は，経験したサービス品質（サービスの知覚品質）の消費前の

評価に影響を与えると想定され得る[7]。

　したがって，サービスの知覚品質は評価プロセスの結果となるという主張が当然のこととして考えられる。その評価プロセスでは，消費者は期待と提供されたサービスの認識とを比較する。彼（女）は「期待サービス（expected service）」に対して「知覚サービス（perceived service）」について述べる。このプロセスの結果は，「サービスの知覚品質（perceived quality of the service）」となる。

　よって，サービスの品質はふたつの変数（期待サービスと知覚サービス）に従属している。そのため，サービス品質モデルにおいて，我々は，これらの変数に影響するその企業の管理下ならびに直接的な管理下の外側にある資源と活動について理解する必要がある。すなわち，本章の最初の節で述べたふたつ目の問いに対する答えである。この問いについては次節にて触れる。

誓約とパフォーマンス

　従来のマーケティング活動（広告，店舗販売，価格設定等）は，ターゲット顧客に「誓約（promise：約束・契約）」を提供するために用いられる[8]。その誓約は顧客の期待に影響を与え，期待サービスに作用する。さらに，（我々がいつもそうしている）慣習やイデオロギー（宗教，政治関係等）もまた，顧客の期待に影響を与えるかもしれない。同じことが口コミについてもいえる。

　また，サービスに関する以前の経験もまた顧客の期待に作用する。他方，知覚サービスは顧客のサービスそれ自体の認識の結果である。さて，サービスがどのようにして認識されるかという議題に移るとしよう。

　Swan & Combsは，認識される生産物のパフォーマンスはふたつのサブ・プロセスに分類できると主張している。すなわち，手段のパフォーマンスと表現のパフォーマンスである[9]。2人の研究者とその他の研究者ら[10]が行なったこれらの概念とその消費者満足への影響に関するの実証研究は，消費財について検討されたものがほとんどであった。だが，その研究と結果は，理論的にはサービス財にも相当な関連性をみることができる。

生産物の「手段のパフォーマンス（instrumental performance）」は，生産物の技術的側面である。サービス財のコンテクストでは，それはサービス生産プロセスの技術的結果とされるだろう。例えば，乗客はある場所から他の場所へ移動されるし，健康問題は病院でケアされるし，企業の金融取引は行なわれる。それは，いうなれば，生産プロセスが終了したときに顧客に渡されるものである。「表現のパフォーマンス（expressive performance）」は，パフォーマンスの「心理」レベルに関連する。サービスのコンテクストにおいて，表現のパフォーマンスは買い手と売り手の相互作用，すなわち，サービス企業の多様な資源や活動との消費者の接触，ならびに技術的な結果，つまり手段のパフォーマンスが創り出されるサービス生産プロセスに関連する。例として，航空機の乗客とその会社の従業員，チェックインの受付係，飛行機そのもの，座席，食事といった物的資源や技術的資源やその他の乗客との接触をあげることができる。フライト前，フライト中，フライト後の生産プロセスにおける乗客とそのとき必要とされる人的・非人的資源との相互作用は，明らかにそのサービスの評価と認識に影響を与える。

Swan & Combs は，生産物の手段の充分なパフォーマンスが顧客満足には必須条件であるが，それだけでは充分ではないと述べている。もし生産物の表現のパフォーマンスが納得できるほど考慮されていないのであれば，手段のパフォーマンスによる満足の度合いに関係なく，その消費者は不満を感じたままである[11]。

例えば，ある銀行が技術的な意味で（手段のパフォーマンスが充分である）完璧に顧客に関する業務を遂行したとしても，もしその顧客がそのマネジャーや従業員のパフォーマンスに不満を感じたり，あるいはもし顧客がATMを使うのが当然という考えを受け容れなかったりすると，その顧客はその銀行から得られるサービスに対して満足しないだろう。同様な例は，サービス・セクターの他の領域からも簡単にみられる。例えば，ホテルやレストラン，交通，医療，修理やメンテナンス，海運業やコンサルタント等である。

サービス品質モデルにおいては，それぞれの生産物のパフォーマンスを品質の用語に読み換えると良い。次節で，我々はその品質モデルを開発する。

第4章　サービス品質モデルとそのマーケティングへのインプリケーション

技術的品質と機能的品質

　サービスは基本的に無形であり，生産と消費が相当範囲にわたり同時に起こる活動として特徴づけられる。買い手と売り手との相互作用のなかで，サービスはその消費者に提供される。明らかにこの相互作用のなかで起こることは知覚サービスに影響を与える。

　ホテル客は宿泊するための部屋とベッドを得，レストランサービスを利用する消費者は食事を得，電車の乗客はある場所から別の場所まで移動し，ビジネスコンサルタントのクライアントは新しい組織計画を得るかもしれないし，製造企業は物品目録を用いてそのモノを運送会社に顧客へ輸送してもらうかもしれないし，銀行の顧客はローンを認められるかもしれない。先述したとおり，この生産プロセスの技術的結果は，サービスの手段のパフォーマンスに相当する。そして明らかに，そのプロセスの技術的結果，つまりサービス企業との相互作用の結果としてその消費者が受け取るものは，彼（女）にとって重要であり，同じくそのサービス品質の評価にとっても重要となる。これは「技術的品質（technical quality）」の側面と呼ぶことができる。しばしばそれは，物的製品の技術的側面と同じように，幾分か客観的な方法で消費者によって測定される。

　しかしながら，消費者との相互作用のなかでサービスは生産されるので，この技術的品質の側面は，消費者が認識する総体的な品質にさほど影響を与えない。技術的品質はその機能上，消費者に移転されるが，その際にも消費者が影響を受けることは明らかである。

　ATMやレストランやビジネスコンサルタントのアクセシビリティ，給仕の姿や振る舞い，銀行窓口係，旅行代理店の代表者，バスの運転手，キャビンアテンダント，ビジネスコンサルタント，配管業者，これらのサービス企業の従業員がどのように行動するか，何を言うか，そしてどのようにそれを伝えるのかといったことも，顧客がそのサービスを見る目に影響を与える。さらに，消費者がセルフサービスの行動やその他の生産に関連するルーティンを受け容れる（そうするように行動することを期待される）につれて，お

そらくその消費者はそのサービスについてより良く捉えるようになる。さらに，同じあるいは同様のサービス財を同時に消費している顧客は，他の顧客がそのサービスを認識する方法に影響を与える。他の顧客が待ち行列を作ったり，別の顧客を煩わせたりする一方で，その反対に買い手と売り手との相互作用の雰囲気に良い印象をもたらしてくれることもある。

つまり，消費者はその生産プロセスの結果として得られるものだけに興味を示すのではなく，そのプロセス自体にも興味をもつのである。機能上どのように消費者が技術的結果（あるいは技術的品質）を得たか，ということも彼（女）にとって，またサービスに対する視点にとって重要となる。この品質の側面は，「機能的品質（functional quality）」と呼ぶことができる。機能的品質は，サービスの表現のパフォーマンスに相当する。したがって，我々はふたつの品質の側面をもつ。それは事実上，全く異なる。技術的品質は，その顧客は何を得たかという問いに答えるものであり，他方，機能的品質は，その顧客はどのようにそれを得たかという問いの答えである。機能的品質の側面は，技術的品質と同様に客観的には評価することはできないという

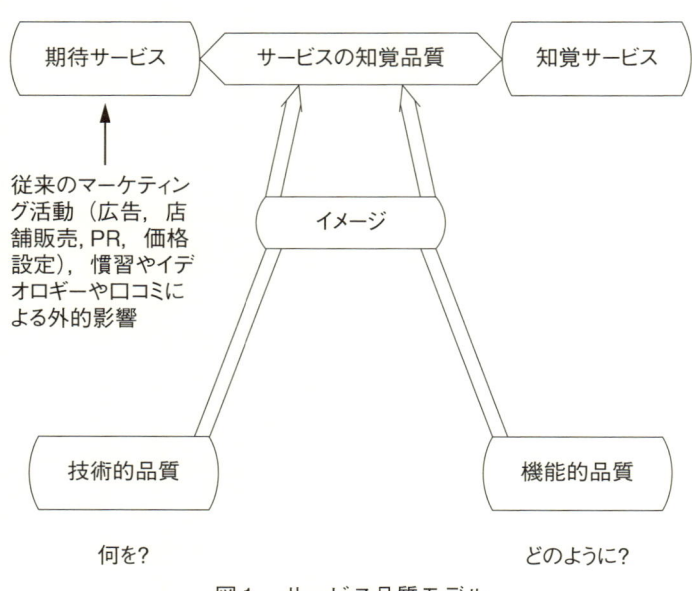

図1　サービス品質モデル

第4章　サービス品質モデルとそのマーケティングへのインプリケーション

ことは明白だ。実際，機能的品質の側面は極めて主観的に認識される。

知覚サービスは，総体的なサービスの様相を顧客の視点から捉えた結果であり，実際に，それらのいくつかは技術的なものであるし，機能的なものである。この知覚サービスが期待サービスと比較されるとき，サービスの知覚品質が得られる。これについては図１に概略的に説明されている。だが，この図は第３の品質の側面である企業イメージを含んでおり，それはある場合において，その品質モデルの第３の変数としてみることができる。次節にて，品質の側面としてのイメージについて論じる。

品質の側面としてのイメージ

一般的に，サービス企業はブランドネームや販売者を盾にして隠れることはできない。ほとんど全ての場合において，消費者は企業とその資源を買い手と売り手との相互作用の間に見ることができる。したがって，企業イメージ，あるいはときとしてオフィスや別の組織単位の支社（支店）のイメージは，大体のサービス企業にとってこの上なく重要なものとなる[12]。消費者の期待は企業の見方，すなわちイメージによって影響を受ける。

企業イメージは，その消費者がどのようにして企業を認識するかの結果である。顧客が見て認識する企業の最も重要な部分は，そのサービス財である。したがって，企業イメージは，主にそのサービス財の技術的品質と機能的品質によってつくりあげられると想定される。もちろんそれ以外の要因もあり，イメージに影響を与えるだろうが，それらはたいてい重要ではない。人びとは，そういった２種類の要因から選択するだろう。すなわち，慣習やイデオロギーや口コミといった外的要因，そして他方，広告や価格設定やPRといった従来のマーケティング活動である。

サービス企業が新しいターゲット市場にそのイメージを伝えたいと思うとき，イメージ広告のような従来のマーケティング活動は，最も効果的な方法になり得る。さらに，もし既存市場の顧客が何かしらの理由で，事実に反するその企業イメージをもってしまったら，従来のマーケティング活動は，その市場に真実のイメージを伝達する効果的な方法になることを再び期待され

第Ⅰ部　サービス・マーケティング

る。しかしながら，広告キャンペーンやその他の従来のマーケティング活動は，もし顧客に与えられるその企業の実像があるべき技術的品質と機能的品質を反映していないのであれば，市場に打ち出してはならない。従来のあらゆるマーケティング活動は，その顧客の期待に作用し，そしてそのサービスの技術的品質や機能的品質が実際にはその期待よりも高いという印象を与える広告キャンペーンは，期待サービスの水準を結果的に高める。もし知覚サービスが以前と同じ水準のままであると，期待サービスと知覚サービスとのギャップは広がり，葛藤が生じてしまうかもしれない。企業は顧客を失望させてしまうだろう。最終的に，失望した顧客はそのイメージを悪化させるだろう。

　しかし，イメージは品質の側面となるだろう。もし消費者が良いレストランに来ていると信じ込み，例えば，その食事が完璧じゃなかったり，給仕の振る舞いがイライラさせるものであっても，彼（女）は納得のいく知覚サービスを見つけようとするかもしれない。彼（女）のそのレストランに対するポジティブなイメージは，そのネガティブな経験の言い訳となるかもしれない。当然ながら，もし彼（女）が何度も期待を裏切られるようなら，そのレストランに対するイメージは悪化する。同様にして，ネガティブなイメージはサービスの知覚品質に伴う諸問題を容易く増やす。さらに，悪いイメージはより好ましくないものになるだろう。

サービス品質モデルに関するいくつかの経験的実証

　生産物の手段のパフォーマンスと表現のパフォーマンスにおける実験は，前者のパフォーマンスは満足に対して必要条件であるが，十分条件ではない，ということを示している[13]。Swan & Combs も，満足した消費者はその満足の理由として，手段のパフォーマンスではなく表現のパフォーマンスに関する属性について多く言及する傾向にあるようだと論じている。

　サービス財に関する限りは，少なくとも技術的品質の側面が満足水準に達しているのであれば，機能的品質は技術的品質よりも知覚サービスにとって重要であることが，これらの観察から強調することができるだろう。予備調

第4章　サービス品質モデルとそのマーケティングへのインプリケーション

査として行なった非公式なケーススタディでも，同じ結論が導かれた。

　上記は，当該市場の企業間で技術的品質がほとんど同じで差別化が難しい状況にあるサービス産業においては特に重要である。これはかなり多くのサービス財に当てはまる。

　既述の仮説は，1981年にスウェーデンのサービス企業のエグゼクティブによるサンプルに基づき検証された。サービス・マーケティングの一連のセミナーに参加している人びとから成る総数から無作為のサンプルを抽出し，質問票をセミナーの平均6ヶ月後に回答者へ郵送した。その回答者は，トップマネジメントをはじめ，マーケティングやその他の，主に社内研修や人事に関するビジネス機能を代表する人たちである。さらに，広範囲のサービス産業がそのサンプルには含められている。例えば，銀行，保険会社，ホテル，レストラン，運送業，航空会社，清掃・メンテナンス，レンタカー会社，旅行代理店，エンジニアリングコンサルタント，建築，ビジネスコンサルタント，広告代理店，そして公共セクターの諸機関である。

　サービス品質と企業イメージについての項目は，質問票の全体の一部のみである。おおよそ6割の質問票が回収された。回答者数は219であった。ほとんどのサービス産業は極めて労働集約的であり，すぐに変わるものではなさそうなので，買い手と売り手との相互作用に関係する従業員（接客従業員）のパフォーマンスは，機能的品質の側面を操作可能にするため用いられた。接客従業員，技術的品質，機能的品質という用語は回答者にとって馴染みがあった。

　その項目と結果が表1に示されている。回答は，「大変そう思う」（5）から「全くそう思わない」（1）までの5点尺度のリッカート法によってもたらされた。この尺度は個別に分析され，それぞれに結果が示される。表中には全ての回答者の結果が示されている。全体の状況は，産業や規模，回答者の地位，顧客のタイプといった背景として用いられる変数にしたがってそのデータを分析しても変わりはみられなかった。

　表1から見てとれるように，回答者の大多数は上から5つの項目に，強くあるいはある程度同意している。機能的品質が発生する買い手と売り手との相互作用は，従来のマーケティング活動よりも重要な部分になると考えられ

表1　サービス品質と企業イメージに関する質問項目と結果

項　　　目	（1）強い／部分的な同意の比率	（2）回答者数	（3）無回答
ほとんどの場合において，顧客との日常的な接触（買い手と売り手との相互作用）が，従来のマーケティング活動（広告やマス・コミュニケーション等）よりも重要なマーケティングの部分となる	94.1%	218	1
企業イメージは，従来のマーケティング活動よりも，企業と顧客との接触による成果である	88.8%	216	3
従来のマーケティング活動は，今日の企業に対して顧客がもつ企業イメージの見方に最低限の重要性しかもたない	74.0%	218	1
口コミは，従来のマーケティング活動よりも潜在顧客に大きな影響を与える	83.5%	216	3
接客従業員の接客応対の方法が，もし顧客志向・サービス志向であるなら，そのサービスの技術的品質の一時的な問題を補償する	91.3%	219	0
接客従業員の接客応対の方法が，もし顧客志向・サービス志向であるなら，全体的に低い技術的品質の水準を補償する	37.9%	217	2

る。これは，品質発生プロセス，そして特に買い手と売り手の相互作用がサービス・マーケティングにおいて極めて重要なものであるという観点を強調する。別の文脈において，我々は買い手と売り手の相互作用のマネジメントを，従来のマーケティング機能を補足するサービス企業のインタラクティブ・マーケティング機能[14]として定義づけている。

　項目2から4をつうじて，従来のマーケティング活動は企業イメージに若干ながら重要であるものの，その一方で買い手と売り手の相互作用ならびに口コミはより効果的なものと考えられることが示される。5番目の項目は，

第4章　サービス品質モデルとそのマーケティングへのインプリケーション

機能的品質が極めて重要なものと考えられることを示しているが，実際に機能的品質（接客従業員のパフォーマンス）の高水準は一時的な技術的品質の問題を補うほどの重要性をもつ。6番目の項目に強く同意するあるいはある程度同意すると答えた回答者が3分の1以上いることに気づくだろうが，それは，優れた接客従業員のパフォーマンスは全体的に低い技術的品質の水準さえ補うかもしれないということを示している。

結論とマーケティングへのインプリケーション

　機能的品質は事実上，知覚サービスの極めて重要な側面だと考えられると結論づける。いくつかの事例において，それは技術的品質の側面よりも重要である。それゆえに成功をもたらすサービス・マネジメントのために，企業のサービス財の機能的品質を改善することに注意を向ける必要があるだろう。買い手と売り手との相互作用をマネジメントし，優良な機能的品質を創造することは，強力なマーケティング機能（インタラクティブ・マーケティング）となり，従来のマーケティング活動よりも重要なものとなるだろう。

　企業イメージに対する従来のマーケティング活動の重要性は，過大評価しないほうがよい。そのイメージは主として知覚サービスの結果である。さらに，口コミの重要性は記憶に留めておくべきである。

　サービスの知覚品質のマネジメントが意味するところは，企業は消費者の満足を実現できるように期待サービスと知覚サービスとを一致させなければならないということだ。期待サービスと知覚サービスとの間のギャップを可能な限り小さくするため，サービス企業にとって次のふたつのことが重要となる。

(1) 従来のマーケティング活動によって提供され，口コミによって伝達されたサービスの誓約は，いずれ顧客が認識するサービスと比較して事実と異なるものであってはならない。

(2) マネジャーは，サービスの技術的品質及び機能的品質がどのように影響を与え，顧客によってこれらの品質の側面がどのように認識されるかについて知らなければならない。

第Ⅰ部　サービス・マーケティング

　最初の配慮は，広告やその他の従来のマーケティング活動にインプリケーションをもつ。そのような活動によって，現実離れしたサービスの見方が顧客に与えられてはならない。さらに，企業の既存顧客にとってそのような活動のインパクトは，サービスの認識に比べてたいして影響はないだろう。潜在顧客に関していえば，従来のマーケティングのほうが強力である。

　ふたつ目の配慮は，図1に描かれたサービス品質モデルへと我々をもう一度振り返らせる。マネジメントは，機能的品質の重要性，ならびにふたつの品質の側面の開発方法について理解しなければならない。技術的品質の側面は，企業がもつノウハウの結果であることは明らかである。これは，優れた技術的ソリューションや従業員の技能等を意味する。機器やコンピュータシステムの適切な利用によって，技術的品質は改善されるだろう。

　しかしながら，これだけでは充分とはいえない。消費者の満足を確実なものにするために，充分な機能的品質が必要とされる。接客従業員は機能的品質にとってしばしば極めて重要になる。さらに，顧客志向的な物的資源や技術的資源，ならびにその企業のサービスのアクセシビリティ，消費者志向のセルフサービス・システム，そして，その顧客との継続的な接触を維持する企業の能力は，機能的品質の側面に影響を与える方法の例である。

　結論として，この品質の両側面は相関関係にあるということに注意すべきである。充分な技術的品質は，成功をもたらす機能的品質にとって必須条件であると考えられる。その一方で，もし機能的品質が充分すぎるものであると，技術的品質の一時的な問題は許容されるかもしれない。最後に，イメージの重要性について認識されるべきである。

　より多くの研究が必要とされるのは当然であるが，特にサービス品質に対する顧客の考え方に関する研究が必要であろう。

参考文献

[1] See, for example, publications by Wilson, Rathmell, Levitt, Eiglier and Langeard, Berry, Bateson, Gummesson, George, Thomas, Lovelock, Grönroos and others.
[2] Bettman, J.R., *An Information Processing Theory of Consumer Choice*, Reading, Mass., Addison-Wesley, 1979, p. 275.
[3] See, for example, Lewin, K. *et al.*, 'Level of Aspiration', in Hunt, J.M. (ed) *Personality and Behaviour Disorders*, Vol. 1, New York, Ronalds, 1944; Cardozo, R.N.,

第4章 サービス品質モデルとそのマーケティングへのインプリケーション

'An Experimental Study of Consumer Effort, Expectation and Satisfaction', *Journal of Marketing Research*, August, 1965; Cohen, J. and Goldberg, M.E., 'The Effects of Brand Familiarity and Performance upon Post-Decision Product Evaluation', Paper presented at the American Marketing Association's Workshop on Experimental Research in Consumer Behaviour, Ohio State University, 1969; Olshavsky, R.W., and Miller, J.A., 'Consumer Expectations, Product Performance and Perceived Product Quality', *Journal of Marketing Research*, February, 1972; Anderson, R.E., 'Consumer Dissatisfaction: The Effect of Disconfirmed Expectancy on Perceived Product Performance', *Journal of Marketing Research*, February, 1973; and Oliver, R.L., 'Effect of Expectation and Disconfirmation on Post-exposure Product Evaluations: An Alternative Interpretation', *Journal of Applied Psychology*, August, 1977.
[4] See Oliver, R.L., *op. cit.*, 1977.
[5] Hansen, F., *Consumer Choice Behaviour: A Cognitive Theory*, New York, The Free Press, 1972, p. 179.
[6] Bettman, J.R., *op. cit.*, p. 272.
[7] Johnston & Bonoma は，産業サービス財の領域において再購買がなされる際，サービスを上手く提供する企業は，しばしば単一の注文のみを受けていることを発見した。Johnston, W.J. and Bonoma, T.V., 'Purchase process for Capital Equipment and Services', *Industrial Marketing Management*, No.4, 1981, p.261. 参照。
[8] Calonius, H., 'Behövs begreppet löfte?', *Marknadsvetande*, No. 1, 1980 and Calonius, H., 'On the Promise Concept', unpublished working paper, Swedish School of Economics, 1983.
[9] Swan, J.E. and Combs, L.J., 'Product Performance and Consumer Satisfaction: A New Concept', *Journal of Marketing*, April, 1976, p. 26.
[10] See Maddox, R.N., 'Two-factor Theory and Consumer Satisfaction: Replication and Extension', *Journal of Consumer Research*, June, 1981.
[11] Swan, J.E. and Combs, L.J., *op. cit.*, p. 26.
[12] Bessom, R.M., 'Unique Aspects of Marketing of Services', *Arizona Business Bulletin*, November, 1973, p. 78, and Bessom, R.M. and Jackson, D.W. Jr., 'Service Retailing: A Strategic Marketing Approach', *Journal of Retailing*, Summer, 1975, p. 78.
[13] Swan, J.E. and Combs, L.J., *op. cit.*, pp. 27 and 32.
[14] See Grönroos, C., 'A Service-oriented Approach to Marketing of Services', *European Journal of Marketing*, Vol. 12 No. 8, 1978, and Grönroos, C., 'Strategic Management and Marketing in the Service Sector', Helsingfors, Finland, Swedish School of Economics, 1982, p. 136ff.

第5章　サービス財のマーケティング：失われた生産物の事例[※]

はじめに

　サービス・マーケティングの文献のなかでは，サービス財は，無形性であり異質性，生産と消費の不可分性，そしてサービス財の在庫の不可能性，といった特性によって説明される。これらの多くは，例えば無形性と異質性はサービス財に特有のものではなく，他の不可分性と在庫不可能性，いうまでもなくサービス財の最も重要な特性，すなわちサービス財のプロセスにその本質がみられる。物財は工場で前もって生産されるが，サービス財は消費者がそのサービス企業の生産資源と相互作用するプロセスにおいて生産される。サービスのある部分はその顧客がプロセスに参入する前に準備されるかもしれないが，サービス品質の認識に極めて重要な部分であるサービス・プロセス[1]は，顧客との相互作用及び彼らの目の前で発生する。したがって，サービスのコンテクストのなかでその顧客が消費するものは，物財のコンテクストにおける消費の捉え方とは根本的に異なる。

顧客が抱える問題へのソリューションに関する議論

　本章の目的は，顧客が抱える問題へのソリューション（同時にマーケティングの対象）についてサービスのコンテクストのなかで議論すること，ならびにサービス消費の特性にみられるサービス・マーケティングへのインプリケーションについて議論することである。分析は，マーケティング思想にお

[※] Grönroos, C. Marketing Services: The Case of a Missing Product. *Journal of Business & Industrial Marketing*, 1998; 13(4-5): 322-338. Reproduced by permission of Emerald Group Publishing, Limited.

けるノルディック学派（Grönroos & Gummesson［1985］参照）の研究方法に基づく。それは，サービス・マーケティング研究における主流な学派3つのうちのひとつとして認識されている（Berry & Parasuraman［1993］）。

プロセスと結果の消費

　サービス・マーケティングの中核は，サービスは結果ではなくプロセスを消費するという事実に基づいている。その消費者あるいは利用者は，サービスを消費する一部としてその生産プロセス認識する。それは，従来のマーケティングにおける物財の生産プロセスの結果とは異なる。物財を消費するとき，顧客は製品そのものを用いる。つまり，彼らは生産プロセスの結果を消費するのだ。その一方，サービス財を消費するとき，顧客は多かれ少なかれある程度サービスが生産されるプロセスを認識し，たいてい広範囲にわたってそのプロセスに参加する。その消費プロセスは顧客に結果（outcome）をもたらすが，それはサービス・プロセスの結果（result）である。したがって，サービス・プロセスの消費は，サービス経験の重要な部分となる。サービス品質の研究が示すように，満足いく結果も必要であり優良な知覚品質の前提条件ではあるが，プロセスの認識はサービスの総体的な品質の認識にとって重要である。多くの状況において，サービス企業はその結果（outcome）を競合他社のそれと差別化することはできない。ある状況においては，顧客はその結果の品質を当然のものとして考えるが，別の状況においては，サービス・プロセスの結果の品質を評価することは顧客にとって難しい。しかしながら，あらゆる状況において，顧客は生産プロセスに参加し，そのときどきによって多かれ少なかれ，そのサービス組織の従業員や物的資源や生産システムと能動的に相互作用する。このサービス・プロセスとサービス消費の不可分性から，そのプロセスはオープン・プロセスとして特徴づけることができる。したがって，顧客がサービス・プロセスの結果をどのように認識するかにかかわらず，サービス消費は基本的にプロセスの消費となる。

　このように，サービスの消費と生産は，顧客のサービスの認識にいつも重要であり，結果的に彼らの長期的な購買行動において重要なインターフェー

第5章　サービス財のマーケティング：失われた生産物の事例

スとなる。サービス・マーケティングの文献では、このインターフェースのマネジメントをインタラクティブ・マーケティングと呼んでいる（Grönroos [1982, 1990]）。もしサービス企業が顧客を維持したいと考えるなら、インタラクティブ・マーケティング、すなわち同時に起こるサービスの生産と消費のプロセスにおけるマーケティングを効果的にしなければならない。したがって、サービス企業の長期的な成功のために、サービス・プロセスにおける顧客志向は極めて重要である。もし顧客の目から見てそのプロセスが失敗してしまうと、従来のマーケティングは効果がなく、しばしばサービス・プロセスの結果が良かったとしても、彼らは長期間その企業に留まることはない。低価格のみがその状況を救えるかもしれないが、それも束の間である。

従来のプロダクトマーケティング

　従来のプロダクトマーケティングでは、物財（製品）、つまり生産プロセスの結果である生産物が重要な変数であり、その周囲を他のマーケティング活動が取り巻く。4Pモデルによると、価格設定がなされ、顧客に伝達され流通され得る既製の生産物がなければならない。しかしながら、そのような生産物が存在しないとき、マーケティングは違うものになる。なぜなら、マーケティングならびに消費の（既製の）対象となるものが存在しないからである。プロセスだけは存在するが、それは消費者や利用者が参加しなければ始まらない。

　次節では、物財の従来のマーケティング、すなわち伝統的に結果の消費を基盤とするプロダクトマーケティングの性質について議論する。次いで、結果の消費がプロセスの消費に取って代わるとき、そのマーケティングの性質がどのように変化するかについて、サービス財を例に取りあげて探る。そのマーケティングの性質を説明する手段として、「マーケティング・トライアングル」を用いる。マーケティングのその領域を説明するこの方法はPhilip Kotler [1991] から採用されたが、彼はサービス・マーケティングやそのマネジメントにアプローチするノルディック学派によって提案されたホリスティックなマーケティング概念を説明するためにそれを用いた。

83

第Ⅰ部 サービス・マーケティング

クローズド・プロセス

結果の消費とプロダクトマーケティングの性質

　従来の意味の生産物は，人材，技術，素材，知識，情報といった多様な資源を工場のなかで処理した結果であり，ターゲット市場の顧客が求める多くの機能がその生産物に組み込まれる。その生産プロセスは「クローズド・プロセス」として特徴づけられ，そこにおいて顧客は直接的に参加することはない。こうして，生産物は多少なりとも前もって生産される資源のパッケージならびに交換されるために用意される機能として変わっていく。そのマーケティングの役割は，販売や広告キャンペーン等のマーケティング活動をつうじて，顧客はどのような製品の機能に興味をもつかということを明らかにしたり，潜在顧客のセグメントにそのような機能に関する誓約を提示することである。もしその生産物が顧客の求める機能をもっているのであれば，ほとんどそれ自体で顧客に提示された誓約は満たされるだろう。このマーケティングの状況は，図1のプロダクトマーケティング・トライアングルに描かれている。

マーケティングにおいて鍵となる3つの当事者

　図1において，物財あるいは生産物のコンテクストにおけるマーケティン

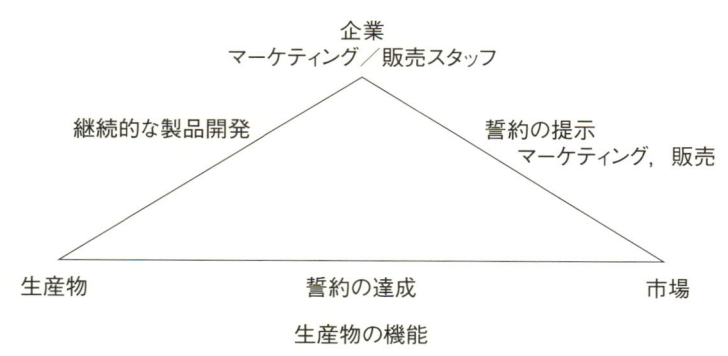

図1　製品志向的な見方：結果の消費とマーケティング

第5章　サービス財のマーケティング：失われた生産物の事例

グに重要となる3つの当事者が示されている。すなわち，企業（マーケティング部門や販売部門がその代表とされる），市場，生産物である。たいてい，マーケティング（販売を含む）はその部門の専門スタッフやフルタイム・マーケター（販売員を含む）の職務となる。顧客は，多かれ少なかれ匿名性をもつ個人から成る市場の観点からみられる。その市場提供物は既製の物財（すなわち，製品）である。そのトライアングルの側面に沿って，3つの重要なマーケティング機能が示されている。すなわち，誓約を提示すること，誓約を満たすこと，そして誓約を可能にすることである。Calonius [1988] は，誓約の概念について触れ，誓約を提示し満たすマーケティングの役割はマーケティング・モデルの中核に位置づけるべきだと主張している。近年，Bitner [1995] がインターナル・マーケティングのコンテクストにおいて，「誓約を可能にすること（enabling promises）」という表現を付け加えた。誓約は一般的にマス・マーケティングやB to Bのコンテクスト，ならびに販売をつうじて提示される。誓約は，たくさんの生産物の機能をつうじて満たされ，フルタイム・マーケターによって行なわれる市場調査ならびに企業の技術的なケイパビリティに基づく継続的な製品開発のプロセスをつうじて可能ならしめる。マーケティングは，マーケティング・キャンペーンをつうじて誓約を提示することに強く方向づけられる。顧客が求めている価値は適切な生産物の機能によって保証され，そして適切な機能をもつ生産物の存在は提示された誓約を確実に満たすものとして期待される。「誓約を提示し満たすという連続する活動としてマーケティングを捉えることは，プロダクトマーケティングの文献のなかでは明確に述べられてはいない。なぜなら，おそらく，マーケティングや販売が提示する誓約を満たす機能をもつ生産物が開発されることは当然のこととして考えられているのかもしれない（Grönroos [1996] p.9）」。

プロセスの消費

　図1のプロダクトマーケティング・トライアングルのなかで示されるマーケティングの見方は，結果の消費の概念に基づいている。顧客は，消費プロセスの間に変化しない既製された機能のパッケージとして生産物を消費す

る。別の顧客のその生産物に対する認識は異なるかもしれないが，その生産物は同一のものである。しかし，このような結果の消費がプロセスの消費，つまりサービス財のケースに置き換えられると，その状況は変わる。次いで，プロセスの消費へと視点を移すとき，マーケティングの本質がどのように変化するのか説明する。

プロセスの消費とサービス・マーケティングの本質

　サービス企業にとって，マーケティングの範囲と内容がより複雑なものとなっている。顧客が求める機能をもつ既製品の概念は，限定的すぎてサービスのコンテクストにおいては有益ではない。また，B to Bマーケティングのコンテクストにおいても，従来の生産物に関する概念は，例えば，ビジネスの関係性にみられるマーケティングのネットワーク・アプローチ（Håkansson & Snehota［1995］，Mattsson［1997］参照）ならびにリレーションシップ・マーケティング・アプローチ（Grönroos［1996］，Sheth & Parvatiyar［1995］参照）において明らかなように，限定されすぎている。1980年代初頭にも Levitt［1983］が，生産物の拡張概念について議論している。しかし，ここではサービスのコンテクストのみ（サービス企業あるいは製造企業のサービス部門のいずれにも）に焦点をあてる。別の文脈にて，リレーションシップ・マーケティングのコンテクストのなかで生産物の概念を拡げる必要性について分析した（Grönroos［1997］）。

資源の調整

　多くの事実において，サービス・プロセスが始まる際，顧客が何を欲し期待しているのか詳細に把握されていないために，どの資源をどの範囲まで，どういった設定で，用いるべきかといったこともわかっていない。例えば，顧客に届けられる機器のサービスの要求は多様であろうし，顧客に対応する従業員をトレーニングする必要性やクレーム対応の必要性も多様である。したがって，企業はその資源そのもの及びその利用方法を適切に調整しなけれ

第5章　サービス財のマーケティング：失われた生産物の事例

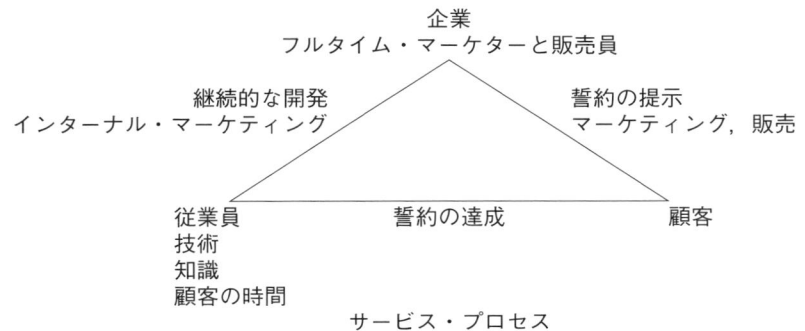

```
                        企業
                  フルタイム・マーケターと販売員
        継続的な開発                      誓約の提示
    インターナル・マーケティング            マーケティング，販売

      従業員          誓約の達成              顧客
      技術
      知識
      顧客の時間
                     サービス・プロセス
         インタラクティブ・マーケティング／パートタイム・マーケター
```
図2　サービス志向的な見方：プロセスの消費とマーケティング

ばならない。

　図2（サービス・マーケティング・トライアングル）では，サービスのコンテクストにおけるマーケティングが，図1のプロダクトマーケティングと同様にして説明されている。ご覧のとおり，その図のほとんどの要素が異なっている。

　プロダクトマーケティングの状況からの最も大きな変化は，生産物が消失しているという事実である。プロセスの消費のケースでは，生産物を構成する既製の一束の機能は存在し得ない。サービス・プロセスの準備のみなされ得るが，部分的に用意できるサービス財もある。多くのサービスのコンテクストにおいて，例えば，ファストフードレストランやレンタカーのサービスにおいて，特定の機能を伴う物的生産物の要素もまたサービス・プロセスに不可欠なものとして存在する。この物的要素は時折，レンタカーの場合では前もって生産されており，またハンバーガーのファストフード店の場合では部分的に前もって生産され，部分的に注文を受けてから生産される。だが，そのような物的生産物はそのサービス・プロセスに適合しなければ，その意味をなさない。それらは，機能しているサービス・プロセスに統合されなければならない多くの資源のうちのひとつとなる。この資源が顧客の目の前や相互作用において使われるとき，その他の種類の資源の束は顧客が求める価値を創造する。あるサービス企業は入手可能な資源から生産物を作ろうとす

87

るかもしれないが，サービスの生産と消費が同時に行なわれるプロセスのなかで，その企業は既存の資源を用いる方法を推し進める標準化されたプランを超えるほどの発想を思いつくことはないだろう。「サービス企業は，ただ一組の資源をもち，そして最良のシナリオで顧客がその舞台に立った瞬間すぐさまにその資源を用いるためのしっかり計画された方法をもつ（Grönroos［1996］p.10)」。顧客の知覚価値は，顧客の負担と推し量って優良な資源マネジメントや顧客志向的なマネジメントから生まれるものであって，前もって生産された「機能の束（bundle of features）」からではない。

個人としての対応

　企業は未だに中央集権化されたマーケティングや販売のスタッフ（フルタイム・マーケター）をもったままであるかもしれないが，彼らはその企業の全てのマーケター及び販売員の代表者にはならない。ほとんどの場合，サービス企業は顧客と直接的に接触し，各々の顧客全員に関する情報は個人ベースで入手することができる。さらに，企業顧客及び個人消費者や家庭といった顧客は，以前よりもさらに個々の存在として対応してもらいたいと考えるケースが多くみられる。大体において，もしこのことが経済や実務の観点から正当化されたり（Peppers & Rogers［1993］参照），顧客が匿名の存在のままでいたくないと考える（Grönroos［1997］参照）のであれば，企業は顧客を匿名のままにしていてはならない。

　図2において，企業の資源は5つのグループに分類されている。すなわち，従業員，技術，知識・情報，顧客の時間，そして顧客である。企業を代表する人間の多くは，例えば，配達，顧客トレーニング，クレーム対応，サービスやメンテナンスといった多様なサービス・プロセスのなかで顧客が求める価値を創造し，そのうちの幾らかの人びとは直接的に販売活動に従事している。したがって，その彼らは，Gummesson［1991］によって生み出された言葉を用いると，「パートタイム・マーケター」としてマーケティングに関与しているのだ。また，彼は，次のように主張している。すなわち，製品市場やサービスビジネスにおいて，そのパートタイム・マーケターは一般的に，マーケティング部門や販売部門に所属するフルタイム・マーケターよ

り数倍も数のうえで勝る。さらに,「マーケティング部門や販売部門のスタッフ(フルタイム・マーケター)は,適切な接客を必要とするときにその場にいることができないため,マーケティングの限られた範囲でしか対応することができない(Gummesson［1990］p.13)」,と述べている。

技術的資源

　パートタイム・マーケターに加えて,その他の種類の資源も顧客の品質や価値への認識に影響を与えるため,同様にマーケティングの観点から重要視される。従業員がもつ技術や知識,技術的ソリューションに組み込まれる技術や知識,そして顧客の時間をマネジメントする方法がそういった資源である。サービス・プロセスにおける物的生産物の要素は,例えば,技術的資源として見ることができる。さらに,組織を代表する個人消費者や利用者としての顧客自身が,価値を創出する資源になることも珍しくない。技術的ソリューションの最終的な開発や設計あるいはサービス活動の適時性への顧客の影響は,知覚価値に対して重大なものとなる。

　つまるところ,顧客視点から見ると,プロセスの消費のなかで彼らの問題に対するソリューションは,優良なサービスの知覚品質や知覚価値を創造するために必要な一組の資源によって形成される。加えて,企業は,必要な資源を獲得したり開発するための能力,ならびに個々の顧客のための価値を創造する方法でそのサービス・プロセスをマネジメントし実行するための能力をもたなければならない。したがって,システムの統制が多様な資源の統合ならびにサービス・プロセスのマネジメントのために必要とされる。

　販売やマーケティングから提示される誓約は,その多様な資源を利用することで満たされる。適切な資源の組合せを用意するために,従来どおりの継続的な製品開発では充分ではない。なぜなら,サービス・プロセスはサービス企業の活動の大部分を含んでいるからである。それを補うべく,インターナル・マーケティングならびに企業の能力や資源構造の開発が必要とされる。

顧客の知覚価値

　これまでの議論の結論としては，サービス企業あるいは製造企業のサービス部門は（既製の資源や機能の束として意味するところの）生産物をもたない。ただ，彼らは顧客に提供するためのプロセスをもっているのである。当然，このプロセスは顧客にとって同様に重要な結果へと繋がる。しかしながら，例えば，経営コンサルタント業務やエレベーターのメンテナンスのプロセスなどの結果は，それまでのプロセスがなければ存在し得ないので，さらに顧客視点からみるとそのプロセスはオープン・プロセスとなるので，結果をプロセスの一部としてみることはより豊かな効果を生む。プロセスとその結果のどちらもサービス品質の認識に影響を与え，したがって顧客の知覚価値にも影響が及ぶことになる。対照的に，既製の物的生産物の場合，顧客にとって価値があるのは生産プロセスの結果のみである。

失われた生産物の捜索：サービスの知覚品質の概念

　ノルディック学派の研究の歴史において，サービス企業における「失われた生産物」の現象を概念化する試みは，早くとも1970年代後半（Gummesson [1977] 参照）から1980年代前半（Grönroos [1982] 参照）にはなされていた。サービス・プロセスの特性（例えば，異質性と生産と消費の不可分性）は，サービス・プロセスとその結果を容易く顧客が抱える問題に対するソリューションとして，ならびにマーケティングの目的として概念化することを難しくしている。ゆえに，利用者が認識するサービス品質の研究は，そのマーケティングのシチュエーションを理解するためのこの上ない方法を示してくれる。すなわち，「サービス財の消費者あるいは利用者が認識する彼らが抱える問題やニーズに対するソリューションの品質はどうであるか」という問いかけがなされる。そのような消費者志向的アプローチをとることで，サービス・プロセスの概念化は達成され，サービス企業の失われた生産物はまさにサービスを基本とした顧客志向という構成概念に置き換えられた。

第5章 サービス財のマーケティング：失われた生産物の事例

(a)

(b)

図3　サービス知覚品質

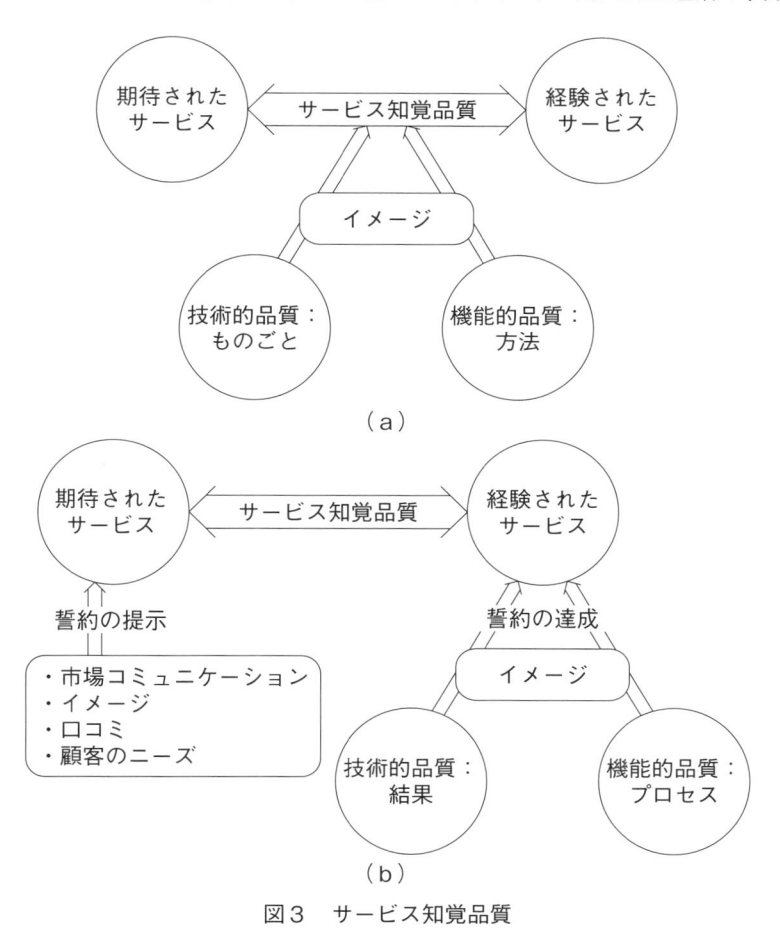

基本的なサービス知覚品質

　サービス財の品質について先行して主張されたいくつかの側面及び認知心理学の観点（Bettman［1979］参照）に基づき，サービス知覚品質の概念はサービス企業における失われた生産物の問題に対するソリューションとして開発された（Grönroos［1982, 1984］）。図3に，その基本的なサービス知覚品質のモデルが描かれている。1982年に開発されたオリジナルのサービス知覚品質モデルは（a）に，そして品質の側面とそのオリジナルのモデルの反

証概念をマーケティングのコンテクストに取り入れた拡張モデルは（b）にそれぞれ図説されている。その拡張モデルは，図2のサービス・マーケティング・トライアングルの辺にある「誓約の提示」と「誓約の達成」という同一の現象が含まれる。

その反証概念は，品質の認識は顧客がそのプロセスから期待することと実際に経験したことの関数であるということが理論的に明らかとなったため導入された。そのモデルを見ると，顧客のプロセスに関する認識はふたつの側面に分けられる。すなわち，プロセスの側面（そのサービス・プロセスの機能性はどうか）とアウトプットの側面（そのプロセスが結果として何をもたらすか）である。サービス知覚品質モデル（Grönroos［1982, 1984］）では，このふたつの品質の側面は「機能的品質（そのサービス・プロセスの機能性はどうか）」と「技術的品質（そのサービス・プロセスは顧客に「技術的」な意味で何をもたらすか）」と呼ばれる。企業や支社レベルでのイメージは，顧客がそのサービス企業が「良い・普通・悪い」のいずれか考えることによって，その品質の認識が「良い・普通・悪い」のいずれかとなるよう作用するフィルターとしてそのモデルに組み込まれた。顧客に提供されたサービスの品質認識に依拠するイメージは時間とともに変化するので，イメージという構成要素はそのモデルに動的な様相を加える。その他の点は静的である（Grönroos［1993］参照）。

仮説生成型研究プロセス

サービス知覚品質モデルは，今では「仮説生成型研究プロセス（Coffey & Atkinson［1996］pp.155-156参照）」と呼ばれるものにおいて構築された。つまり，そのモデルは，製造業のサービス財のコンテクストにおいて，理論的推察と定性的なケーススタディの双方に裏づけられたプロセスのなかで作られたのである。そのサービス・セクターにおける主な定量研究では（他にも色々あるなかで，例えばサービス知覚品質が実験的に研究されたが），「方法」と「ものごと」ならびにイメージというそのモデルの構成要素は，明らかに支持された（Grönroos［1982］）。この研究はまた，プロセスの認識（機能的品質，方法）は少なくともその結果（技術的品質，ものごと）と同様に

サービス品質の全体的な認識にとってしばしば重要であるということを主張した。後に、これらの発見は、B to B市場及び消費者市場におけるサービス品質に関する多数の研究によって支持されてきた（例えば、Brown & Swartz [1989]、Chandon et al. [1997]、Crosby et al. [1990]、Lapierre [1996]、Lehtinen & Lehtinen [1991]、Palmer [1997]、Price et al. [1995]）。もちろん、プロセスの側面の重要性は結果の側面を否定するのではなく、それは優良なサービス品質に不可欠なものとされる。

理論的構成概念

　サービス知覚品質モデルが、サービス品質のオペレーショナル・モデルになることは決して意図されていなかった。それはサービス企業における失われた生産物の本質を研究者や実務家が理解しやすくするための理論的構成概念として開発され導入された。つまり、一貫したサービス・マーケティングのモデルの開発ならびにサービス企業で上手く機能するマーケティング計画の開発のために、サービス・プロセスそれ自体を顧客が抱える問題のソリューション（マーケティングの目的）として理解させるためのモデルであった。顧客によって認識されるサービス品質の善し悪しは、顧客満足アプローチを用いて測定されると想定された。

　しかしながら、サービス知覚品質モデルの導入は、従来行なわれていたような単なる顧客満足度の測定にかわって、サービスの品質測定の関心をつくりあげた。その最良の測定ツールは、Parasuramanら（他にBerryとZeithaml）によって開発されたSERVQUALモデル（Parasuraman et al. [1988, 1994]）である。サービス知覚品質モデルをオペレーショナル・モデルへと変えるとき、期待の構成概念が複雑になり適正な方法での測定が困難になることは明らかである。例えば、サービス・プロセス後の顧客の期待は、事前の期待とは異なるだろう（Boulding et al. [1989]、Gardial et al. [1994]、Grönroos [1993] 参照）。さらに、サービス消費プロセスのなかで変化する期待は、どのようにそのサービスが認識されるかということにも影響を与えるだろう。彼らの実験から明らかにされたことに基づき、Bouldingら [1989] は、「人間の期待は現実の認識に色を付ける」と述べて

いる。彼らは2種類の期待について言及している。すなわち，予測を意味する"will"と規範を意味する"should"の期待である。そして，結論として「顧客は自らの期待と認識の内容を更新するということを我々は概念的に主張し実証してみせたが，このプロセスの興味深い様相については未だ調査されていない」と述べている。Johnson & Mathews［1997］による近年の研究は，顧客の期待は"will"の期待形成に影響するが，"should"には関係しないと主張している。

複数の比較基準

Tse & Wilton［1988］は，顧客は複数の比較基準を用いていると論じている。サービス・セクターで比較基準がどれほど機能するのかということについて，反証的にアプローチした研究としてLiljander［1995］は次のように明らかにした。すなわち，サービス知覚品質に最も近いものは，期待の変数とその他の比較基準をともに差し引き，サービスの経験を測定することのみによって得られる。この見解は，Teas［1993］とCronin & Taylor［1994］の研究に則したものである。理論上，その反証概念は，サービス品質がどのように認識されるかを理解するために，今でも意味をもつようだ（Grönroos［1993］，Cronin & Taylor［1994］参照）。しかしながら，その反証概念の理論的価値は，サービス知覚品質の構成概念の妥当性に関する近年の研究において疑問視されてきた（Persson & Lindquist［1997］）。

即席の認識

原型のサービス知覚品質モデルは，サービスのコンテクストにはみられない既製の生産物の置換を意図されたものであったが，この品質の構成概念は単一のサービスのプロセスと経験に関係しているものであることは明らかである。したがって，それは長期にわたる品質の認識ではない。その品質の認識は即席のものである。このことから，サービス知覚品質の構成概念は明らかに顧客満足の同義語になり得ないということになる。サービスの認識に加えて，サービスの満足は，少なくともそのサービスのために顧客が支払う負担にも依拠する。そのサービス知覚品質の構成概念は，（全体の一部として

そのプロセスの結果を含む）即時的なサービス・プロセスの品質認識を何かしら卓越したものとしてしばしば解釈してきたために，サービス・マーケティングやサービス品質の研究文献において，知覚品質と満足との関係性について大きな混乱が生じてしまった。ときには，サービス品質は顧客満足に影響すると考えられ（Parasuraman et al.［1985］参照），またときには，サービス品質は長期的な概念と考えられる。しかるに，顧客満足は特定のサービス・エンカウンターに基づいて認識されるものであると説明される（Parasuraman et al.［1988］の研究を引用した Cronin & Taylor［1994］参照）。Teas［1993］は，サービス品質は顧客満足より先にあると述べ，ふたつのサービス品質の概念を提案した。すなわち，顧客満足に影響を与える「取引特有品質（transaction-specific quality）」の概念，ならびに長期的な概念となる「関係性品質（relational quality）」の概念である。Spreng & Mackoy［1996］は，次のような結論を導いた。「これらのふたつの概念（サービス品質と顧客満足）には多くの類似点がみられるようだが，研究者はこれらは異なる構成概念であると注意深く主張する」（サービス品質と顧客満足の関係についてのさらなる議論は Oliver［1993］を参照）。

第一に先行する知覚品質

だが，もしサービスの知覚品質の構成概念がサービス・マーケティングのコンテクストにおいて，失われた生産物に取って代わる構成概念として理解されてきたのであれば，このいささか混乱した議論は避けることができただろう。サービスの知覚品質がまず先行し，それから品質（ならびにこの品質の価値）の満足が起こる。このことから，サービスの知覚品質は，サービス財の開発方法の理解のための概念としてみることができるとも当然ながらいえる。その一方で，顧客満足は，サービス財が顧客のニーズや要望をどれほど充分に満たしているのかを評価するための概念となる。

失われた生産物のマネジメント

サービスの優良な知覚品質を創り出すために，企業はそのサービス・プロ

第Ⅰ部　サービス・マーケティング

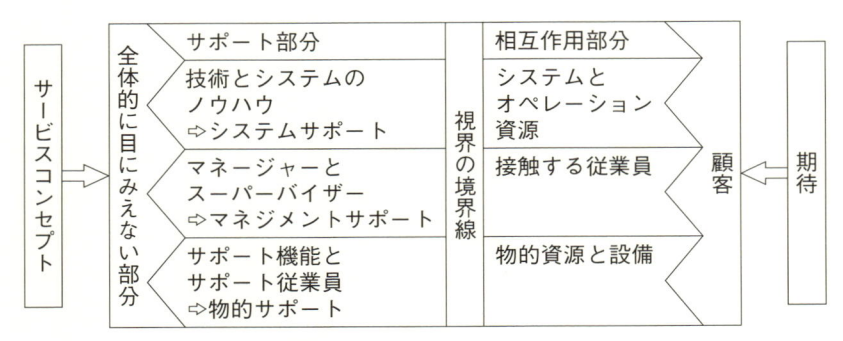

図4　サービス・システム

セス及びそのプロセスに必要とされるあらゆる資源をマネジメントしなければならない。既述のとおり，このプロセスはオープン・プロセスであり，そのなかで顧客は単にどのようにしてそのプロセスが機能するのかを見て経験するのではなく，そのプロセスに参加し，企業が直接コントロールする資源と相互作用する。図2において，これらの資源は，従業員，技術，知識，顧客の時間，顧客をもって体系化された。これらの資源が優良な知覚品質をもたらすように，システムは開発されなければならない。1970年代という早期からフランスにおいて，Eiglier & Langeard はこれらの資源とそれらをマネジメントするシステムを理解するための構造を開発した（Eiglier & Langeard [1976, 1981] 参照）。図4にみられるように，前出の2人のフランス人研究者ならびに Lehtinen [1983] がフィンランドで行なった研究に基づき，サービス・プロセス・モデルが開発された（Grönroos [1990] 参照）。

接客従業員

　サービス・プロセス・モデルにおいて，企業と顧客の接触（システムの相互作用部分）のなかで相互に影響を与える資源は，システムや作業に関する資源ならびに物的な資源や設備を用いて行なう業務方法及び顧客との相互作用方法に関する確かな知識をもつ接客従業員である。顧客自身もサービス・プロセスにおいて重要な資源となる。彼らはそのシステムにおいて行動する

方法を知るべきであり，彼らは充分な時間を自由に使うことができ，その時間を企業が効率的に利用するだろうと期待する。サービス・プロセス及びその機能的品質と技術的品質の影響は，このサービス・システムがどのように機能するかに拠る。もしそれが上手く機能するのであれば，サービスのコンテクストにおいて物的生産物に相当するものは優れている。その相互作用のシステムの4つの部分（そのうちのひとつとして顧客を含む）は，それぞれ影響し合う。例えば，利用されるシステムや物的資源は，顧客による品質の認識に直接影響し，同様に接客従業員の態度や行動にも影響を与える。接客従業員の行動スタイルは顧客の消費スタイルと合致していなければならない（Lehtinen［1983］）。もしその顧客がそのシステムや資源や従業員に対して快適だと感じるのであれば，これらの資源はおそらくサービス志向的であり，優れた知覚品質を生み出すだろう。その一方で，システムや物的資源ならびに顧客は，従業員に対してネガティブな影響を与えるかもしれない。そうすると，その従業員は容易く品質の認識をネガティブなものに変えてしまう。

サポート部分

　サービス・システムの相互作用の部分は，バックオフィスのサポートがなければ上手く機能しない。すなわち，それは図4にあるサポート部分と呼ばれるものである。サービス・システムのこの部分は，相互作用のシステムに多様なサポートを提供する。利用者の視点からは，それは視界の境界線の裏に隠れている。顧客はこの境界線の裏で行なわれていることを見ることは滅多になく，彼らはそこで行なわれるサービス・プロセスの部分におけるサービス品質に対する重要性に気づくことはあまりない。特に，技術的品質は視界の境界線の向こう側の活動によって支えられている。だが，そのバックオフィスと相互作用プロセスとの間にも相関がみられる。バックオフィスのサポートプロセスを基盤とする高い技術的品質が，視界の境界線の前方で行なわれる相互作用プロセスにおいて作られてしまった粗悪な機能的品質によって，台無しにされることはよくあることだ。

　図4に描かれているとおり，サービス知覚品質は，サポート・システムに

よるシステムサポート，マネジメントサポート，物的サポートに依拠している。例えば，そのようなサポート・システムを構築できるように，顧客に関する網羅的なデータベースを開発し使用する方法をサービス提供者は知らなければならないし，マネジャーやスーパーバイザーは接客従業員がより良く活動できるようにサポートしたり励まさなければならないし，情報システムやそのシステムを稼働させている従業員は相互に作用するシステムに適切なインプットを適時に創り出さなければならない（物的サポート）。

　サポート部分の後方には，サービス・システムの全くもって見ることのできない部分が存在する。この部分はサービス・プロセスやその結果の知覚品質に対して直接的に影響を与えない，あるいは間接的に影響を与える。しばしば，驚くべきことに，この点でサービス企業の本当に目に見えない部分はほとんどない。

　サービス・プロセスはかなり複雑なものになってしまうことがある。例えば，サービス企業がそのサポート・システムや相互作用システムのいくつかの部分を機能させるために，外部のパートナーや下請業者の支援を受けるときなどである。これはもちろん，そのサービス・システムのマネジメントをより複雑にし，その結果サービス知覚品質に影響する。なぜなら，全ての資源がその企業の直接的なコントロール化にあるわけではないからだ。

優れたサービス品質

事例：エレベーターの修理・メンテナンス

　サービス組織における失われた生産物が，優良なサービス品質を創り出すために，どのように品質を生み出すサービス・システムに取って代わったかについての説明として，エレベーターの修理・メンテナンスのサービス財のケーススタディを用いることができる。そのケースとして取りあげる企業は，スカンジナビアの市場において最大の修理・メンテナンス業者である。だが，その事業はしばらくの間，利益を出すことができず，しだいにそのサービス契約数は失われていった。

第5章　サービス財のマーケティング：失われた生産物の事例

問題の原因究明

その顧客の減少の原因を明らかにするため，その企業の顧客を対象に大規模な調査が行なわれた。そのアンケートは，修理とメンテナンスの活動の結果として大体説明され得る製品をそのケース企業が提供したという仮定に則ったものであった。この定量調査は，企業の生産物が低品質であったこととその生産物は高価格であったことを明らかにした。この結果に，その企業のトップマネジメントやマーケティング部門と販売部門は驚愕した。なぜなら，彼らは，「当該市場で最大手のサービス提供者である自社は断然最良に訓練されたサービス技術者を保有し，あらゆる修理やメンテナンス作業に対応する最良の道具や設備を揃え，広く対応可能な各種スペア部品を備えている」と理解していたからだ。他の企業には自社と同等に多くの修理・メンテナンスの問題を解決することはできない。企業の全ての者が市場に最良の生産物を提供していると思い込み，それゆえに彼らは，顧客がそのサービス財（修理・メンテナンス）の品質を低くみていることを理解できなかった。高価格については理解しやすかった。なぜなら，大企業であることで高い間接費用がかかるため，高い価格水準を維持しなければならないからだ。

質的調査の実施

トップマネジメントがその調査結果を受け容れ難かったため，引き続き質的調査を行なった。主にオフィスの建物や施設といったビジネス市場だけでなく居住用ビルディング等の市場を代表する100名の元顧客に対して，非構造化インタビューを行なった。その主な質問内容は，「何が上手くいかなかったか」というような表現が用いられた。その結果にはいくつか偏ったものがみられたが，元顧客の平均的な意見として以下のようなものがあげられた。

あなた方がエレベーターの修理・メンテナンスに関する市場において最高の能力をもっているということは我々は認識しており，この点において

あなた方はたいていよくやってくれている。しかし，我々はあなた方が行なうその作業方法に対して快適だとは感じていない。我々は，あなた方のサービス技術者が契約どおりに修理やメンテナンスの作業を開始することを信用できないし，あなた方はその作業をいつ始めるかについて確実な約束を交わすことはほとんどない。あなた方の従業員の数名は親切であり，エレベーターやその問題に関する我々の懸念に耳を傾けてくれるのに，それ以外のほとんどの従業員は我々自身に対して，そして我々がときどき提示するニーズの情報に対して全く無関心である。たまに我々は彼らをあなた方の従業員だと気づかないことさえある。サービス技術者がまだ作業が終わらない状態でどこかへ行き，我々はその理由もいつ彼がその作業を終わらせるために帰ってくるかも知らされないことがよくある。我々はあなた方の仕事のやり方に対して信用できずにいて，そしてそれゆえに，あなた方の顧客であることは我々にとって負担が大きいため，あなた方のサービス財の品質は低く，その割に価格が高すぎると我々は考えている。

この調査結果が意味するところは全くもって明らかであった。トップマネジメントとマーケティング部門や販売部門は，自社は修理・メンテナンスの結果である生産物を提供し，一方の顧客は，企業側はプロセスを提供するものと考えていた。さらに，顧客はそのプロセスが好結果を含んでいなければならないということを認識していたが，修理・メンテナンスのサービス財に関する彼らの関心事はプロセスならびにそのプロセスのなかで起こる問題だと考えられた。

技術的品質と機能的品質

サービスとその品質の理解

　エレベーターの修理・メンテナンス事業の対象はそのサービス・プロセスであったということ，そしてそれはまさに失われた生産物の事例であったことが理解された。顧客の問題に対するソリューションは，その結果及びプロセスそのものから構成されるということに気づかされた。その結果は受け容

れられる品質のものでなければならないが，そうであった場合，顧客の心においてその事実は明白であり，そのプロセス自体が問題点となる。もしサービス（修理・メンテナンス）が優れていると思われたいのであれば，結果とプロセスのいずれも注意深く計画し上手く実行されなければならない。サービスは結果の高品質（技術的品質，すなわち「ものごと」）ならびにプロセスの高品質（機能的品質，すなわち「方法」）の両方に結びついていなければならない。前者は顧客からすると必須条件として認識されるため，結局のところそれはプロセスの品質に勘定されることになる。

　修理・メンテナンスのプロセスをつうじて好結果を創造するために必要な技術と知識はすでにもっている。しかしながら，そのプロセスを上手く実行するのに必要なシステムならびに従業員の思考（態度）や技術は欠けていた。そのため，新しいサービス・システムが開発され，その後それは実践された。本章の残りの部分では，サービス・システムの相互作用部分とサポート部分における変化について，そしてその変化によるサービス・プロセスへの影響について示し議論する。

サービス技術者

システムとオペレーション資源

　以前は，（大小それぞれの街の一部に対応する）ある地域や支店のサービスグループのスーパーバイザーが毎朝，修理・メンテナンス対象を当日作業できるサービス技術者に分配していた。顧客の利用履歴を考慮することもなければ，そのサービス技術者が割り当てられた顧客とエレベーターに関する過去の経験の有無も関係なかった。このようにして，両者間（顧客とサービス技術者）の関係性は構築されることなく，さらにそのサービス技術者は顧客に関する知識を高めず，彼らに対する責任をもたなかった。質的調査の後，このような事態は変わり，全てのサービス技術者は同一の顧客に対する長期的な責任をもたされるようになった。正規の技術者が怪我や病気になってしまったときなどに用いられるバックアップ・システムも開発された。

第Ⅰ部　サービス・マーケティング

特有のシステム知識

　その企業がオペレーション・システムを変えるために，特有のシステム知識を開発しなければならなかった。これに対しては，企業内のワークフローを組織化してきた歴史があるため，簡単なプロセスではなかった。だが，あるべきオペレーション・システムの機能方法の新しい理解を開発することによって，そのサービス技術者が担当するエレベーターの歴史等に関する知識を高めたり，担当する顧客に対する責任感をもたせるシステムサポートが構築された。

利用されるオペレーション・システムへの好影響
物的資源と設備

　以前は，サービス技術者は業務用バンに限られたスペアパーツのストックや各種道具のみを積んでいた。何かしら必要になったとき，彼らは作業を離れ，中央倉庫から切れたスペアパーツや道具を探してこなければならなかった。このことが，サービス技術者はどこに消えているのか，なぜ彼らは作業を終わらせずにどこかへ行ってしまうのかといった，時折不思議に思われた行動の一因であった。現在，より多くのスペアパーツや道具を積載できるように，さらに大きなバンに新しく投資する決定が下された。（駐車場を新しくする決定は既になされており，当初計画していたバンを購入する代わりに企業はより大きなバンを購入した）。このことによって，サービス技術者は中断することなくほぼ全ての作業を終えることができるようになった。したがって，この決定はサービス・プロセスにおいて用いられる物的資源の利用を改善するだけでなく，そのプロセスにおいて用いられるオペレーション・システムに良い影響をも与えることになった。

　技術を変化させることで，その企業は，サービス技術者がより顧客志向的方法で活動できるシステムサポートを構築した。

第5章　サービス財のマーケティング：失われた生産物の事例

接客従業員

　サービス技術者が修理・メンテナンス業務の結果に専念することは全くもって当然であるが，ましてやその一方で，彼らは自らの業務の遂行方法ならびに顧客の代表者との相互作用に関心をもたなかった。さらに，オペレーション・システムとスーパーバイザーからのマネジメントサポートは結果重視であって，そのプロセス自体の関心を促進するものではなかった。その調査結果として，インターナル・マーケティング・プロセスが導入されることになった。その目的は，サービス技術者のみならず彼らのスーパーバイザーや上層部のマネジャーの関心を顧客の品質認識，特にプロセスにおける機能的品質の認識の重要性に向けさせることであった。システムと設備の変更理由が説明された。このインターナル・マーケティング・プロセスによって，マネジメントは全部門の従業員の思考を顧客や自らの職務に向けようとした。そうすることで，サービス・プロセスにおいて，顧客志向性を高めたパフォーマンスが実現できると考えたのだ。

プロセスの観点

　従来，スーパーバイザーとマネジャーの視点はそのサービス・プロセスの結果（製品志向）に向けられていたが，品質の観点からその修理・メンテナンスのプロセスのサポート及びマネジメントの方法に関する理解は示されなかった。エレベーターの修理・メンテナンスの利用は単に結果の消費として考えられてきたが，その質的調査によって，それはプロセスの消費であったという事実が明らかとなった。現在は，プロセスの観点が導入され，インターナル・マーケティング・プロセスによって支えられている。スーパーバイザーと上層部のマネジャーによるマネジメントサポートはこのようにしてつくられる。

　バックオフィスにおいて，顧客情報に関して責任をもつサポート機能が既存していた。顧客志向性を高めた市場調査をつうじて，より良い顧客情報が得られ的確さを増した物的サポートが実現する。

明瞭な結果

顧客

　新しいサービス・システムは，顧客がサービス技術者と相互作用しやすくした。顧客は，自らの立場が理解され，問い合わせに対する答えが簡単に得られると感じる。また，修理・メンテナンス業務における不必要な中断は将来的に回避されるだろうから，顧客の時間はもっと効率的に使われるだろう。

　サービス・システム開発の結果は明瞭なものとなった。顧客の離脱率は減少し，企業はその特別価格の水準をどうにか維持することができ，黒字化を達成した。

結論

　前節で明らかとなった事実ならびにサービス企業におけるマーケティングの対象となる特徴の詳しい分析から，次のような結論が導かれる。
(1) サービス企業は顧客の諸問題のための既製のソリューションという形態の生産物をもたない。つまり，彼らが有するのはソリューションとしてのプロセスである。
(2) 顧客の観点では，プロセスにはふたつの側面が存在する。すなわち，プロセスそのものとそれが顧客にもたらす結果である。
(3) マーケティングの対象としてのプロセス（従来であれば生産物）は，その品質上の影響の点から分析することができる。すなわち，機能的品質の観点（そのプロセスの機能はどれほど良いか）と技術的品質の観点（そのプロセスの結果としてどのような結果が顧客にもたらされるか）である。さらに，そのサービス提供者のイメージは全体的な品質認識に影響を与える。
(4) 物財のマーケティングの成功にはそのマーケティングの対象物（製品）が充分に優れていることを要するが，サービス財のマーケティングの成

功にはそのプロセスが充分に優れていることを要する。
(5) 工場内で生産されるという確固たる生産の機能をもつ製品開発は製品開発部門にてなされ得るが、サービス企業におけるそのプロセスの開発はそれよりもずっと複雑である。多くの部門における意思決定と行動が必要とされる。例えば、インターナル・マーケティングならびに人材やツールや設備、相互作用のあらゆる部分、そしてサービス・システムのサポート部分の開発に対する投資においてである（1992年にBitnerが提唱した術語を用いていうなれば「サービスケープ（servicescape）」への投資を含む）。

サービス財の理解

　上述のとおり、サービス財を理解することには物財の理解とは異なるロジックを必要とする。このことについて、サービス財の消費はプロセスの消費として特徴づけられるが、対する物財の消費は結果の消費として理解されるという事実と、サービス財はプロセスであり既製の生産物ではないという主張が決定的な理由としてあげられる。しかし、マーケティングの観点から、多くの場合において物財とサービス財の間に境界線をひくことにもはや意味はない。たいていの企業は物財とサービス財の両方を提供していくなかで、顧客との長期的な関係性を築いていく。リレーションシップ・マーケティングの概念は、物財とサービス財の両方を含む顧客へのソリューションを企業が提供する状況において、特に関連性がある（例えば、Christopher et al. [1992]、Grönroos [1996]、Gummesson [1995]、Sheth & Parvatiyar [1995] 参照）。
　その一方で、リレーションシップ・マーケティングにおける重要な主張は、そのビジネスがそもそもサービス志向的であるか製品志向的であるかにかかわらず、リレーションシップ・マーケティングの方法論をとる企業は、自社をサービス企業として定義づけなければならない（Webster [1994]）。長期的な関係性のなかで顧客はサービスを求め、そのなかで交換される、例えばある物財は、継続していく関係性におけるひとつのサービス要素となる（Grönroos [1996]）。その例として、自動車といった物財の生産において、

顧客は製品企画や工場のプロセスに引き込むことができるし，その他にも色々あるなかで例えば，インターネットや近代的な設計技術を用いて，彼らをそこに参加させることができる。そういった場合，顧客の生産プロセスとの相互作用は，彼らの消費プロセスの一部となり，その物的生産物の消費は部分的にプロセスの消費となる。このような状況において企業が提供するものは，顧客が抱える問題に対するソリューションのなかの「工場関連サービス要素（factory-related service element）」である。その物財はしだいにサービス志向へと変容していき，そしてサービスのマーケティングやマネジメントの知識がそのビジネスを成功させるために必要とされる。

サービス・プロセスの理解

　以上のように，サービス・プロセスの理解は，サービスビジネスと呼ばれるものだけではなく，全てのビジネスに絶対不可欠なものであるという事実は避けられないようだ。

メモ

[1] サービス・マーケティングやサービス・マネジメントの文献において，サービス生産プロセスやサービス提供プロセスとよく呼ばれるプロセスに対して，我々はサービス・プロセスという用語を用いる。

参考文献

Berry, L.L. and Parasuraman, A. (1993), 'Building a new academic field – the case of services marketing', *Journal of Retailing*, Vol. 69 No. 1, pp. 13–60.

Bettman, J.R. (1979), *An Information Processing Theory of Consumer Choice*, Addison-Wesley, Reading, MA.

Bitner, M.J. (1992), 'Serviscapes: the impact of physical surroundings on customers and employees', *Journal of Marketing*, Vol. 56, April, pp. 57–71.

Bitner, M.J. (1995), 'Building service relationships: it's all about promises', *Journal of the Academy of Marketing Science*, Vol. 23 No. 4, pp. 246–51.

Boulding, W., Kalra, A., Staelin, R. and Zeithaml, V.A. (1989), 'A dynamic process model of service quality: from expectations to behavioral intentions', *Journal of Marketing Research*, Vol. 30, February, pp. 7–27.

Brown, S.W. and Swartz, T.A. (1989), 'A gap analysis of professional services quality', *Journal of Marketing*, Vol. 54, April, pp. 92–8.

Calonius, H. (1988), 'A buying process model', in Blois, K. and Parkinson, S. (Eds), *Innovative Marketing – A European Perspective, Proceedings of the XVIIth Annual Conference of the European Marketing Academy*, University of Bradford, England.

第5章　サービス財のマーケティング：失われた生産物の事例

Chandon, J.-L., Leo, P.-Y. and Philippe, J. (1997), 'Service encounter dimensions – a dyadic perspective. Measuring the dimensions of service encounters as perceived by customers and personnel', *International Journal of Service Industry Management*, Vol. 8 No. 1, pp. 65–86.
Christopher, M., Payne, A. and Ballantyne, D. (1992), *Relationship Marketing. Bringing Quality, Customer Service and Marketing Together*, Butterworth, London.
Coffey, A. and Atkinson, P. (1996), *Making Sense of Qualitative Data. Complementary Research Strategies*, Sage Publications, Thousand Oaks, CA.
Cowell, D. (1985), *The Marketing of Services*, Heinemann, London.
Cronin, J.J. Jr and Taylor, S.A. (1994), 'SERVPERF versus SERVQUAL: reconciling performance-based and perceptions-minus-expectations measurement of service quality', *Journal of Marketing*, Vol. 58, January, pp. 125–31.
Crosby, L.A., Evans, K. and Cowles, D. (1990), 'Relationship quality in personal selling: an interpersonal influence perspective', *Journal of Marketing*, Vol. 54, July, pp. 68–81.
Eiglier, P. and Langeard, E. (1976), *Principes Politiques de Marketing pour les Enterprises de Service*, Working paper, Institute d'Administration des Enterprises, Université d'Aix-Marseille, December.
Eiglier, P. and Langeard, E. (1981), 'A conceptual approach of the service offering', in Larsen, H., Hanne, H. and Søren (Eds), *Proceedings of the Xth EAARM Annual Conference*, Copenhagen School of Economics and Business Administration, May.
Gardial, S.F., Clemons, D., Woodruff, D.W., Schumann, D.W. and Burns, M.J. (1994), 'Comparing consumers' recall of prepurchase and postpurchase product evaluations experiences', *Journal of Consumer Research*, Vol. 20, March, pp. 548–60.
Grönroos, C. (1982), *Strategic Management and Marketing in the Service Sector*, Swedish School of Economics Finland, Helsingfors, published in 1983 in the USA by Marketing Science Institute and in the UK by Studentlitteratur/Chartwell-Bratt.
Grönroos, C. (1984), 'A service quality model and its marketing implications', *European Journal of Marketing*, Vol. 18 No. 4, pp. 36–44.
Grönroos, C. (1990), *Service Management and Marketing. Managing the Moments of Truth in Service Competition*, Lexington Books, Lexington, MA.
Grönroos, C. (1993), 'Toward a third phase in service quality research', in Swartz, T.A., Bowen, D.A. and Brown, S.W. (Eds), *Advances in Services Marketing and Management Vol. 2*, JAI Press, Greenwich, CT, pp. 49–64.
Grönroos, C. (1996), 'The relationship marketing logic', *Asia-Australia Marketing Journal*, Vol. 4 No. 1, pp. 7–18.
Grönroos, C. (1997), 'Value-driven relational marketing: from products to resources and competencies', *Journal of Marketing Management*, Vol. 13 No. 5, pp. 407–19.
Grönroos, C. and Gummesson, E. (1985), 'The Nordic School of Service Marketing', in Grönroos, C. and Gummesson, E. (Eds), *Service Marketing – Nordic School Perspectives*, Stockholm University, Sweden, pp. 6–11.
Gummesson, E. (1977), *Marknadsföring och inköp av konsulttjänster* (Marketing and Purchasing of Professional Services), Akademilitteratur, Stockholm, Sweden.
Gummesson, E. (1990), *The Part-Time Marketer*, Center for Service Research, Karlstad, Sweden.
Gummesson, E. (1991), 'Marketing revisited: the crucial role of the part-time marketers', *European Journal of Marketing*, Vol. 25 No. 2, pp. 60–7.
Gummesson, E. (1995), *Relationsmarknadsföring. Från 4 P till 30 R (Relationship Marketing. From 4P to 30 R)*, Liber-Hermods, Stockholm, Sweden.
Håkansson, H. and Snehota, I. (1995), *Developing Relationships in Business Networks*, Routledge, London.

Johnson, C. and Mathews, B.P. (1997), 'The influence of experience on service expectations', *International Journal of Service Industry Management*, Vol. 8 No. 4, pp. 290–305.
Kotler, P. (1991), *Marketing Management. Analysis, Planning, and Control*, 7th edition, Prentice-Hall, Englewood Cliffs, NJ.
Lapierre, J. (1996), 'Service quality: the construct, its dimensionality and measurement', in Swartz, T.A., Bowen, D.E. and Brown, S.W. (Eds), *Advances in Services Marketing and Management Vol. 5*, JAI Press, Greenwich, CT, pp. 45–70.
Lehtinen, J.R. (1983), *Asiakasohjautuva palveluyritys (Customer-driven Service Firm)*, Weilin+Göös, Espoo, Finland.
Lehtinen, U. and Lehtinen, J.R. (1991), 'Two approaches to service quality dimensions', *The Service Industry Journal*, Vol. 11 No. 3, pp. 287–303.
Levitt, T. (1983), 'After the sale is over', *Harvard Business Review*, Vol. 61, September-October, pp. 87–93.
Liljander, V. (1995), *Comparison Standards in Perceived Service Quality*, Diss., Research report A:63, CERS Center for Relationship Marketing and Service Management, Swedish School of Economics Finland, Helsingfors.
Mattsson, L-G. (1997), ' "Relationship marketing" and the "market-as-networks approach": a comparison analysis of two evolving streams of research', *Journal of Marketing Management*, Vol. 13 No. 5, pp. 447–61.
Oliver, R.L. (1993), 'A conceptual model of service quality and service satisfaction: compatible goals, different concepts', in Swartz, T.A., Bowen, D.A. and Brown, S.W. (Eds), *Advances in Services Marketing and Management Vol. 2*, JAI Press, Greenwich, CT.
Palmer, E. (1997), *Aspects of Professional Service Quality: A Focus on Customer Satisfaction including Relationship Impacts*, diss., The University of Auckland, New Zealand.
Parasuraman, A., Zeithaml, V.A. and Berry, L.L. (1985), 'A conceptual model of service quality and its implications for further research', *Journal of Marketing*, Vol. 49, Fall, pp. 41–50.
Parasuraman, A., Zeithaml, V.A. and Berry, L.L. (1988), 'SERVQUAL: a multiple-item scale for measuring consumer perceptions of service quality', *Journal of Retailing*, Vol. 64 No. 1, pp. 12–37.
Parasuraman, A., Zeithaml, V.A. and Berry, L.L. (1994), 'Reassessment of expectations as a comparison standard in measuring service quality: implications for future research', *Journal of Marketing*, Vol. 58, January, pp. 111–24.
Peppers, D. and Rogers, M. (1993), *One-to-One Future: Building Relationships One Customer at a Time*, Currency/Doubleday, New York, NY.
Persson, J.E. and Lindquist, H. (1997), *Kundupplevd kvalitet i tjänsteverksamheter. En analys och kritik av den företagsekonomiska dialogen (Customer Perceived Quality in Services. Analysis and Criticism of the Dialogue in Business Research)*, Lund University, Sweden.
Price, L.L., Arnould, E.J. and Tierney, P. (1995), 'Going to extremes: managing service encounters and assessing provider performance', *Journal of Marketing*, Vol. 59, April, pp. 83–97.
Sheth, J.N. and Parvatiyar, A. (1995), 'The evolution of relationship marketing', *International Business Review*, Vol. 4 No. 4, pp. 397–418.
Spreng, R.A. and Mackoy, R.D. (1996), 'An empirical examination of a model of perceived service quality and satisfaction', *Journal of Retailing*, Vol. 72 No. 2, pp. 201–14.
Teas, R.K. (1993), 'Expectations, performance evaluation, and consumers' perception of quality', *Journal of Marketing*, Vol. 57, October, pp. 18–34.
Tse, D.K. and Wilton, P.C. (1988), 'Models of consumer satisfaction formation: an extension', *Journal of Marketing Research*, Vol. 25, May, pp. 204–12.
Webster, F.E. Jr (1994), 'Executing the new marketing concept', *Marketing Management*,

第 5 章　サービス財のマーケティング：失われた生産物の事例

Vol. 3 No. 1, pp. 9–18.

第 II 部

リレーションシップ・マーケティング

第6章 サービスのコンテクストにおけるマーケティングへの関係性アプローチ：マーケティングと組織行動の接点[※]

マーケティングへの関係性アプローチについて論じる。サービスのコンテクスト（サービス企業と製造企業のサービス・オペレーションの両者）におけるマーケティングについて焦点をあてる。専門家がマーケティング・ミックスを計画し実行する機能としてのマーケティングの従来の見方は，サービス財が関係するとき全くもって真実を捉えないかもしれない。つまり，マーケティングは関係性の周辺に位置づけられるものとして考えられる。だが，単一の取引といったものは，範囲が狭くさほど社会的関係性を伴うことはない（例えば，石鹸や朝食用のシリアルのマーケティング）。それ以外の関係性は，範囲が広く内容のある社会的接触も伴い，本質的にそれは永く続くものである（例えば，金融やホスピタリティ産業のサービス財のマーケティング）。マーケティングと組織行動との間のふたつの接点について，ビジネス機能と学術的なディシプリンとしての両側面から，このマーケティング・アプローチを用いて議論する。すなわち，サービス文化とインターナル・マーケティングの必要性について論じる。これらの領域は，マーケティング及び組織行動，実務家や研究者の間に敷かれた伝統的な境界線を取り除き，両者がともに作用するための大きな挑戦となる。

はじめに

本章の目的は，サービス組織におけるマーケティング機能の特徴と内容，

[※] Reprinted from the *Journal of Business Research*, vol. 20(1), Grönroos, C. Relationship Approach to Marketing in Service Contexts: The Marketing and Organizational Behavior Interface, Copyright ©1990, pp. 3-11, with permission from Elsevier.

第Ⅱ部　リレーションシップ・マーケティング

そしてこの機能がその他のビジネス機能と学術的なディシプリンに，とりわけ従業員と組織行動にどう関係しているのかを論説することである。そのアプローチは，世界的に「サービス研究におけるノルディック学派（Nordic School of Services）」と呼ばれるものであり，スカンジナビアと北欧において発祥した（Grönroos［1983］，Grönroos & Gummesson［1985］参照）。「サービス・コンテクスト（service context）」という表現は，いわゆるサービス企業に限らず，公共機関や非営利組織，また物財の製造企業において起こるあらゆる種類のサービス活動を指していう。

マーケティングの従来の役割

　従来，マーケティングは組織内部の機能としてみられる。そのマーケティング部門にいる専門家のみが，その企業の顧客の視点と購買行動に影響を与える存在である。その他の部門にいる従業員は，マーケティングの配慮とは関係なく採用されトレーニングされ，またあらゆるマーケティングに責任をもつように指導されることもない。このアプローチにおいて，マーケティングの中核はマーケティング・ミックスである。多くの消費財のシチュエーションでは，このマーケティング機能の概念化が充分に上手くいく。もし，その生産物がサービスや企業と顧客間のその他の接触を必要としない既製品であるなら，マーケティングの専門家は顧客との関係性に的確な対応をすることができる。マーケティングの専門家による優れた市場調査やパッケージング，販売促進，価格設定，物流の意思決定は，良い結果をもたらす。

　一般的なフレームワークとして，マーケティング・ミックスの4Ps（Borden［1965］とCulliton［1948］が主張した「素材のミキサー」であるマーケターの存在に基づき，McCarthy［1960］によって発表された）は，その教育的観点における長所にもかかわらず，非常に簡素化されているため研究者及び実務家を容易く誤った方向へ向かわせるかもしれない。そして，それは今なお実証されていない（Cowell［1984］，Grönroos［1989］，Kent［1986］参照）。とりわけサービス財のマーケティングでは，また生産財マーケティングにおいてもそうであるが，マーケティング・ミックスのアプロー

第6章 サービスのコンテクストにおけるマーケティングへの関係性アプローチ：
　　マーケティングと組織行動の接点

チは，顧客との関係性のライフサイクルにおける様々な段階でみられるあらゆる資源及び活動に対応しないことは珍しくない（Grönroos [1983, 1989]，Grönroos & Gummesson [1986]，Gummesson [1987a, b]，Hakansson [1982]，Hakansson & Snehota [1976]，Kent [1986]，Webster [1982] 参照）。特に消費プロセスにおいて，サービス企業とその顧客との間には一定の接触が存在するが，それはマーケティング・ミックスのPによって規定される従来のマーケティング機能の対象外とされる（Rathmell [1974] 参照）。この接触（例えば，銀行やホテルの設備，ATM，給仕係，客室乗務員，電話受付係，バスの運転手，研究開発員，設計エンジニア，メンテナンス従業員等との接触）を管理・運営することは，オペレーションや他のマーケティング以外の部門のみの責任である。だが，この買い手と売り手との相互作用や接点，あるいはサービス・エンカウンターは，顧客の将来の購買行動ならびに口コミに大きな影響を与える。したがって，彼らはマーケティングの資源と活動について考慮すべきである。マーケティング機能は組織全体に広がり（Gummesson [1987a]），顧客は能動的にその生産プロセスに参加する。

買い手と売り手のインターフェースへの関係性アプローチ

　非常によくあることだが，顧客は数字としてみられる。誰かが顧客であることを辞めるとき，その空席に着く新しい潜在顧客が存在する。顧客，個人，組織といったものは単に数字にすぎない。実際には，これは当然ながら真実ではない。全ての個々の顧客がその売り手との関係性を構築しているのであり，それは範囲の差があったり，継続的であるか断続的であったり，短かったり永久的であったりと特徴は様々であるが，企業はその関係性を開発し維持しなければならない。顧客との関係性は単に足元に転がっているものではなく，獲得しなければならないものだ。マーケティングの定義づけに関して取られる代替的なアプローチによると，この機能は顧客との関係性に関連する。そこで関係者の目的が，多様な交換をつうじて合致するが，その交

換はそのような関係性を構築し維持するために行なわれる。

顧客との長期的な関係性は特に重要となる（Gummesson [1987b]）。サービス財においては、一般的ではあるが、顧客が来ては去っていく短期的な関係性は、その構築により多くのコストがかかる。企業の提供物の興味をひきその企業の誓約を潜在顧客に受容させるために必要なマーケティング予算は、しばしばとても高額になる。Berry [1983] は次のように主張している。「顧客ベースを守るためのマーケティングが、様々なサービス産業において極めて重要なものとなっていることは明らかな事実だ (p.25)」。このことは生産財マーケティングにも当てはまる（Hakansson [1982], Jackson [1985] 参照）。これは、一度きりの購入しかしないと思われる新規顧客が望ましくないということではなく、永続する長期的な顧客との関係性を構築し維持するべきであると主張するものである。Berry [1983] はリレーションシップ・マーケティングの概念をもたらしたが、それは取引マーケティングとは違って、マーケティング戦略への長期的アプローチとされる（Crosby et al. [1988], Gummesson [1987b], Rosenberg & Czepiel [1984] 参照）。もし緊密で長期的な関係性を実現することができると、継続的な交換がもたらされ、顧客1人あたりのマーケティングコストが低減される可能性が高まる。

マーケティングにおける関係性の定義

現実における市場活動を導く基本的な哲学としてのマーケティングの概念は、今なお有効である。だが、この概念をマーケティングの実践に転換するマーケティング・ミックス・アプローチは、多くのサービスの状況では簡素化されすぎたものであり、その有効性の範囲は狭すぎると考えられる。マーケティングにおける関係性の定義を以下のとおり、この議論をまとめて述べる（Grönroos [1989], Gummesson [1987a, b], Berry [1983] 参照）。

　　マーケティングは、関係者の目的を合致させるために、顧客との関係性（長期的な関係性を必ずしもいつも必要とするわけではない）を構築し、

第6章　サービスのコンテクストにおけるマーケティングへの関係性アプローチ：
　　　　マーケティングと組織行動の接点

維持し，発展させ営利化することである。これは相互の交換と誓約の達成によってなされる。

　さらに，この定義は次のような補足を伴う。販売者の資源（人材，技術，システム）は，その資源に対する顧客の信頼を必然的に伴い，そして，企業のなかでそれ自体が維持され強化される方法で利用されなければならない。関係性のなかで様々な資源や顧客との接触は，それぞれに種類が異なるものであるが，あらゆるビジネス機能の一部となるだろう。だが，これらの資源と活動は，全体的に前もって決定することができず，一般的な定義において明確なカテゴライズはできない。

　マーケティングの語彙に不可欠な誓約という概念は，フィンランドの研究者であるCalonius［1986, 1988］によって主張されてきた。顧客との関係性を構築し維持するにあたって，販売者は，物財やサービス財，あるいはその両方を用いたシステム，財務的ソリューション，資材管理，情報の転送，社会的接触，そして将来のコミットメントに関する一連の誓約を提供する。他方の購入者は，その関係性へのコミットメントに関して，対応する一連の誓約を提供する。したがって，その誓約は，もしその関係性が維持され関係者双方の利益を向上させるのであれば，両者に守られなければならない。

　顧客との長期的な関係性は，マーケティングの主たる目的が顧客との永続的な関係性を構築することになっているということを示唆する。もちろん，ある状況下では，短期的な販売（時折，取引マーケティングと呼ばれるもの）が有益であるかもしれない（Jackson［1985］参照）。しかし，一般論として，長期的な観点は有益なマーケティングに極めて重要なものとなる。こうして，顧客との関係性を営利化することは，物財やサービス財，その両者から成るシステムの取引における費用対便益比率が少なくとも最後には向上するという結果に繋がる。

　顧客との関係性を構築し維持し向上させることは，顧客との関係性がどれほど開発されているかによって，それぞれのマーケティングの状況は異なる。サービス提供者の観点から，1）関係性の構築は所与の誓約を含み，2）関係性の維持は誓約の達成に基づき，そして最後に，3）関係性を向上

させることは，必要条件として以前の誓約の実現から新しい誓約が与えられるということを意味する。

　マーケティングにおける関係性のその定義は，マーケティング・ミックスの従来の要素（例えば，広告，販売，価格設定，商品コンセプト等）が以前よりも重要でなくなってきたということをいっているのではない。そうではなく，マーケティング・ミックスにおける競争手段よりも，マーケティングにとって重要なものが他にもたくさんあるのではないかということを説明している。それは，マーケティングを行なうにあたって何を決定するかではなく，優れたマーケティング活動を開発し実行する方法に基礎をおく。

マーケティングへの関係性アプローチの意義

　マーケティングのひとつのタスクとしての買い手と売り手との相互作用における真実の瞬間（Normann [1984] によるサービス・マネジメントの著書において用いられた表現）を管理することと，広告や販売や販売促進といった従来のマーケティング活動を実行することの間には明確な違いが存在する。たいていは，後者はマーケティングや販売の専門家によって計画され実行される。他方，前者のタスクは他分野を専門とする人びとによって実行される。さらに，真実の瞬間が達成される方法は，しばしばマーケティングとは関係しないマネジャーやスーパーバイザーによって計画されマネジメントされる。率直に言えば，彼らの素晴らしいマーケティングの影響による真実の瞬間は，マーケティングの職務を知らないだけでなく顧客とマーケティングに関心がない従業員によって，マネジメントされたり実行されたりすることもままある。

　マーケティングに関わる非専門家の従業員は，Gummesson（[1981, 1987a]，Grönroos [1988] 参照）によって「パートタイム・マーケター（part-time marketer）」と呼称されている。もちろん彼らは，自らの担当する職務領域の専門家であり，そうあるべきだと考えられる。だが同時に，彼らはマーケティングと同様の方法で自らの業務を行なうことを学ばなければならない。そうすることで顧客は戻ってきたいと望み，顧客との関係性は強

第6章 サービスのコンテクストにおけるマーケティングへの関係性アプローチ：マーケティングと組織行動の接点

化される。したがって，彼らならびに彼らの上司は，マーケティングと顧客への影響の点から考えることを学び身につける必要がある。

真実の瞬間におけるマーケティングの様相は相互作用プロセスに関連し，それゆえに，マーケティングのこの部分は「インタラクティブ・マーケティング機能（Interactive Marketing Function）」と呼ばれる（Grönroos [1980, 1983] 参照）。「パートタイム・マーケター」ならびにシステムや技術や物的資源における顧客志向はインタラクティブ・マーケティングの成功に多大な影響を与える。したがって，インタラクティブ・マーケティング機能は，サービスを生産するあらゆる要素（人材等），用いられるあらゆる生産資源，サービスの生産及び提供のプロセスにおけるあらゆる段階もまたマーケティングに関連する事柄であり，単なるオペレーションや従業員の問題として考慮されるものではないと認識される。インタラクティブ・マーケティングの状況に伴うあらゆる資源と活動のマーケティングに及ぼす影響は計画プロセスのなかにおいて確認されなければならない。そうすることで，生産資源とオペレーションは，企業が企てる顧客との関係性の開発及び維持をサポートし向上させられるものとなる。

Gummesson [1989] が主張するように，「サービス企業の従来どおりの各部門（生産，提供，人事，管理，財務等）とマーケティングとの間には決定的な相互依存関係がみられる」。例えば，マーケティング，人事，オペレーション，そして技術開発は手を取り合って実行されなければならない。これらの機能は，良いサービスを顧客に提供するという共通目的において結びつけられる。Schneider & Rentsch [1987] が明確に述べているように，サービスは組織に必要不可欠でなければならない。ではここで，ビジネス機能間のひとつの相互関係，つまりマーケティングと人事・組織行動との関係に焦点をあててみよう。「パートタイム・マーケター」はマーケティングに多大なインパクトを与えるため，全従業員にサービス志向やマーケティング志向的な考え方・態度ならびに技術を確保するために努力を払わなければならない。次に，マーケティングへのサービス志向的アプローチならびに関係性志向的アプローチから生じる人材開発の重要かつ相互に関係するふたつの様相について簡潔に述べる。

第Ⅱ部　リレーションシップ・マーケティング

サービス文化の必要性

　サービスのコンテクストにおいて強力かつ良く構築されたサービス文化は，極めて重要であり，それは優れたサービスと顧客志向の理解を高める（Bowen & Schneider [1986], George & Grönroos [1989], Grönroos [1990], Schneider [1986]）。このことについては，サービス財の性質からわかるだろう。たいてい，サービス生産は組立ラインのように完璧に標準化することができない。それは，買い手と売り手の間のインターフェースにおける人的影響のためだ。顧客と彼らの行動は，標準化できず，完全に予測することはできない。その状況は多様で，それゆえに，明瞭なサービス志向的な文化が必要とされる。それは，新しく，思いがけない，さらには大変な状況に対応する方法を従業員に教えてくれる（Schneider [1986]）。その文化は，従業員がどのようにサービス志向的であるか，つまり彼らがどれほど良く「パートタイム・マーケター」として行動するかに影響を与える（Bowen & Schneider [1988] p.63）。

　例えば，サービスあるいはマーケティングの研修といった内部のプロジェクトや活動は，製品志向的な基準が高く尊重されている企業の従業員の考えや行動にさして大きな影響を与えることはないようだ。さらに，Schneider & Bowen [1985] の知見によると，組織の規範と価値に従業員が共感するとき，彼らは離職したいとは思わず，さらに顧客はそのサービスにより満足しているようだ。そして，「従業員の離職率が低下するとき，サービスの価値や水準は新規及び既存のサービス従業員にさらに伝えられる（Bowen & Schneider [1988] p.63）」と付言される。

　サービス文化の開発は，リレーションシップ・マーケティング戦略の実行に必要とされる優れたインタラクティブ・マーケティングのパフォーマンスを創造し高める手段となることは明らかだ。企業文化の問題は，サービス・マーケティング研究から生じる別の人事関連の問題に密接に繋がる。これがインターナル・マーケティングである。

第6章　サービスのコンテクストにおけるマーケティングへの関係性アプローチ：
　　　マーケティングと組織行動の接点

インターナル・マーケティングの必要性

　1980〜1990年の10年ほどの間に，インターナル・マーケティングの概念が初めてサービス・マーケティングの文献のなかで見られるようになった（Berry [1981]，Compton et al. [1987]，George et al. [1987]，George & Grönroos [1989]，Grönroos [1978, 1981, 1985]，Eiglier & Langeard [1976] 参照）。そしてその後，それはサービス・マネジメントの文献に受け容れられた（Carlzon [1987]，Normann [1984]）。また，生産財マーケティングにおいてもその価値が見出された（Grönroos & Gummesson [1985]）。Heskett [1987] が近年この現象に触れ次のように述べている。「高業績のサービス企業は，その戦略的なサービスのビジョンを内部に向けることで大いにその地位を高めた（pp.120-121）」。多くの企業が，インターナル・マーケティングの計画の必要性を認めることになった。おそらく最も目を瞠るべくインターナル・マーケティングのプロセスは，スカンジナビア航空（SAS：Scandinavian Airline System）の実践例であろう（Carlzon [1987]）。今日，インターナル・マーケティングは，（エクスターナル）マーケティングの成功に必要不可欠なものと考えられている（Compton et al. [1987]，Grönroos [1985] 参照）。

　まず，インターナル・マーケティングは一種のマネジメント哲学である。マネジメントは，組織の属する従業員の役割を創り，継続的に激励し，その理解を深め，重要性を認識すべきだ。従業員は自らの仕事に総体的な視点をもつべきである。SASのプレジデントでCEOのJan Carlzonが話したエピソード（花崗岩から正方形のブロックを切り出す2人の石切工の話）によって，このことは説明される。「採石場を訪れた人が彼らに何をしているのか訊ねた。1人目の石切工はむしろ不機嫌そうに「俺は今この忌々しい石っころをブロックに切り出しているんだ」と愚痴っぽく答えた。もう1人の仕事にやりがいを感じていそうな石切工は得意げに「俺は大聖堂を建設しているこのチームで働いているんだよ」と答えた（Carlzon [1987] p.135）。わずかな表現の違いの気づきに興味を惹かれるが，このエピソードはソビエト連

121

邦におけるペレストロイカについて書かれた Michail Gorbatjov の著書（Gorvatjov [1987]）でも紹介されている。

　インターナル・マーケティングの焦点は，顧客志向の従業員を確保し維持する方法にあてられる。それはまた，サービス文化を開発し維持する方法にもなるが，インターナル・マーケティングだけでは充分ではない（George & Grönroos [1989]，Grönroos [1989]）。物財とサービス財ならびに特定のマーケティング・キャンペーン，新しい技術や機能するシステムは，これらの物財やサービス財が外部市場に打ち出される前に従業員に売り込まれなければならない。あらゆる組織は従業員を対象とする内部市場をもち，それは第一に注意深く取り扱われなければならない。このことが正しくなされないと，その最終的な外部市場における組織のオペレーションは成功しない恐れがある。Heskett [1987] の言葉を借りると，「効果的なサービスはそのアイディアを理解している従業員を要する（p.124）」。

結論

マーケティングと組織行動の共同の課題

　明らかに，サービス文化の開発と維持のタスクならびにインターナル・マーケティングのタスクは，マーケティングと組織行動の間に重要なインターフェースをもたらす。したがって，それはまた，マーケティングの実務家と研究者が一方では存在し，人事部や人材開発部の従業員と組織行動の領域の研究者が他方では存在している舞台を提供し，そこでは両者が協働しようとチャレンジしている。

　当然のこととして，他にも色々とあるが例えば，マーケティングと人事との間に築かれたビジネス機能及び学術的なディシプリンの乗り越えられない壁となっている伝統的な境界線は，変革するか，必要とあれば取り壊さなければならない。

参考文献

第6章 サービスのコンテクストにおけるマーケティングへの関係性アプローチ： マーケティングと組織行動の接点

Berry, Leonard L, Relationship Marketing, in *Emerging Perspectives on Services Marketing* L L Berry et al., eds, American Marketing Association, Chicago, 1983, pp. 25–28.

Berry, Leonard L, The Employee as Customer, *Journal of Retail Banking* 3 (March 1981) 33–40.

Borden, Neil H, The Concept of the Marketing Mix, in *Science in Marketing* G Schwartz, ed, Wiley, New York, 1965.

Bowen, David E, and Schneider, Benjamin, Services Marketing and Management Implications for Organizational Behavior, in *Research in Organizational Behavior* B Stow and L L Cummings, eds, JAI Press, Greenwich, CT, Vol 10, 1988.

Calonius, Henrik, A Buying Process Model, in *Innovative Marketing—A European perspective* K Blois and S Parkinson, eds, Proceedings from the XVII Annual Conference of the European Marketing Academy, University of Bradford, England, 1988.

Calonius, Henrik, A Market Behaviour Framework, in *Contemporary Research in Marketing* K Moller and M Paltschik, eds, Proceedings from the XV Annual Conference of the European Marketing Academy, Helsinki, Finland, 1986.

Carlzon, Jan, *Moments of Truth*, Ballinger, New York, 1987.

Compton, Fran, George, William R, Grönroos, Christian, and Karvinen, Matti, Internal Marketing, in *The Service Challenge Integrating for Competitive Advantage* J A Czepiel et al., eds, American Marketing Association, Chicago, 1987, pp. 7–12.

Cowell, Donald, *The Marketing of Services*, Heineman, London, 1984.

Crosby, Lawrence A, Evans, Ken R, and Cowles, Deborah, *Relationship Quality in Service Selling An Interpersonal Influence Perspective*, Working Paper No 5, First Interstate Center for Services Marketing, Arizona State University, 1988.

Culliton, John W, *The Management of Marketing Costs*, The Andover Press, Andover, MA, 1948.

Deshpande, R, and Webster, Jr, Frederick E, *Organizational Culture and Marketing Defining the Research Agenda* Report No 87–106 Marketing Science Institute, Cambridge, MA, 1987.

Eiglier, Pierre, and Langeard, Eric, *Principles Politique Marketing pour les Enterprises des Service*, Working Paper, Institut d'Administration des Enterprises, Aix-en-Provence, France, 1976.

George, William, R, Internal Communications Programs as a Mechanism for Doing Internal Marketing, in *Creativity in Services Marketing* V Venkatesan et al., eds, American Marketing Association, Chicago, 1986, pp. 83–84.

George, William R, Internal Marketing for Retailers The Junior Executive Employee, in *Developments in Marketing Science* J D Lindqvist, ed, Academy of Marketing Science, 1984, Vol VII, pp. 322–325.

George, William R, and Grönroos, Christian, Developing Customer-Conscious Employees at Every Level: Internal Marketing, in *Handbook of Services Marketing* C A Congram and M L Friedman, eds, AMACON, in press.

Gorbatjov, Mikhail, *Perestroika—New Thinking for our Country and the World*, Harper & Row, New York, 1987.

Grönroos, Christian, Defining Marketing. A Market-Oriented Approach, *European Journal of Marketing* 23 (1989) 52–60.

Grönroos, Christian, New Competition of the Service Economy. The Five Rules of Service, *International Journal of Operations & Production Management* 8 (1988) 9–19.

Grönroos, Christian, Internal Marketing—Theory and Practice, in *Services Marketing in a Changing Environment* T M Bloch et al., ed, American Marketing Association, Chicago, 1985, pp. 41–47.

Grönroos, Christian, *Strategic Management and Marketing in the Service Sector*,

第II部 リレーションシップ・マーケティング

Marketing Science Institute, Cambridge, MA, 1983.
Grönroos, Christian, Internal Marketing—An Integral Part of Marketing Theory, in *Marketing of Services* J H Donnelly and W R George, eds, American Marketing Association, Chicago, 1981, pp. 236–238.
Grönroos, Christian, Designing a Long Range Marketing Strategy for Services, *Long Range Planning* 13 (April 1980) 36–42.
Grönroos, Christian, A Service-Oriented Approach to Marketing of Services, *European Journal of Marketing* 12 (1978) 588–601.
Grönroos, Christian, *Service Management and Marketing Managing the Moments of Truth in Service Competition* Lexington, MA D C Heath Lexington Books, in press.
Grönroos, Christian, and Gummesson, Evert, Service Orientation in Industrial Marketing, in *Creativity in Services Marketing What's New, What Works, What's Developing*, American Marketing Association, Chicago, 1986, pp. 23–26.
Grönroos, Christian, and Gummesson, Evert, eds *Service Marketing—Nordic School Perspectives*, Stockholm University, Sweden, 1985.
Gummesson, Evert, The New Marketing—Developing Long-Term Interactive Relationships, *Long Range Planning* 20 (1987a) 10–20.
Gummesson, Evert, *Marketing—A Long Term Interactive Relationship Contribution to a New Marketing Theory*, Marketing Technique Center, Stockholm, Sweden, 1987b.
Gummesson, Evert, Marketing Cost Concept in Service Firms, *Industrial Marketing Management* 10 (1981) 175–182.
Gummesson, Evert, Organizing for Marketing and Marketing Organizations, in *Handbook on Services Marketing* C A Congram and M L Friedman, eds, Amacon, New York, in press.
Hakansson, Hakan, ed *International Marketing and Purchasing of Industrial Goods*, Wiley, New York, 1982.
Hakansson, Hakan, and Snehota, Ivan, *Marknadsplanering Ett satt att skapa nya problem?* (Marketing Planning A Way of Creating New Problems?), Studentlitteratur, Malmo, Sweden, 1976.
Heskett, James L, Lessons in the Service Sector, *Harvard Business Review* 65 (March–April 1987) 118–126.
Jackson, Barbara B, Build Customer Relationships That Last, *Harvard Business Review* 63 (November–December 1985) 120–128.
Kent, Ray A, Faith in Four Ps: An Alternative, *Journal of Marketing Management* 2 (1986) 145–154.
Kotler, Philip, *Marketing Management, Analysis, Planning, and Control* Prentice-Hall, Englewood Cliffs, NJ, 1984.
Levitt, Theodore, After the Sale is Over, *Harvard Business Review* 61 (September–October 1983) 87–93.
McCarthy, E Jerome, *Basic Marketing*, Irwin, Homewood, IL, 1960.
Normann, Richard, *Service Management*, Wiley, New York, 1984.
Rathmell, John R, *Marketing in the Service Sector*, Winthrop, Cambridge, MA, 1974.
Rosenberg, Larry J, and Czepiel, John A, A Marketing Approach for Customer Retention, *The Journal of Consumer Marketing* 1 (1984) 45–51.
Schneider, Benjamin, Notes on Climate and Culture, in *Creativity in Services Marketing, What's New, What Works, What's Developing* F Venkatesan et al., eds, American Marketing Association, Chicago, IL, 1986, pp. 63–67.
Schneider, Benjamin, and Bowen, David E, Employee and Customer Perceptions of Service in Banks. Replication and Extension, *Journal of Applied Psychology* 70 (1985) 423–433.
Schneider, Benjamin, and Rentsch, J, The Management of Climate and Culture A Futures Perspective, in *Futures of Organizations* J Hage, ed, D C Health Lexington Books,

第6章　サービスのコンテクストにおけるマーケティングへの関係性アプローチ：
　　　　マーケティングと組織行動の接点

Lexington, MA, 1987.
Webster, Jr, Fredrick E, Management Science in Industrial Marketing, *Journal of Marketing* 1 (January 1978) 21–27.

第7章 マーケティングはどこへ向かうのか？リレーションシップ・マーケティングへのパラダイムシフト[※]

マーケティング・ミックスとその4Psは，数十年もマーケティングのパラダイムであり続けている。ここでは，この理論的枠組みの欠点の根拠ならびに，それは市場調査や実践に悪影響をもたらしているということについて議論する。サービス・マーケティングならびに生産財マーケティングの現代の研究は，マーケティングに新しいアプローチが必要とされていることを証明している。この新しいアプローチは関係性の構築とマネジメントに基礎をおく。マーケティングにおけるパラダイムシフトは現在進行中である。マーケティングの研究者と実務家の考えや活動は，1950年代や1960年代の理論的枠組みに縛られるべきではない。

はじめに

マーケティングへの最初の真の分析的貢献はおそらく，経済学者のJoel Dean［1951］によってなされた。だが，1960年頃，今日のほとんどの教科書に取り沙汰されるマーケティングの方法が紹介された。マーケティング・ミックスとマーケティングにおける4つのP（Product：製品，Price：価格，Place：流通，Promotion：プロモーション）という概念が，その頃からマーケティングの教科書に登場するようになったのである（McCarthy［1960］）。たちまち，それらは是非を問われずマーケティングの基礎理論となり，そのため，例えばWroe Alderson［1950, 1957］が提唱した「有機

[※] Grönroos, C. Quo Vadis, Marketing? Toward a Relationship Marketing Paradigm. *Journal of Marketing Management*, 1994; 10(5): 347-360. Reproduced by permission of Westburn Publishers.

機能主義アプローチ（organic functionalist approach）」，ならびにシステム志向的アプローチ（例えば Fisk ［1967］，Fisk & Dixon ［1967］）や制度的アプローチ（例えば，Duddy & Revzan ［1947］）といったかなり優れた先行のモデルやアプローチが，今日のほとんどの教科書のなかでは脚注に追いやられただけでなく，人びとの記憶から消されていることも珍しくない。近年，米国マーケティング協会（AMA：American Marketing Association）は，その定義について次のように述べている。「マーケティングは，交換を形成し個人及び組織の対象者を満足させるために，知財や物財やサービス財のコンセプト化や価格設定やプロモーションや流通を計画し実行するプロセスである（AMA ［1985］）。

　数十年間，マーケティング・ミックスの4Psは，学術研究において議論の余地のない理論的枠組みであり，その妥当性は当然のものとして考えられていた（Kent ［1986］，Grönroos ［1989，1990a］参照）。マーケティングに関する大部分の学界に属する研究者のほとんどにとって，それは今日でもマーケティングの真実だとされているようである。Kent ［1986］は，マーケティング・ミックスの4Psを「石碑に刻まれたマーケティング信仰における聖なる4拍子（p.146）」と述べている。彼が論じるには，「マーケティングを学ぶ学生や教員そしてマーケターに魅力的な簡易さを感じさせる4Psは記憶を助ける信仰箇条となっている（p.145）」。テニュアや昇進を求めている大学の研究者にとって，それに異を唱えることは自らの首を賭けることであった。そして，4Psを除外したそれまでとは違った構成を提案する教科書を執筆しようとする著者は，すぐさま大体の出版社から訂正を受ける。結果的に，何が鍵となるマーケティングの変数であり，どのようにそれがマーケティング責任者によって認識され用いられるか，といったことの実証的な研究は日の目をみることはなかった。さらに，非常に強い傾向として，プロセスよりも構造について熟考されていた（Kent ［1986］）。

　マーケティング教育において，学生にマーケティングの概念や市場における関係性の本質であるプロセスの意味や重要性を論じるのではなく，大々的にツールボックスの使用方法を教えるようになった。実務としてのマーケティングは，広きにわたり，企業の市場における関係性の本質を真の意味で探

究し顧客の現実のニーズや欲求に心から対応するのではなく，このツールボックスを管理することに取って代わった。

マーケティング・ミックスの歴史

　このような理論的枠組みは，理論的考察や実証研究によってしっかりと組み立てられていなければならない。そうでなければ，マーケティング研究の多くが不安定な基盤の上に成り立っており，その結論は疑わしいものになってしまう。では，マーケティング・ミックスの理論的枠組みと４Ｐｓの歴史を紐解いてみるとしよう。

　マーケティング・ミックスは，「素材のミキサー」としてのマーケターの概念から開発された。それはもともと，1947年と1948年に行なわれたマーケティング・コストの研究（James Culliton [1948]）で用いられた表現であった。マーケターは様々な競争手段を計画し，それらを「マーケティング・ミックス」のなかで混ぜ合わせる。そうすることで，利益関数を最大限あるいは満足水準にまで高める。「マーケティング・ミックス」の概念は，1950年代に Neil Borden によって紹介され（Borden [1964] 参照），別の競争手段のミックスは間もなく４Ｐｓと呼ばれるようになった（McCarthy [1960]）[1]。

　マーケティング・ミックスは事実上，マーケティング変数の分類リストであり，ひとまずのところ現象を定義したり説明するこの方法は，かなり有効な方法とは全くもって考えにくい。ひとつのリストがあらゆる関連要素を含むことはありえないし，あらゆる状況に適合せず，やがて廃れることになる。そして実際に，マーケティング研究者はそのリストに別のＰを時折付け加え，彼らは極めて限定的な基準となる「信仰の石碑」の存在を探っていた時代があった。Kotler [1986] が「メガマーケティング（megamarketing）」のコンテクストにおいて，「広報（public relations）」と「政略（politics）」

---

[1] しかしながら，McCarthy はマーケティング変数を４Ｐｓのような構造に体系化した最初の人間ではなかった。そのように構成された最初のマーケティングの教科書は，Harrry Hansen [1956] によって出版された。そのなかで彼は次の６つのカテゴリーを用いた。すなわち，製品政策，流通チャネル，広告，販売，価格設定，販売計画である。

を付け加えることによって，そのリストは6Psに拡張された。サービス・マーケティングにおいて，Booms & Bitner [1982] はさらに「人（people）」「物的要素（physical evidence）」「プロセス（process）」という3つのPを提案した。Judd [1987] は，色々あるなかでひとつの新しい"P"，すなわち「人（people）」のみに言及した[2]。マーケティング・ミックスの理論的枠組みを支持する者のなかには，"P"のリストにサービスを付け加えるべきだと提案する者もいた（Lambert & Harrington [1989], Collier [1991] 参照）[3]。ついでながら，4Psが正典としてはっきりと認められた後，1970年代の初め頃では，そのリストへの新しい項目がもっぱら"P"という形式で表現された，という意見は興味深いものがある[4]。

Bordenの原点となった12要素を含むマーケティング・ミックスもまた注目に値するものであり，このリストは定義となることを全くもって意図されなかった。Bordenはそれをガイドラインとしてしか考慮していなかったため，マーケターは多様な状況に合わせて再考しなければならなかっただろう。彼はまた，「素材のミキサー」というメタファーに倣って，マーケターはそのミックスの多様な要素や変数を総体的なマーケティング・プログラムに混ぜ合わせるだろうと含んで述べた。今日の4Ps（あるいは5・6・7

---

[2] 実際のところ，マーケティング・ミックスのホームランドでさえ，この理論的枠組みについていくらかの議論がなされている。だが，その問題の基本的な対処法はいつだって同じ処方箋が用いられる。つまり，変数を定義づけるリストを開発することでその市場の関連性を簡略化することだ。その理論的枠組みの基盤における本当の革新や挑戦はみられなかった。1960年代ならびに1970年代初期，"P"が頭文字に付かないカテゴリーが提案された。Staudt & Taylor [1965], Lipson & Darling [1971], Kelly & Lazer [1973] は各々3カテゴリーを提案した。その一方で，"P"は1980年代と1990年代に出現したほぼ全ての分類リストにみられた（Traynor [1985] は5カテゴリー，Johnson [1986] は12, Keely [1987] は4つの"C", Berry [1990] と Mason & Mayer [1990] は各々6, Collier [1991] は7, LeDoux [1991] は5それぞれ提案した）。
[3] これは惨劇を招くことになる。それは，4Psのマーケティング・ミックス変数と同様に，顧客サービスをその組織から除外したマーケティング変数として隔離するということが生じるためである。そうすることで，顧客サービスを別個の部門だけのものとしてではなく，全員の責務とするあらゆる企てが容易く消え去ってしまう。
[4] 様々な著者によって提案されたマーケティング変数の全ての付加的カテゴリーをとりあげず，徹底して4Ps以外のものに基づいている唯一の教科書が存在する。すなわち，7Psのフレームワークを避けて構成されている Donald Cowell [1984] のサービス・マーケティングに関する著書である。

第7章　マーケティングはどこへ向かうのか？リレーションシップ・マーケティングへのパラダイムシフト

Ps…）及びマーケティング・ミックス・アプローチの支持者は，この事実をすっかり忘れてしまったようである。

　実際には，4 Ps は Borden のもともとの概念を非常に簡略化して表現されている。McCarthy がオリジナルのリストを 4 Ps という柔軟性を欠く記憶術の形態に再編するとき（"P"を混合することは明確に含まれていない），Borden のマーケティング・ミックスの意味を誤解したか，あるいは McCarthy の信奉者が彼の意図を誤って解釈してしまったかであろう。例えば，Philip Kotler の主著『マーケティング・マネジメント（1991年刊行）』等のマーケティング・ミックスを中心として編集されている多くのマーケティング教科書において，4 Ps を混合する様相や統合する必要性は議論されており，深く掘り下げてさえいるが，そのモデルは統合するような様相をはっきりと含んでいないという事実のため，その議論はいつも行き詰まる。

　あらゆる所与の状況において再考されなければならないマーケティング・ミックスの膨大な量の諸要素のリストの原案は，教授法の理由ならびに，4つの"P"を基準として簡素化したリストの提起者から限定されたマーケティング変数が典型的な状況に適合すると考えられたために，おそらく簡略化されてしまったのだろう。この典型的な状況は，巨大なマス市場や競争が激しい流通システムや極めて商業的なマスメディアを伴う北米の環境における消費財に描写され得る。だが，その他の市場では，そのインフラはある程度において多種多様であり，その生産物は部分的にのみ消費財となっている。それにもかかわらず，マーケティング・ミックスの 4 Ps は全般的なマーケティング理論となり，大多数の研究者にとって極めて優勢な理論的枠組みとなった。そして，それはマーケティングの実践においても強烈なインパクトを与えた。このことを弁明する理由があるのか。まず，その理論的枠組みそのものをみていこう。

マーケティング・ミックスの本質

　上述のとおり，マーケティング・ミックスは変数のリストであり，現象を定義するその方法の欠点を既に指摘した。また，どのマーケティングの理論

的枠組みもマーケティング・コンセプト，すなわち，企業が選択したターゲット市場における顧客のニーズや要求に沿った活動を計画し調整することをしっかりと実現するよう整えられているべきだ。どれほどマーケティング・ミックスはそうしたことに適しているだろうか。

マーケティング・ミックスの4 Psは，マーケティング・コンセプトが求めることを実現するのにさほど適さないと結論することは容易い。Dixon & Blois [1983] は，「実際のところ，顧客は何かをなされる誰かであるという4 Psアプローチに内在する見方は，顧客（つまり，何かをなされる誰か）の興味に関することから乖離していると考えるのは的外れではないだろう (p.4)」。マーケティングのメタファーやマーケティング・ミックスや4 Psの使用は，マーケティングの「生産志向的（production-oriented）」な定義を構成するが，それは市場志向や顧客志向的ではない（Grönroos [1989, 1990a] 参照）。さらに，McCarthy [1960] はその"P"の相互依存する性質を理解しつつも，そのモデルそのものは相関的な要素をはっきりと含んでいないし，そのような性質と範囲を示していない。

マーケティング・ミックスは，マーケティングがさも簡単に扱え体系づけられるようにみせる。マーケティングは，企業の他の活動から独立し，多様なマーケティング業務の分析・計画・実行に対応する専門家に任せられる（例えば市場調査，マーケティング計画，広告，販売促進，販売，価格設定，流通，商品パッケージ）。マーケティング部門は，企業のマーケティング機能に責任をもつため作られるが，ときどき外部の専門家（例えば，市場調査や広告）を伴うこともある。マーケティングの文献ならびに常用語のなかで，ひとつの組織単位である「マーケティング部門（marketing department）」という表現は，「マーケティング機能（marketing function）」と同義語として使われるが，それは顧客のニーズや要求の充足に対応するプロセスである。したがって，他の組織はマーケティングから遠ざけられ，そしてマーケターは設計，生産，配送，技術サービス，苦情対応などの企業の活動から孤立してしまう。

結論すると，マーケティング・ミックスのパライダイムにみられる問題は，米国マーケティング協会ならびにマーケティング・ミックスの理論的枠

組みを批評している多くの出版物の著者が論じているように，その決定変数（"P"）の数や概念化ではない。むしろ，その理論的性質が問題なのだ。4Psとマーケティング・ミックスの全体的な理論的枠組みは，理論的に不安定な基盤の上に築かれており，そのことについては，*Journal of Marketing* に掲載された Van Watershoot & Van den Bulte［1992］の論文によって論説されている（Van den Bulte［1991］, Kent［1986］も参照）。多くのマーケティングに関する現象は考慮されず（Möller［1992］），そして Johan Arndt［1980, 1985］が結論しているように，マーケティング研究は未だに視野が狭く近視眼的でさえあり，方法論の問題が実質的な問題よりも重要視されている。「マーケティングに関する研究は，概念的に不毛かつ想像力に欠ける実証哲学に基づいているという印象を与える。（中略）その結果，重要ではない問題に対して，また既知のことを繰り返すが，このような現状の支持及び周知に対して多くの資源が割かれてしまう（Arndt［1980］p.399）。残念ながら，数十年以上前にこのようなことが書かれても，マーケティング研究に変化はほとんどみられない。

　実践的目的のための一般的なマーケティング理論としての4Psの有用性は，いくら控えめにいっても非常に疑わしい。はじめは，それは実証主義の帰納法に広く基づいていたのだが，おそらくその理論に対してよりリアリズムを加えるため，ミクロ経済理論やとりわけ1930年代の独占的競争理論（Chamberlin［1933］）の影響を受けて発展してしまったのだろう。しかしながら，すぐさまミクロ経済理論との連関は影を潜め，今ではすっかり忘れ去られた。理論的に，マーケティング・ミックスはルーツをもたない単なる"P"のリストになってしまった。

経済理論とパラメータ理論におけるマーケティング変数

　マーケティング・ミックスの性質に関するより詳細な分析は，80年程前に開発された経済理論への遡及は驚くべきことではないと教えてくれる。Dixon & Blois［1983］が Chamberlin［1933］と Joan Robinson［1933］の

研究について次のように考察している。「Joan Robinson の記述は，4 Ps の価格の要素をつうじて市場と企業の反応の分類に言及している。同時に Chamberlin は，価格を含む製品，場所，コミュニケーションのあらゆる様相はおそらく後の需要への影響をもって変更されるということに気づいている (p.5)」。Chamberlin の基準となる決定変数は，価格，製品，プロモーションであるが，彼の価格競争の理論においては価格が中心的な変数として扱われる。同様に過去を辿ると，Brems [1951] や Abbott [1955] といった研究者が，経済学の価格理論の伝統的な価格変数に新たな決定変数を付け加えた。だが，Mickwitz [1959] が主張しているように，彼らは価格ではなく「品質をそのシステムの中心に据えた (p.9)」。ビジネスの実践と研究において品質が重要な課題となった現在，このことは観察するのに値する興味深い事実である。例えば，「品質競争」という言葉を用いる Abbott は品質について驚くほど現代的な視点をもっている。すなわち，「品質という言葉は，最も広い意味において，競争的な交換プロセスのなかの質的要素（材料，デザイン，提供サービス財，立地，その他）を全て含む（Abbott [1955] p.4)」。彼の考えるシステムにおけるそのふたつ以外の決定変数は価格と広告（販売促進を含む）であった。

　後に（いやしかし，数十年前からよく 4 Ps は究極のマーケティングの英知だと言われているのだが），Gösta Mickwitz [1959] や Mickwitz [1966] が「コペンハーゲン学派（Copenhagen School）」という名称をつけた研究アプローチを代表する研究者たち（例えば，Kjaer-Hansen [1945]，Rasmussen [1955]）は，同じ流れに沿って拡張された見解について議論した。それは「パラメータ理論（parameter theory）」と呼ばれるものである。この理論的アプローチ（とりわけ Gösta Mickwitz によって示されているもの）は，今日の主流なマーケティングの文献における 4 Ps よりも実際に理論的に開発されていて現実的であった。Mickwitz [1959] が主張するように，「実経験に基づいたマーケティングのメカニズムに関する研究が，著しく間違ったパラメータを用いている企業が散見されるとき，市場における企業行動の理論は，もし甘んじてそれら（あるいはそのいくつか）のみしか扱わないのであれば，極めて非現実的なものになってしまうだろう。した

第7章　マーケティングはどこへ向かうのか？リレーションシップ・マーケティングへのパラダイムシフト

がって我々は，企業が自社の売上を伸ばすために採用している多種多様な方法の存在に注目してアプローチした（p.237）」。マーケティング変数の相関する性質は，製品ライフサイクルを踏まえたうえで，様々な市場におけるそのパラメータの柔軟性をもって明確に理解され説明された。

　Mickwitzによってさらに開発された「パラメータ理論」の概念は，もともとはArne Rasmussen［1955］によって提唱された。だが，その基礎はずっと以前のFrisch［1933］にあり，彼は価格と品質以外のパラメータについて詳細に論じていなかったが，1933年に「行動パラメータ（action parameter）」の概念を提示した。1939年に，von Stackelbergは，そのパラメータの数をより広いシステムに発展させた（von Stackelberg［1939］）。だが彼は，自らの研究に詳しく踏み込むことはなかった。そのような欠点をもってはいたが，パラメータ理論は現実味を帯びるマネジメントに一歩近づいた。また，それはミクロ経済学に理論的基盤をもつ。

　結論すると，企業のマーケティング変数の用途を分析する際，次のように述べるのは間違いではないだろう。すなわち，1950年代のパラメータ理論は，例えば1930年代のChamberlinの独占競争の理論から形成されてきた価格理論から確実な前進をみせたが，現実を単純化しすぎた視点で捉えるマーケティング・ミックスの4Psの導入は，その水準を1930年代の幾分単純化したミクロ経済学にまで後退させた。

現代のマーケティング理論

　ほとんどのマーケティングの教科書では，マーケティング・ミックスと4Psは，未だにマーケティングの理論と考えられている。そして確かに，特に北米（範囲を拡大すると世界の他の一部地域でも）においては，マーケティングの学術的研究の多くで事実である。だが，1960年代から，既成概念に囚われないマーケティング理論が開発されてきた。Möller［1992］がマーケティングにおける近年の研究手法の概観を次のように述べている。すなわち，「マーケティング"ミックス"マネジメントの機能的観点からみると，我々の視野は，少し進化している例をあげると，マーケティングの戦略的役

割，サービス・マーケティングの様相，チャネル管理の政策的側面，産業ネットワーク内の相関関係へと広がっている（p.197）」。これらの理論のいくつかは，特定の種類の産業における企業の市場関係性に関する研究に基づいている。本節では，生産財マーケティングへの相互作用アプローチあるいはネットワーク・アプローチならびにサービス財のマーケティングの理論やモデルの開発について論じる。最終節では，リレーションシップ・マーケティングの概念について論説する。

　生産財マーケティングへの相互作用アプローチあるいはネットワーク・アプローチは，1960年代にスウェーデンのウプサラ大学が発祥であり（Blankenburg & Holm [1990] 参照），やがて数多くの欧州諸国に広まっていった。ネットワーク内の関係者間には多様な相互作用がみられ，そこでは互いに交換や調整が行なわれている。物財や情報の流れ，また財務的・社会的交換がそのネットワーク内で行なわれている（Håkansson [1982], Johanson & Mattsson [1985], Kock [1991] 参照）。そのようなネットワークにおいては，マーケティングの役割や形態は曖昧である。あらゆる交換や相互作用の種類は，ネットワーク内の関係者のポジションに影響を与える。その相互作用は必ずしも売り手（マーケティング・ミックスの理論的枠組みによるところのマーケター）によって始められるわけではなく，また，それは例えば数十年間にもわたって長期的に続くかもしれない。

　売り手（それは同時に互恵的な環境において買い手であるかもしれない）は，当然ながら，営業や広報，市場調査を担当するマーケティングの専門家を雇用しているだろうが，それ以外にもマーケティング・ミックスの理論的枠組みでは「非マーケティング（non-marketing）」とされる機能（例えば，研究開発，設計，配送，顧客トレーニング，請求書発行，売掛金管理）に従事する多くの人びともまた，ネットワーク内の「売り手」のマーケティングの成功に大きな影響を与える。Gummesson [1987] は，企業のそのような従業員に対して「パートタイム・マーケター（part-time marketer）」と呼称した。彼は，生産財市場及びサービスビジネスにおいて，パートタイム・マーケターは往々にしてフルタイム・マーケター（マーケティング部門や販売部門にいるマーケティング専門家）よりも数のうえで勝ると述べている。

第7章 マーケティングはどこへ向かうのか？リレーションシップ・マーケティングへのパラダイムシフト

　さらに彼は，「マーケティング部門や販売部門（フルタイム・マーケター）は，そのスタッフが対応すべき顧客がいる適切なときと場所に存在することができないため，マーケティングの限られた部分でしか活動することができない」と結論づけている（Gummesson [1990] p.13）。したがって，パートタイム・マーケターはフルタイム・マーケター（専門家）より多いだけではない。彼らこそがマーケターとみられることもしばしばだ。

　1970年代初期，サービス財のマーケティングは，サービス財の特徴に適応した独自の概念やモデルを伴うマーケティングの特別な分野として興り始めた。スカンジナビア及びフィンランドにおいて，当該研究領域で一歩抜きん出ていた「ノルディック学派（Nordic School of Services）」は，サービス財のマーケティングを包括的なマネジメントから切り離すことのできないものとして捉えていた（Grönroos & Gummesson [1985] 参照）。北米のサービス・マーケティング研究の大部分は，マーケティング・ミックスの理論的枠組みに縛られたままである。もちろん，それがいくらか革新的な貢献を生んではいるのだが（Berry [1983]，Berry & Parasuraman [1991] 参照）。1982年に Grönroos は，「サービス知覚品質（perceived service quality）」という概念の導入をもってマーケティングのコンテクストに品質の議論を再びもたらした（Grönroos [1985]）。さらに彼は，消費プロセスにおいてマーケティングが与える顧客への影響を捉えるために「インタラクティブ・マーケティング機能（interactive marketing function）」という概念を導入した（Grönroos [1979, 1982]）。そのプロセスでは，サービスの消費者はたいてい，サービス提供者のシステム，物的資源，従業員と相互作用する。フランスでは，Langeard & Eiglier [1987] がこの相互作用のシステムに対して「サーバクション（servuction）」という概念を開発した。顧客と従業員との間に相互作用は起こる。その従業員は，普段はマネジャーからマーケティングのスタッフとして考えられていないし彼ら自身もそう考えていない。またマーケティング部門や販売部門に所属しているわけではない。だが，彼らはパートタイム・マーケターである。多くの状況において，長期的に継続するサービス提供者と顧客間の関係性は構築されるだろう。また，「フルタイム・マーケター」によって決定づけられる企業のマーケティングの成功はほ

んの一部にすぎない。実際に，サービス提供者の「パートタイム・マーケター」は，例えば，専門の販売スタッフや広報キャンペーンよりも顧客の将来的な購買の意思決定にずっと大きな影響を与えることもしばしばだ（Gummesson［1987］，Grönroos［1990a］）。

新しいアプローチとマーケティング・ミックス

　生産財マーケティングにおける相互作用アプローチやネットワーク・アプローチ，ならびに現代のサービス・マーケティング・アプローチ，とりわけノルディック学派のそれは，関係性の構築とマネジメントが極めて重要な礎石となる社会的背景において，マーケティングを相互作用のプロセスとしてはっきりと捉えている。それらは，1950年代のマーケティングに対するシステムを基盤としたアプローチに明確な関わりをもつ（Alderson［1957］参照）。他方，マーケティング・ミックスの理論的枠組みとその4Psは，ずっと客観的態度をとるアプローチである。すなわちそれは，売り手側を行為者とし，買い手・消費者側を被行為者とする。生産物のプロデューサー及びマーケターとの匿名の関係性が存在することになっており，場合によっては専門の販売スタッフが対応することもある。

　当然ながら，後者のマーケティングの捉え方は，生産財やサービス財のマーケティングの現実に上手く適合しない。さらに，マーケティング部門内のマーケターにマーケティング業務を任せるマーケティング・ミックスの理論的枠組みに由来する組織的アプローチもまた，さほど役には立たない（Piercy［1985］，Grönroos［1982, 1990a］参照）。分離したマーケティング部門とは別の組織への心理的影響は，やがて企業内の顧客志向や市場志向の開発を阻害してしまうこともある。例えば，高い予算を要する広告キャンペーンを行なうマーケティング志向が開発されるかもしれないが，これは本当の意味での市場志向及び顧客のニーズや要求の現実的な認識をもって行なわなければならないことではない。そのような部門の存在あるいは導入は，それ以外の者がもっている顧客に対するほんの些細な関心をも失わせる引き金になってしまうかもしれない（Grönroos［1982］参照）。マーケティング機

第7章　マーケティングはどこへ向かうのか？リレーションシップ・マーケティングへのパラダイムシフト

能を編成するためのマーケティング部門のアプローチは，マーケティングを他のビジネス機能から切り離してしまうが，その逆も然りである。したがって，マーケティングを，本当の意味での市場志向的組織を作り「調整されたマーケティング」の段階へと導くために必要とされる市場関連の資源を他部門に供給する「統合機能」へと変えることは困難（ときに不可能）である（Kotler［1991］pp.19-24参照）。

　生産財マーケティング（相互作用／ネットワークのアプローチ）及びサービス・マーケティングにおける革新的な理論やモデルや概念の開発は，マーケティング・ミックスの理論的枠組み及びその4Psが「全般的」なマーケティング理論として既に限界を迎えてしまったことをはっきりと証明している。また，1950年代には価格重視型のミクロ経済理論からの脱却をパラメータ理論の開発がみせたように，マーケティング研究も同様に発展させることができる。少なくとも市場の伸縮性を理論的に分析するパラメータ理論はかなり市場志向的であった[5]。他方，理論的観点から見ると，マーケティング・ミックスの理論的枠組み及び4Psは時計の針を戻してしまった。

　マネジメントの観点からすると，疑う余地なく，有益なものであっただろう。多様な競争手段がより体系化されるようになった。だが，4Psは決して全ての市場及びマーケティングのあらゆる状況に適応可能ではない。それに取って代わる上述のマーケティング理論の開発は，マネジメントの観点からもマーケティング・ミックス及びその4Psが問題視されたことを示している。その教授法の簡潔さと単純さに惑わされた感覚によって，消費財市場における当該行為者は現実のマーケティング・マネジメントを極めて客観的かつ平易なものとして捉えた。

　消費財の数だけビジネスが存在し，そしてそこでは4Psがまだその機能を果たすことができた。しかしながら，消費財を生産するメーカーにおける多くの顧客との関係性は，卸売業者や小売業者を含む産業型の関係性であるが，消費財の小売業者はしだいに自らをサービス提供者だと考えるようになった。そのような状況下で，4Psは消費財市場でさえみられなくなった。

---

[5] Gösta Mickwitz［1982］は，さらに先例に倣って国際マーケティングの問題を分析しようとした。

さらに、製造業者から最終消費者に至る消費財のマーケティングに関する限りは、従来のマス・マーケティングの方法をマーケティングに応用し続けることができるか否かといった論争が今後もみられる。マーケティングの高名なコンサルタントで論者である Regis McKenna［1991］は、伝統的なマーケティングのフラッグシップであるのに衰退している北米の広告業界に関する議論のなかで、「この衰退の背景の根本的な原因は広告業界にはびこる内輪の恥にある。つまり、それは何も有益な目的を提示しない。今日の市場において、広告はただマーケティングの本質的な要点（適応性、柔軟性、反応の良さ）を損なってしまったようだ（p.13)」と結論した。確かに、これは若干極端ではあるが、よく的を射た主張である。不特定多数の潜在顧客及び既存顧客を詳細に特定された顧客との相互作用する関係性へと変えることの関心はしだいに重要性を増している。しかしながら、「マーケティング信仰」としてのマーケティング・ミックスの理論的枠組みの支配力は世界中に広がっており、消費財のマーケティングを研究領域とする膨大な数の学者が活動しているため、この議論は相当なマーケティング実務家の間において続けられるだろう（Rapp & Collins［1990］, McKenna［1991］, Clancy & Shulman［1991］)。だが、いくつかの標準的なマーケティングの教科書には、新しい概念やアプローチについて多少掲載されるようになっている（Kotler［1991］)。

将来の展望：リレーションシップ・マーケティングの概念

リレーションシップ・マーケティングの概念は、サービス・マーケティング及び生産財マーケティングの領域においてみられる（Berry［1982］, Jackson［1985a］, Grönroos［1989, 1990b］, Grönroos［1991］, Gummesson［1987, 1990］参照）。マーケティングへの両アプローチの相当程度が、売り手と買い手ならびに当該市場の関係者間の関係性を構築し維持することを基礎とする。Grönroos［1990a］は次のようにリレーションシップ・マーケティングを定義づけた。すなわち、「マーケティングは、利益のために、顧客

第7章 マーケティングはどこへ向かうのか？リレーションシップ・マーケティングへのパラダイムシフト

ならびにその他のパートナーとの関係性を各々の目的と合致させられるように構築・維持・向上することである。これは相互の交換及び誓約の実現によって達成される（p.138）」。そのような関係性はたいてい（だが必ずしもではないが）長期的なものである。

　リレーションシップ・マーケティング・アプローチに不可欠な要素は，「誓約（promise）」という概念であり，それはHenrik Calonius [1988] によって強調されている。彼によると，マーケティングの責任は，唯一ではないが主なものとして誓約を提示することを含めて，顧客を当該市場における受け手側として特定の方法で行動するよう説明して促すことである。提示された誓約の実現は，顧客満足や顧客ベースのリテンション，そして長期的な収益性を達成する手段として等しく重要である（Reichheld & Sasser [1990] 参照）。彼はまた，誓約は互いに与えられ満たされるという事実についても強調している。

　リレーションシップ・マーケティングはまだマーケティングの概念として初歩的段階にある。だが，その重要性は広範にわたり認識され始めてきている。Philip Kotler [1992] は近年の論文のなかで，「企業は短期的な取引志向的な目標から脱却し長期的な関係性構築という目標に切り替えなければならない」と述べている（p.1）。これまでのところ，この新興のパラダイムに基づいた模範的な意図をもつ書籍は2冊しかないようだ（Christopher et al. [1992]（英語），Blomqvist et al. [1993]（スウェーデン語））。しかし，リレーションシップ・マーケティングは，サービス・マーケティング（例えばGrönroos [1990a]，Berry & Parasuraman [1991]）ならびに生産財マーケティング（例えばHåkansson [1982]，Jackson [1985b]，Vavra [1992]）に関するいくつかの書籍において基礎を成すアプローチであることは明らかだ。関係性の諸問題について扱う文献が増え続けており（例えばJackson [1985a]，Gummesson [1987]，Sonnenberg [1988]，Grönroos [1989, 1990b]，Copulinsky & Wolf [1990]，Czepiel [1990]），リレーションシップ・マーケティングに関する議論の場が整い始めている。関係性構築の重要性は，消費財のマーケティングの領域から文献にまで浸透している（Rapp & Collins [1990] 参照）。将来的に，このマーケティング・アプローチは確

実にマーケティング研究の中心となり，主要なマーケティングのパラダイムとして位置づけられる。しかしながら，マーケティング・ミックスの長期的な悪影響を記憶に留めておくことによって，幸いにしてそれが単独で絶対的な地位を築くことはないだろう。

結びにかえて：いくつかの考察

　なぜ，マーケティング・ミックスの理論的枠組みや4Pモデルが，マーケターにとって上述のような足枷となっているのだろうか。このことに対する主たる原因は，おそらくマーケティングの講義を簡潔すぎるものにし，複雑さを排した4Psの教育的利点にある。教育者はそのシンプルなモデルのツールボックスとしての魅力に取り憑かれた。それによって彼らは，マーケティングははるかに多くの様相を伴う社会的プロセスであるという事実を忘れてしまったのだ。このことから，研究者とマーケティング・マネジャーもまた，その単純化された4Psの性質によって拘束されてしまう。その被害者はマーケティング理論と顧客である。

　マーケティング・ミックスの理論的枠組みは，かつてはマーケティング理論の発展に役割を果たしていた。しかしながら，マーケティングにおける全般的な真実としてそれが確立されると，それは益より大きな害をもたらす原因となる。最も大きな損害は，マーケティング機能とマーケターがその組織のなかでひどく孤立した存在となってしまっているという事実である。組織的観点及び心理学的見地から，マーケティング部門はすっかり隅へ追いやられた。リレーションシップ・マーケティングは，効果性を高め成功するために他部門の従業員やビジネス機能を必要とする。今日において，このことを達成するのは非常に困難である。

　さらに，マーケティング部門において編成されたマーケティング専門家は顧客から遠ざけられるかもしれない。マーケティング・ミックスのマネジメントは，マス・マーケティングに依拠することを意味する。顧客はマーケティング専門家にとって活動の対象となる数字になる。それはたいてい，市場調査報告書や市場シェアの統計値から得られる上辺だけの情報に基づいてい

る。そういった「フルタイム・マーケター」が現実の顧客と実際に全く接触することなく活動することは珍しいことではない。

マーケティング部門という概念は廃れており，マーケティング機能を何かしら他の方法で構築し直さなければならない。そうすることで，その組織は市場志向的組織になる機会が得られるだろう。つまるところ，従来のマーケティング部門は常に，組織中に市場志向と顧客への関心を拡充していく途中で立ち止まったままなのである（Piercy［1985］，Grönroos［1982, 1990a］参照）。

最後に，マーケティング・ミックスの理論的枠組みと4 Psは，マーケティングと「フルタイム・マーケター」からそれ以外の組織メンバーを遠ざけた。また，その逆でもある。マーケティングという言葉は，マーケティング機能にとって重荷となった。その他の部門や機能におけるマネジャーとその部下は，マーケティング機能に関わりたいとは思わない。しかし，リレーションシップ・マーケティングのアプローチならびに生産財マーケティングやサービス・マーケティングの現代的なモデルによると，彼らは疑いようもなくこの機能に属している。マーケティング・ミックスの理論的枠組みと4 Psの活用は，マーケティング機能が信頼性を回復するのを極めて難しくしている。ある企業はこの問題を解決するために，マーケティング部門を縮小したり全廃しただけでなく，マーケティング機能を指してマーケティングと呼ぶこと禁止した。おそらく，我々はこの種の意味論さえ必要とする。

結局，今日のリレーションシップ・マーケティング・アプローチの認識が高まるなかで我々が経験していることは，顧客との関係性をマネジメントする「本質」的なシステム志向的方法（それは，マーケティングが現実を臨む意思決定の原則から遠く離れ，そして過剰な編成によって孤立した機能になる以前にみられた）への回帰なのである。しかし，たとえマーケティング・ミックスが絶対的なマーケティングのパラダイムとして失脚し，4 Pモデルが他のモデルに置き換えられる必要が生じたとしても，4 Psそれ自体がマーケティング変数として以前よりも価値を失うというわけではない。例えば，広告，価格設定，商品のブランディングは今なお必要とされるが，加えて多くの活動や資源を伴う。だが，マーケティングの新しいアプローチや理

論的枠組みに求められるのは、より市場志向的であり、マーケティング概念が示唆するように顧客に焦点をあてることだ。何はともあれ、我々は1990年代の膨大な変化と複雑さを経験している。我々の思想や活動は1950～1960年代のパラダイムに縛られていてはならないのである。

参考文献

Abbott, L. (1955), *Quality and Competition*, New York, NY, Columbia University Press.
Alderson (1950), 'Survival and Adjustment in Organized Behavior Systems'. In: *Theory of Marketing*, (Eds) Cox, R. and Alderson, W. (Homewood, IL), Irwin, pp. 65–88.
Alderson, W. (1957), *Marketing Behavior and Executive Action*. Homewood, IL, Irwin.
AMA Board Approves New Marketing Definition. *Marketing News*, 1 March 1985.
Arndt, J. (1980), 'Perspectives for a Theory in Marketing', *Journal of Business Research*, Vol. 9, No. 3, pp. 389–402.
Arndt, J. (1985), 'On Making Marketing Science More Scientific: Role of Orientations, Paradigms, Metaphors, and Puzzle Solving', *Journal of Marketing*, Vol. 49, Summer, pp. 11–23.
Berry, D. (1990), 'Marketing Mix for the 90's Adds an S and 2 C's to the 4 P's', *Marketing News*, 24 December p. 10.
Berry, L.L. (1983), 'Relationship Marketing'. In *Emerging Perspectives of Services Marketing*. (Eds) Berry, L.L., Shostack, G.L. and Upah, G.D. Chicago, IL, American Marketing Association, pp. 25–28.
Berry, L.L. and Parasuraman, A. (1991), *Marketing Services. Competing Through Quality*. Lexington, MA, Free Press/Lexington Books.
Blankenburg, D. and Holm, U. (1990), 'Centrala steg i utvecklingen av nätverks-synsättet inom Uppsalaskolan'. In: *Uppsalaskolan och dess rötter (The Uppsala school and its roots)*, (Eds) Gunnarsson, E. and Wallerstedt, E., Uppsala University, Sweden.
Blomqvist, R., Dahl, J. and Haeger, T. (1993), *Relationsmarknadsföring. Strategi och metod för servicekonkurren. (Relationship marketing. Strategy and methods for service competition)*. Göteborg, Sweden, IHM Förlag.
Booms, B.H. and Bitner, M.J. (1982), 'Marketing Strategies and Organization Structures for Service Firms'. In: *Marketing of Services*, (Eds) Donnelly, J.H. and George, W.R. (Chicago, IL), American Marketing Association, pp. 47–51.
Borden, N.H. (1964), 'The Concept of the Marketing Mix'. *Journal of Advertising Research*, Vol. 4, June, pp. 2–7.
Brems, H. (1951), *Product Equilibrium under Monopolistic Competition*, Cambridge, MA, Harvard University Press.
Bruner, II, G.C. (1980), 'The Marketing Mix: Time for Reconceptualization', *Journal of Marketing Education*, Vol. 11, Summer, pp. 72–77.
Calonius, H. (1988), 'A Buying Process Model'. In: *Innovative Marketing—A European Perspective*. (Eds) Blois, K. and Parkinson, S. Proceedings from the XVIIth Annual Conference of the European Marketing Academy, University of Bradford, England, pp. 86–103.
Chamberlin, E.H. (1933), *The Theory of Monopolistic Competition*, Cambridge, MA, Harvard University Press.
Christopher, M., Payne, A. and Ballantyne, D. (1992), *Relationship Marketing. Bringing*

第7章 マーケティングはどこへ向かうのか?リレーションシップ・マーケティングへのパラダイムシフト

Quality, Customer Service and Marketing Together, London, Butterworth.
Clancy, K.J. and Shulman, R.S. (1991), *The Marketing Revolution. A Radical Manifesto for Dominating the Marketplace*, New York, NY, Harper Business.
Collier, D.A. (1991), 'New Marketing Mix Stresses Services', *The Journal of Business Strategy*, Vol. 12, March–April, pp. 42–45.
Copulinksly, J.R. and Wolf, M.J. (1990), 'Relationship Marketing: Positioning for the Future', *Journal of Business Strategy*, Vol. 11, July/August, pp. 116–120.
Cowell, D. (1984) *The Marketing of Services*, London, Heinemann.
Culliton, J.W. (1948), *The Management of Marketing Costs*, Boston, MA, Harvard University.
Czepiel, J.A. (1990), 'Managing Relationships with Customers: A Differentiating Philosophy of Marketing'. In: *Service Management Effectiveness*. (Eds) Bowen, D.E. and Chase, R.D. (San Francisco, CA), Jossey-Bass, pp. 299–323.
Dean, J. (1951), *Managerial Economics*, New York, NY, Prentice-Hall.
Dixon, D.F. and Blois, K.J. (1983), *Some Limitations of the 4P's as a Paradigm for Marketing*, Marketing Education Group Annual Conference, Cranfield Institute of Technology, UK, July.
Duddy, E.A. and Revzan, D.A. (1947), *Marketing. An Institutional Approach*, New York, NY, McGraw-Hill.
Fisk, G. (1967), *Marketing Systems*, New York, Harper & Row.
Fisk, G. and Dixon, D.F. (1967), *Theories of Marketing Systems*, New York, Harper & Row.
Frisch, R. (1933), 'Monopole–Polypole—la notion de la force dans l'economie', *Nationalokonomisk Tidsskrift*, Denmark, pp. 241–259.
Grönroos, C. (1979), *Marknadsföring av tjänster. En Studie av marknadsföringsfunktionen i tjänsteföretag* (Marketing of services. A study of the marketing function of service firms). With an English summary (diss.; Swedish School of Economics and Business Administration Finland). Stockholm, Akademilittertur/Marketing Technique Center.
Grönroos, C. (1982), *Strategic Management and Marketing in the Service Sector*, Helsingfors, Finland: Swedish School of Economics and Business Administration (published in 1983 in the U.S. by Marketing Science Institute and in the UK by Studentlittertur/Chartwell-Bratt)
Grönroos, C. (1989), 'Defining Marketing: A Market-Oriented Approach', *European Journal of Marketing*, Vol. 23, No. 1, pp. 52–60.
Grönroos, C. (1990a), *Service Management and Marketing. Managing the Moments of Truth in Service Competition*, Lexington, MA, Free Press/Lexington Books.
Grönroos, C. (1990b), 'Relationship Approach to the Marketing Function in Service Contexts: The Marketing and Organizational Behavior Interface', *Journal of Business Research*, Vol. 20, No. 1, pp. 3–12.
Grönroos, C. (1991), 'The Marketing Strategy Continuum: A Marketing Concept for the 1990's', *Management Decision*, Vol. 29, No. 1, pp. 7–13.
Grönroos, C. and Gummesson, E. (1985), 'The Nordic School of Service Marketing'. In *Service Marketing—Nordic School Perspectives*, (Eds) Grönroos, C. and Gummesson, E., Stockholm University, Sweden, pp. 6–11.
Gummesson, E. (1987), 'The New Marketing—Developing Long-Term Interactive Relationships', *Long Range Planning*, Vol. 20, No. 4, pp. 10–20.
Gummesson, E. (1990), *The Part-Time Marketer*, Karlstad, Sweden, Center for Service Research.
Hansen, H.L. (1956), *Marketing: Text, Cases and Readings*, Homewood, IL, Irwin.
Håkansson, H., (Ed.) (1982), *International Marketing and Purchasing of Industrial Goods*, New York, NY, Wiley.
Jackson, B.B. (1985a), 'Build Customer Relationships That Last', *Harvard Business Review*,

Vol. 63, November/December, pp. 120-128.
Jackson, B.B. (1985b), *Winning and Keeping Industrial Customers. The Dynamics of Customer Relationships*, Lexington, MA, Lexington Books.
Johanson, J. and Mattsson, L-G. (1985), 'Marketing Investments and Market Investments in Industrial Networks', *International Journal of Research in Marketing*, No. 4, pp. 185-195.
Johnson, A.A. (1986), 'Adding more P's to the Pod or—12 Essential Elements of Marketing', *Marketing News*, 11 April p. 2.
Judd, V.C. (1987), 'Differentiate with the 5th P: People', *Industrial Marketing Management*, Vol. 16, November, pp. 241-247.
Kelly, E.J. and Lazer, W. (1973), *Managerial Marketing*, Homewood, IL, Irwin.
Kent, R.A. (1986), 'Faith in Four P's: An Alternative', *Journal of Marketing Management*, Vol. 2, No. 2, pp. 145-154.
Keely, A. (1987), 'The "New Marketing" Has Its Own Set of P's', *Marketing News*, Vol. 21, 6 November, pp. 10-11.
Kjaer-Hansen, M. (1945), *Afsaetningsokonomi* (Marketing), Copenhagen, Denmark, Erhvervsokonomisk Forlag.
Kock, S. (1991), *A Strategic Process for Gaining External Resources through Long-Lasting Relationships*, Helsingfors/Vasa, Finland, Swedish School of Economics and Business Administration.
Kotler, P. (1986), 'Megamarketing', *Harvard Business Review*, Vol. 64, March/April, pp. 117-124.
Kotler, P. (1991), *Marketing Management. Analysis, Planning, and Control*, 7th ed., Englewood Cliffs, NJ, Prentice-Hall.
Kotler, P. (1992), *'It's Time for Total Marketing', Business Week ADVANCE Executive Brief*, Vol. 2.
Lambert, D.D. and Harrington, T.C. (1989), 'Establishing Customer Service Strategies within the Marketing Mix: More Empirical Evidence', *Journal of Business Logistics*, Vol. 10, No. 2, pp. 44-60.
Langeard, E. and Eiglier, P. (1987), *Servuction. Le marketing des Services*, Paris, Wiley.
LeDoux, L. (1991), 'Is Preservation the Fifth "P" or Just Another Microenvironmental Factor?' In: *Challenges of New Decade in Marketing Education*, (Eds) McKinnon, G.F. and Kelley, C.A., Western Marketing Educators' Association, pp. 82-86.
Lipson, H.A. and Darling, J.R. (1971), *Introduction to Marketing: An Administration Approach*, New York, NY, Wiley.
Mason, B. and Mayer, M.L. (1990), *Modern Retailing Theory and Practice*, Homewood, IL, Irwin.
McCarthy, E.J. (1960), *Basic Marketing*, Homewood, IL, Irwin.
McKenna, R. (1991), *Relationship Marketing. Successful Strategies for the Age of the Customer*, Reading, MA, Addison-Wesley.
Mickwitz, G. (1959), *Marketing and Competition*, Helsingfors, Finland, Societas Scientarium Fennica (available for University Microfilms, Ann Arbor, MI).
Mickwitz, G. (1966), 'The Copenhagen School and Scandinavian Theory of Competition and Marketing'. In: *Readings in Danish Theory of Marketing*, (Ed.) Kjaer-Hansen, M., Copenhagen, Denmark, Erhvervsokonomisk Forlag (originally published in Det Danske Marked, May 1964).
Mickwitz, G. (1982), 'Non-linearities in the Marketing Mix of International Trade', *Discussion and working papers*, No. 168, University of Helsinki, Finland.
Möller, K. (1992), 'Research Traditions in Marketing: Theoretical Notes. In: *Economics and Marketing. Essays in Honour of Gösta Mickwitz*, (Eds) Blomqvist, H.C., Grönroos, C. and Lindqvist, L.J. Economy and Society, No. 48, Helsingfors, Finland, Swedish

第7章 マーケティングはどこへ向かうのか？リレーションシップ・マーケティングへのパラダイムシフト

School of Economics and Business Administration.
Piercy, N. (1985), *Marketing Organisation. An Analysis of Information Processing, Power and Politics*, London, George Allen & Unwin.
Rapp, S. and Collins, T. (1990), *The Great Marketing Turnaround*, Englewood Cliffs, NJ, Prentice-Hall.
Rasmussen, A. (1955), *Pristeori eller parameterteori—studier omkring virksomhedens afsaetning* (Price theory or parameter theory—studies of the sales of the firm). Copenhagen, Denmark, Erhvervsokonomisk Forlag.
Reichheld, F.E. and Sasser, Jr, W.E. (1990), Zero Defections: Quality Comes to Service, *Harvard Business Review*, Vol. 68, September/October, pp. 105–111.
Robinson, J. (1933), *The Economics of Imperfect Competition*, London, Macmillan.
Shugan, S. (forthcoming), *Marketing and Managing Services. A Context Specific Approach*, Homewood, IL, Dow Jones-Irwin.
Sonnenberg, F.K. (1988), 'Relationship Management Is More Than Winning and Dining', *Journal of Business Strategy*, Vol. 9, May/June, pp. 60–63.
Stackelberg, H. von (1939), 'Theorie der Vertriebspolitik und der Qualitätsvariation', *Schmollers Jahrbuch*, 63/1.
Staudt, T.A. and Taylor, D.A. (1965), *Marketing. A Managerial Approach*, Homewood, IL, Irwin.
Traynor, K. (1985), 'Research Deserves Status as Marketing's Fifth "P"', *Marketing News* (special marketing manager's issue), 8 November.
Van den Bulte, C. (1991), 'The Concept of Marketing Mix Revisited: A Case Analysis of Metaphor in Marketing Theory and Management', *Working Paper*, State University of Ghent, Belgium.
Vavra, T.G. (1992), *Aftermarketing. How to Keep Customers for Life Through Relationship Marketing*, Homewood, IL, Business One Irwin.
Waterschoot, W. van and Van den Bulte, C. (1992), 'The 4P Classification of the Marketing Mix Revisited', *Journal of Marketing*, Vol. 56, October, pp. 83–93.

第8章　リレーションシップ・マーケティング：組織の課題[※]

　リレーションシップ・マーケティングは，マーケティングの新しいパラダイムとして興ってきた。だが，マーケティングへの関係性アプローチは，マーケティングの多くの根本的な基礎に疑問を呈している。例えば，マーケティング変数の定義について，役立つ組織的ソリューションとしてのマーケティング部門について，その他にもマーケティング資源や活動の効果的な計画方法としてのマーケティング計画について，である。もし企業がリレーションシップ・マーケティング・アプローチを採用するのであれば，既存の多くの思考や行動や構造は再考されなければならない。本章では，そのような行動や構造に疑問を投げかけ，リレーションシップ・マーケティングの実践について8つの基礎的な観点を提案する。

　マーケティング・ミックスの概念は，第二次世界大戦後に徐々に開発され，4Pモデルは1960年頃導入された（McCarthy[1960]）。第二次世界大戦時代の後の産業社会では，必然的にマーケティング・ミックスのマネジメントならびにマーケティングへの取引アプローチが，多くの市場におけるほとんどの産業に役立っていた。マーケティング・ミックスのマネジメントの興りは，西欧諸国において産業社会がそのライフサイクルのピークに達したときと一致する。

　しかし，その時代から特に西欧諸国においては市場の状況が変わってきた。その理由としては色々とあるが，例えばポスト産業社会が興ってきたた

[※] Reprinted from the *Journal of Business Research*, vol. 46(3). Grönroos, C. Relationship Marketing: Challenges for the Organization. Copyright ⓒ 1999, pp. 327-335 with permission from Elsevier.

第Ⅱ部　リレーションシップ・マーケティング

めである。まず，かつて支配的であったマス市場はだんだん崩壊し始めた。次に，顧客はもはや不特定多数の存在に耐えられず個人として対応することを望み，そして彼らはより洗練されていくことになる。3つ目に，市場がさらに成熟している。4つ目に，競争が増加しその舞台はグローバル規模にまで広がっている。5つ目に，市場への提供物は標準化されなくなった。なぜなら，多くの状況において，顧客がそうすることを望み，新しいテクノロジーは過去ではほぼ不可能な方法でそれを可能にしたからである。

　リレーションシップ・マーケティングは，1990年代をつうじてマーケティング関連の文献において議論されてきたマーケティングの新興のパースペクティブである。マーケティングの実践において，リレーションシップ・マーケティングは時代とともに注目を集めるようになっている。マーケティングへの関係性アプローチは新しいパラダイムであるが，それはマーケティングという現象のルーツに遡るものであると考えられている（Sheth & Parvatiyar［1995］）。この新しいアプローチは，マーケティング・ミックスのマネジメントにおけるマス・マーケティング志向に対して，マーケティング・ミックスのツールとしてではなく，マーケティング現象を観察する代替の方法として捉えることができる。

　代替するパースペクティブとしてのリレーションシップ・マーケティングは，基本的なマーケティング構造の再形成を要する。本章の目的は，構築されたマーケティングの行動や構造をどのように再考する必要があるのか，議論することである。つまりそれは，マーケティングの根本的な基礎に疑問を投げかけることである。リレーションシップ・マーケティングを捉える8つの基礎的な観点が体系づけられ，議論される。これらの観点は，検証され得る正式な提案として系統立てて述べられていない。むしろ，それらは深く理論的かつ経験に基づく研究に対して思考を刺激する提案として示される。だが，その観点のうち6つは，ニュージーランドとカナダでの定量調査及び質的調査から得られたデータを用いて検証された。予備調査の結果によると，最後（第8）の観点以外の全ては支持され，そして興味深いことに，検証されていないふたつの観点（第4と第7）は質的調査から得られた（Brodie［1997］）。

第8章　リレーションシップ・マーケティング：組織の課題

リレーションシップ・マーケティング：1990年代以降のマーケティングのパラダイム

　マーケティング・ミックスの4Psのマネジメントを基本とする取引志向的なマス・マーケティングは，今なお有効なマーケティング・アプローチであり，特に消費財のマーケターにとってそれは確かな事実だ。しかしながら，1970年代から，関係性の構築とマネジメントを基本とする別のマーケティング・アプローチが，マーケティングの研究及び実践における多様なコンテクストで発生した。この新しいアプローチの要素は，スカンジナビア及び北欧で発生し，しだいに西欧諸国の他の地域に広まっていくふたつの研究の潮流において明確になった。このふたつの研究の潮流とは，マネジメントとマーケティングをサービスの観点から検討する（Grönroos & Gummesson［1985］，Berry & Parasuraman［1993］参照）「ノルディック学派（Nordic School of Service）」，ならびに生産財ビジネスの理解のためにネットワークならびに相互作用のアプローチをとる（Håkansson［1982］，Håkansson & Snehota［1995］参照）「IMPグループ」である。これらのふたつの学派の共通項は，マーケティングは機能というよりもマネジメントの問題であるということと，マーケティングのマネジメントはたいてい関係性を基盤として開発され取引のみでは充分ではないということだ。

　関係性の構築とマネジメントは，1970年代後半からノルディック学派とIMPグループの両方にとって思想の基盤になっている。しかしながら，術語としての「リレーションシップ・マーケティング」は，米国でBerry［1983］によって初めて用いられたのだが，1980年代の終わり頃まで一般的に使われることはなかった。1990年代に入り，リレーションシップ・マーケティングのパースペクティブは，米国（Kotler［1992］，Webster［1994］，Hunt & Morgan［1994］，Sheth & Parvatiyar［1995］）のみならず，英国やオーストラリア（Christopher, Payne & Ballantyne［1992］，Brodie, Coviello, Brookes, Richard & Little［1997］）でもその関心を集めた。関係性志向のマーケティングの多様な領域で用いられるその概念は幾分かズレが

生じ，そしてその観点はどこか違っているのだが，サービス財とそのマネジメント及びマーケティングの方法を理解することは，リレーションシップ・マーケティングの本質を理解する重要なことだと考えられる。またそれとは別に，ネットワーク（Håkansson & Snehota［1995］）とパートナーシップ（Hunt & Morgan［1994］）のマネジメント方法，ならびに統合型マーケティング・コミュニケーションの概念を活用する方法を理解することも重要である（Schultz［1996］，Stewart［1996］）。しかしながら，関係性アプローチを用いるとき，全ての企業はサービス財を提供する（Webster［1994］）。「サービス競争が全企業にとって実質的に成功の鍵であり，生産物がサービスとして定義づけられなければならないとき，あらゆるビジネスはサービスビジネスとなる（Grönroos［1996］p.13）」。

当該文献において，リレーションシップ・マーケティングの定義に関する同意がなされていない。たくさんある定義には共通点がみられるが，多少異なる。関係性アプローチに則り，理解しやすいその定義（Grönroos［1989, 1990, 1997］）を次のように説明することができる。

　　マーケティングとは，利益を得て，あらゆる関係者の目的と合致されるように，顧客やその他のステークホルダーとの関係性を特定し，構築し，維持し，向上させ，そしてときには，必要に応じて解消することである。これは，相互交換と誓約の達成によってなされる（Grönroos［1997］p.407）。

そのようなマーケティング・アプローチの重要項目は，顧客獲得や取引を形成すること（特定と構築）だけでなく，継続中の関係性を維持し向上させることも同様に重要であり，そして誓約を交わすことがマーケティングの唯一の責務ではなく，その誓約は達成されもしなければならないのだ（Calonius［1988］）。有益なビジネスの関係性は，顧客やその他のステークホルダーに自社とそのパフォーマンスを信頼させる能力，そして魅力的なビジネスパートナーとして自社を築き上げる能力に依拠する（ビジネスの関係性のなかで「魅力」の概念を議論している Halinen［1994］参照）。

第8章 リレーションシップ・マーケティング：組織の課題

　内容の範囲の広さと主張の強さによって一様ではないが，文献にみられるリレーションシップ・マーケティングのほとんどの定義は似通った意味をもつ（Christopher, Payne & Ballantyne [1992], Blomqvist, Dahl & Haeger [1993], Hunt & Morgan [1994], Sheth & Parvatiyar [1994], Gummesson [1995]）。例えば，Sheth & Parvatiyar [1994] は，リレーションシップ・マーケティングについて，「継続中のサプライヤー及び顧客と共同して行なわれるビジネスの関係性を理解し，説明し，マネジメントすること（p.2）」と説明している。その一方で Gummesson（[1995] p.16）は，リレーションシップ・マーケティングを関係性，相互作用，ネットワークに基づくマーケティング・アプローチとして定義している。

　より汎用な言葉で説明された Grönroos によるマーケティングへの関係性志向アプローチ（リレーションシップ・マーケティング）の定義が，全般に通用する定義とされる。すなわち，「マーケティングとは，企業の市場関係性をマネジメントすることである（Grönroos [1996] p.11）」。この定義は，企業とその環境間にみられる関係性に連関する現象としてのマーケティングの根本的な観念を含んでいる。それは，マーケティングは，企業が直面する環境への対処行動のための組織的準備ならびにその遂行に必要とされるあらゆる貢献を含むということを指摘している。もちろん，市場は複数種類存在する。例えば，顧客，流通業者，サプライヤー，共同パートナーのネットワークである。

　リレーションシップ・マーケティングは，新しい現象ではない（Sheth & Parvatiyar [1995]）。むしろ，それは，科学的管理法が用いられる以前の，また提供者と顧客との間の関係性を断ち切ってしまう仲介者が発生する以前の「商業取引のルーツ」と呼ぶことができるものへの回帰である。マーケティングは，関係性のマネジメントを基盤とする。西欧諸国における経済発展の歴史のなかでみられた大量生産・大量流通・大量消費への方針は，富の創造によく役立ったが，それによってこのマーケティングの基本的な性質を保つのが難しくなった。本章で既述のとおり，今日我々は新しいビジネス環境とマーケティングの課題を伴うポスト産業社会に既に身を置いている。つまり，マーケティングはそのルーツに回帰しなければならない。

リレーションシップ・マーケティングのどの定義においても，明確に「交換（exchange）」（Baggozzi［1975］）の概念（およそ20年もの間マーケティングの根本と考えられていた）に言及したものはない。交換への焦点は，あまりに偏狭なものの見方だと考えられる。関係性はひとつのものの見方でもある。つまり，関係性は交換よりもずっと多くを含む。もし二者間あるいは複数者間の信用できる関係性がその市場に存在するのであれば，交換は必然的に生じる。だが，提供物と金銭との交換が生じる場合，継続中の関係性には対処しなければならないより多くのものごとが存在する。関係性は（そのなかで生じる交換よりも）研究の基本単位となる。したがって，マーケティングの基礎となる概念は，関係性のなかで生じる単一の交換ではなく，関係性そのものなのである。関係性は，いくつかのレベルでの分析がなされ得る。例えば，関係性，シークエンス，エピソード，行為，そしてステップのレベルであり，それらは Holmlund ［1996］ によって提案され，Wrange ［1997］ によってさらに開発された。

リレーションシップ・マーケティングの観点から問われるマーケティングの基礎

主流のマーケティングの教科書と研究の広い範囲で優位性を保っているマーケティング・ミックスのマネジメントは，次のような「基礎」をもつ。すなわち，マーケティング・ミックスそれ自体，商品コンセプト，マーケティング部門，マーケティング計画，市場セグメンテーション，市場調査と市場占有率の統計である。リレーションシップ・マーケティング・アプローチがとられるとき，それらのいずれも主流のマーケティングと同様に扱われることはない。それらは，マーケティングに対する取引志向アプローチが有効であり，マーケティングのタスクとして顧客獲得が大部分を占める状況下において開発される。マーケティングが関係性を基礎とし，顧客維持が顧客獲得と少なくとも同等に重要だと考えられるとき，マーケティングとその効果の分析，計画，実行，モニタリングのための新しい構造が必要とされる。実際に我々は，既存の構造と行動において大きな変化が必要だと主張する。次節

からは，これらのマーケティングの6つの基礎について，リレーションシップ・マーケティング哲学への変遷に着目し分析され，関係性志向的構造が提案される。

マーケティングの変数と資源

　マーケティング・ミックスと4Pモデルは，マーケティングの一部と考えられる変数を定義する。今日，その"P"がマーケティング変数として廃れているわけではないが，しばしばマーケティング・ミックスと4Psの考え方の基盤が，西欧諸国の多くの産業で起こった競争状況に上手く適合しない。マス・マーケティングや取引志向，ならびに顧客と敵対するアプローチは，企業がその市場活動を今日高まり続ける顧客の需要（例えば，中核的な生産物を含めた価値の向上，生産物に付随する信頼できるサービス，顧客やサプライヤーや流通業者との信頼できる関係性）に適応するのを阻害する。Dixon & Blois [1983] は，「なるほど，顧客（何かがなされるための誰か）の興味に関心を示すことから遠く離れた4Psのアプローチに内在するものの見方は，顧客は何かがなされる誰かであるということだ，という主張に違和感がない！（p.4）」と述べている。より洗練された顧客，市場の成熟，グローバル競争の高まりを伴って，顧客に対するこのアプローチは以前と同様にマーケターにとって有益なものとはならない。競争環境下にあっては，敵対的なアプローチよりも協働のほうが今日の市場環境におけるマーケティングに適した基盤となる。

　マーケティング・ミックスが，関係性志向的なマーケティング・アプローチに必要とされる広告やその他マーケティング・コミュニケーションの手段，販売，価格設定といった変数をもつことは明白である。だが，意思決定領域において予め定められた複数のグループから構成されるマーケティング・ミックスは，マーケティングとして共に計画されるべきものである，という基本信条に対して疑問が呈される。それは，顧客が匿名の存在であり，その市場提供物は大量消費財のような幾分単純な生産物であるといった状況に適している。企業がその顧客（あるいは流通業者やサプライヤー）を特定

できるとき，関係者と従業員間の相互作用が起こるとき，既存顧客に再購買への興味をもたせることが重要であるとき（Reichheld & Sasser［1990］），マーケティングの影響力は，マーケティング部門に属するフルタイム・マーケターの活動に加えて，「パートタイム・マーケター（Gummesson［1987］）」といった数多くの従業員によって，また組織内のその他の資源によって生み出される。したがって，マーケティングの変数は，場合によってまちまちであるため，予め定められるものではなく，また例えば，生産とオペレーション，配送，顧客サービス，その他多数の業務プロセスに関連する活動から切り離すこともできない。リレーションシップ・マーケティングにおけるマーケティング変数の性質を理解する方法に関する最初の観点を以下のとおり示すことができる。

観点1：リレーションシップ・マーケティングにおいて，企業は一揃いのマーケティング変数を予め定めることはできない。その代わり，あらゆる既存顧客や潜在顧客との関係性の段階と特徴に依拠することになるが，それは価値を創造し満足度を高めることで期待どおりのマーケティングのインパクトを生み出すあらゆる資源と活動（組織内のどこに位置づけられていたとしても）を活用しなければならない。

市場提供物

　マーケティングの文献では，生産物のコンセプトから企業のポジションが見てとれるとされる。生産物（物財やサービス財）を中心にマーケティングは回っている。4Pモデルを用いることで，生産物は，価格設定，販売促進，流通がなされ得るように開発されパッケージングされなければならない。生産物は，技術的な中核だけではなく，梱包や保証のような付加的なサービスも含め複雑なものになりかねないが，マーケティング・プロセスの開始前に多少なりとも創られると考えられる。顧客が抱える問題に対するソリューションとして提供されるというその現象の捉え方は，取引志向的であ

第8章　リレーションシップ・マーケティング：組織の課題

る。もし取引が所定の瞬間になされるのであれば，その生産物は存在しなければならない。取引あるいは交換がマーケティングの焦点である限りは，既製の生産物が必要とされる。だが，その焦点が単一の交換から関係性へと移されるとき，どのようにして顧客が抱える問題に対するソリューションを開発するか，という全く異なる観点が生まれる。

　生産物（物財やサービス財）に内在する技術的ソリューションは，問題に対する良いソリューションのための前提条件でしかない。加えて，顧客は，例えば，良く管理された提供，サービスとメンテナンス，情報，顧客志向的なクレーム対応業務，ならびに業務遂行時，顧客のニーズや要求に対する関心とサービス志向的な態度（思考）及び行動を示すサービス志向的かつ技術力のある従業員を期待する。さらに，顧客は問題解決のためとはいえ，余計な時間をかけたくないものだ。

　顧客が抱える問題へのソリューションを関係性の観点から捉えるとき，従来の生産物は透明度を増しわかりやすいものになる。事実として，たいてい競合するいくつかの企業は同様の「生産物」を提供している。大切なことは，継続を基本として顧客をケアする総体的なシステムをつくりあげる企業の能力であり，それによって顧客は競合他社からよりも既存のサプライヤーやサービス企業からより良い提供を受ける（Levitt［1969］）。したがって，顧客への総体的な「サービス提供（service offering）」を設計しなければならないということにも頷ける。そのとき，技術的ソリューション，すなわち「生産物」は数ある資源のなかのひとつにすぎない。顧客の問題に対するソリューションをこのようにして捉えるとき，ふたつのことがわかる。まず，生産物は，予定調和として存在しない。次に，望ましい総体的な提供が実現できるように企業がその資源を管理するとき，そのソリューションは時間の経過とともに開発されていく。

　必要なものは，時間をかけて顧客のニーズと要求に多様な資源を適合させる制御システムである。当然ながら，ある程度前もって作られた技術的ソリューション（生産物）は常に必要とされるが，それはその提供を形成していくために用いられる多くの技術のなかのひとつにすぎない。顧客志向的な制御システムをつうじて管理されなければならない資源は，例えば次のような

カテゴリーに分類することができる。すなわち，人，技術，知識，時間である（Grönroos［1997］）。時間はもちろん，企業が顧客の時間をどのように効果的かつ効率的に管理するかということに言及する。人には，従業員と顧客の両者が含まれる。顧客もまた資源となる。なぜなら，継続中の関係性のなかで起こっている大半のことは顧客による情報，自発性，行動に基づいているためである。したがって，リレーションシップ・マーケティングのコンテクストにおいて生産物の概念に取って代わる，総体的な提供についての第2の観点を以下のとおり示すことができる。

　　観点2：リレーションシップ・マーケティングにおいて，企業は前もって用意される生産物に頼ることはできない。それは，従業員，技術，知識，顧客の時間，顧客といった資源を開発しなければならない。また，納得のいく総体的なサービス提供が持続して実施される方法で関係性が続く間，これらの資源を管理する制御システムを構築しなければならない。

組織的ソリューション

　マーケティング部門（多様な小部門に属するマーケティング専門家を含む）は，マーケティング活動を管理し，計画し，実行するための従来の組織ソリューションである。この機能主義的な組織ソリューションは，マーケティング・ミックスのマネジメント・アプローチに固有のものであり，科学的管理法（Taylor［1947］）の一般原則にしたがうものである。しかしながら（大量消費財のケースは除く），マーケティングは，もはやマーケティング専門家にのみ許されたタスクではない。マーケティングは組織中に広まっており，このことはサービス業及び製造業において，増え続ける企業の多くにとって事実である（Gummesson［1987］，Grönroos［1990, 1995］）。

　マーケティングとマーケターは，しだいに組織のなかで孤立していった。別の文脈で観察したように，「組織的観点及び心理学的見地から，マーケティング部門は端へ追いやられた（Grönroos［1994］p.356）」。マーケティン

グ部門は，マーケティング部門の外側にいる他の組織メンバーが，(Gummesson [1987] の造語を用いると)「パートタイム・マーケター (part-time marketer)」としての役割を演じることに影響を与えることはできない。パートタイム・マーケターは，マーケティング部門外にいる従業員であり (つまり，マーケティング専門家ではない)，彼らは例えば，メンテナンスや製品の配送，クレーム対応，電話応対といった多様な職種の専門家であり，彼らの態度と仕事のやり方はその企業ならびにその市場提供物の品質に対する顧客の認識に影響を与える。したがって，彼らは二重の責任をもつ。すなわち，自らの職務をしっかり行ない，そしてそうすることで，マーケティングの印象を良くすることである。

Gummesson は，生産財市場ならびにサービスビジネスにおいては，たいていの場合，パートタイム・マーケターのほうがフルタイム・マーケター (つまり，マーケティング部門や販売部門の専門家) よりも数倍の人数が存在する，と主張している。さらに彼は，「マーケティング部門や販売部門 (フルタイム・マーケター) は，そのスタッフとして適切な場所と時間に存在し顧客との適切な接触ができず，マーケティングの限定的な部分しか扱うことができない (Gummesson [1990] p.13)」。したがって，パートタイム・マーケターは数のうえでフルタイム・マーケターに勝るだけでなく，専門家にもなり得る。すなわち，マーケティングが影響力をもち顧客満足に基礎がおかれるとき，しばしば彼らが決定的な瞬間において唯一活躍できるマーケターとなるのだ (Normann [1983])。また，マーケティング部門は，パートタイム・マーケターのタスクを計画することができなかったり，どうしても彼らの態度やパフォーマンスに責任をもつことはできない。結局のところ，従来のマーケティング部門は，市場志向や顧客への関心を組織中に広めることを阻害する (Piercy [1985], Grönroos [1982, 1990])。

さらには，マーケティング部門に所属する専門家は顧客から遠ざけられる存在となる。マーケティング・ミックスのマネジメントはマス・マーケティングに依拠することを意味する。顧客はマーケティング専門家にとって数字となり，したがって彼らの行動はたいてい市場調査や市場シェアの統計から得られた表面上の情報に基づいている。しばしば，そういったフルタイム・

マーケターは実際の顧客と接触することなく行動する。我々がサービス企業の研究において1982年という早い時期に主張したように，従来のマーケティング部門は，顧客志向を企業にとって縁遠いものとし他部門の従業員にマーケティングへの関心をもたせにくくしている（Grönroos［1982］）。

　マーケティング資源（すなわち，パートタイム・マーケター）は組織中で見ることができるため，トータルのマーケティング活動が従来のマーケティング部門の形態に組織化されない。マーケティングの責任は組織全体に広められなければならない。さらに，たいていの場合，マーケティング部門の長は，パートタイム・マーケターによるマーケティングの影響に対して責任を負うこと，ならびに顧客にマーケティングの印象を与えるオペレーションや管理のためのシステム及び設備への投資に決定的な影響を与えることはおそらく不可能である。トップマネジメントあるいは，例えば支社や部局の長のみがその責任を負うことができる。

　当然，マーケティングの専門家は，市場調査，広報計画，ダイレクト・マーケティングといった基本的なフルタイム・マーケティング活動の実行に今でも必要とされている。加えて，顧客に関する専門家であるので，内部におけるマーケティングのファシリテーター（つまり，企業内のコンサルタント）としてトップマネジメントをアシストできる。Berry［1986］が主張するように，「サービス・マーケティングのディレクターは，顧客への（最初の）購買促進のみならず，従業員のパフォーマンスも促進（及び手助け）させなければならない（p.47）」。マーケティングの専門家は，マネジメント層及び非マネジメント層の従業員にパートタイム・マーケティングの特徴や目的やその適用について教育することをつうじて，パートタイム・マーケターに自らに課せられたマーケティングの責任を理解させ受け容れさせることを可能にし，パートタイム・マーケターが行動しやすいようにするための道具やシステムへの投資のサポートに注力することができ，そして組織内における優良な品質の確かなサポーターになり得る（Berry & Parasuraman［1991］）。新しいマーケティングのタスクに対する準備がその組織にしっかり整っているのであれば，インターナル・マーケティングがリレーションシップ・マーケティングにおける重大な課題になる（Grönroos［1990］）。リ

レーションシップ・マーケティングに関する論文では，Bitner［1995］は，企業は誓約を作成し取り交わす業務だけでなく，もしマーケティングを成功させたいのであれば，その誓約を達成できるようにするタスク・マネジメントも行なう必要がある，と強調している。

企業におけるマーケティングの専門家集団が拡大しすぎて支配的な存在となってしまうと，市場志向及び顧客志向に関して問題が生じるだろう。パートタイム・マーケターは，マーケターとしての自らの責任を理解したり受け容れないかもしれない。したがって，以下にマーケティングの編成方法について第3の観点，ならびにパートタイム・マーケターのためのマーケティングの職務に対する準備について第4の観点を示す。

観点3：リレーションシップ・マーケティングでは，マーケティングを別個の組織ユニットとして編成することはできない。それよりも，マーケティングの意識を組織全体に開発しなければならない。だが，マーケティング専門家は従来のマーケティング活動のために必要とされ，さらにマーケティングの意識を浸透させられるようにトップマネジメントに対する企業内コンサルタントとしても必要とされる。

観点4：リレーションシップ・マーケティングの実行は多数のパートタイム・マーケターのサポートに依拠するため，企業は，パートタイム・マーケターがそのマーケティングの職務を理解し受け容れ，そして顧客志向的方法で行動するために必要なスキルを修得できるよう，インターナル・マーケティング・プロセスを開発しなければならない。

マーケティング計画

マーケティング計画は，マーケティング部門の活動とその活動のための予算を計画・開発するプロセスである。ほぼ全てのマーケティング活動がマー

第Ⅱ部　リレーションシップ・マーケティング

ケティング部門の手中にある限り，従来のマーケティング計画が採用されることになる。だが，多くのあるいは大部分のマーケティングの影響がマーケティング部門の責任を伴わない活動の結果に依る状況においては，当該部門が別の場所でその活動を計画し，そしてこれを「マーケティング計画」と呼ぶ意味はない。当然，そのような計画にはリレーションシップ・マーケティングの実行に必要なものが部分的に含まれる。しかし，従来のマーケティング計画における諸活動と同じ観点から捉える顧客像に基づいて他の部分も計画されなければならないため，今日ではますますそのような計画がなされてしまっている。マーケティング部門内でなされる「マーケティング計画」の準備だけでは，その企業の総体的なマーケティング活動は顧客の認識から逸脱して計画されてしまう。それは，例えば，人材マネジメントや生産やオペレーションの一部として計画される効果を打ち消したり，反対にそれらの計画によって打ち消されるようなマーケティング計画に容易くなり得る。その結果は，良く計画されたマーケティングではない。「マーケティング計画」と呼ばれるものは，潜在顧客ならびに既存顧客に誓約を提供する企業による（外部市場への，つまりエクスターナル）マーケティング活動しか対応できないのかもしれない。インタラクティブ・マーケティングの活動ならびにパートタイム・マーケターのパフォーマンスや思考（態度）や行動は，顧客の心理的観点をもって計画されていない。そのため，誓約の達成方法については，マーケティングの立場から上手く計画されない。もしトップマネジメント及びマーケターや他部門の従業員がそのようなマーケティング計画を企業内において信じているのであれば（しばしばそうであるようだ），そのマーケティングの概念（すなわち，企業の計画プロセスにおいて顧客の関心を記憶しておくべきだという考え）は実現されない。

　マーケティング資源は，マーケティング部門内だけでなく組織中にみられるため，マーケティングは，従来の形式（他機能と接続していないマーケティング計画）で計画され得ない。だが，例えば，生産やオペレーション，人材，システムや設備への投資といった他所で計画されるマーケティングの資源や活動の強い影響力の真価は認められるはずである。そのような影響力をもつあらゆる資源と活動は，どこの部門に存在していたとしても統合されな

ければならない。これは，関係性の構築だけでなく，関係性の構築と維持の考えに基づく一貫した企業計画においてのみ可能となる。初期の研究（Grönroos [1982]）で結論したように，市場志向という観念は市場志向的企業計画をつうじてあらゆる計画に浸透されなければならない。そうすることで，この計画は統治機能をもつ関係性計画として役立つだろう。したがって，関係性に着目し，マーケティングを計画する方法について第5の観点を以下に示す。

> 観点5：リレーションシップ・マーケティングは，従来のマーケティング計画に制限を受けない。そうではなく，市場志向が統治機能をもつ関係性計画としての市場志向的企業計画をつうじて，あらゆる計画に浸透され統合されなければなければならない。

顧客ベースの個別化

マーケット・セグメンテーション（Smith [1956]）とは，市場全体のなかから同質の顧客の小集団を特定し評価するプロセスである。市場が顧客を不特定のマスとしてみることができていた頃までは，マーケット・セグメンテーションはマーケティングに対して上手く機能していた。しかし，顧客はもはや数字として扱われるのを好まなくなり，個人として対応してほしいと望むとき，従来どおりのマーケット・セグメンテーションの考え方は有効ではなくなってしまう。多くの場合において，何かしら類似する数字上のグループを特定することはセグメンテーションに今でも有効な方法であるが，企業にとって既存顧客や潜在顧客を世帯や組織を代表する個人として特定することがしばしば重要になってくる。市場を「個別化（individualizing）」することは，マーケティングにとって単に市場を分類することよりも重要となる。収益性の観点から，その個人のより大きな購買率を獲得することのほうが，特定のマーケット・セグメントでより多くの顧客数を獲得するよりも良いとされる（Storbacka [1997]）。

リレーションシップ・マーケティングは，誰だかわからない人ではなく世

帯や組織を代表する個人として扱われるべき本人と確認できる顧客との関係性の考え方に基づいているため，従来のセグメンテーションは適当ではない。巨大セグメントのビジネスの一部を得るかわりに，企業はあらゆる個人顧客のビジネスを可能な限り多く得る努力をすべきである（Peppers & Rogers [1993]）。もちろん，それでもマーケット・セグメンテーションを背景とした基本的な考えは間違っているわけではない。だが，セグメンテーションの本質が劇的に変わってしまっている。平均値に基づいて不特定の顧客の同質的な集団を分類するのでは，もはや不充分である。例えば，顧客情報ファイル（Vavra [1994]）やその他のデータベースといった形式の詳細かつ個別化されたずっと多くの情報を集めて編集しなければならない。当然，マス市場で活動する企業は，限られた顧客数をもつ企業と同量の個人別かつ有益なファイルを開発することができない。しかしながら，基本原則はいずれの状況下においても同じであるべきだ。したがって，顧客ベースの管理方法について第6の観点を以下に示す。

　　観点6：リレーションシップ・マーケティングにおいて，マーケティングの決定と活動は従来のマーケティング・セグメンテーションの技術を基盤とすることはできない。取り扱う顧客の選択と彼らへの対処方法の決定は，個々人の顧客情報ファイルやその他のデータベースに基づいたものでなければならない。

顧客の調査と成功のモニタリング

　市場調査及び市場シェアの統計は，顧客のニーズと期待を明らかにする方法であり，その企業の顧客満足度をモニターする方法であり，そして競争相手との売上高の比較から評価する方法である。マーケティングが不特定多数の顧客を対象とする考え方を基本としているとき，これは，その企業が（平均よりも）どれほど上手く事を成しているかについてモニターする実用的な方法である。しかし，市場シェアが，顧客のニーズや期待を充足する企業の成功の唯一の指標として扱われることが当然のようにしてみられる。ますま

第8章 リレーションシップ・マーケティング：組織の課題

す市場シェアが拡大されたり維持されていくと，顧客ベースは有益性を増す。もちろん，このことが当てはまらないケースはあるが，このことにとって顧客満足や顧客ロイヤルティに関する情報が最も有益なものであることがたびたびあるため，売上高の好調は顧客満足の指標とされがちである。だが，この事態は危険な誤解を招いてしまう恐れがある。さらに，企業が行なう顧客との自然な接触がより緊密なものになると，市場シェアの統計値と顧客満足及び顧客ベースの有益性とを結びつけて考えることはその正当性を失ってしまう。

しばしば市場調査はサーベイに基づいており，そのデータ収集の方法ではたいてい顧客の考えや意図に関する深みのある情報が得られないため，表面上の情報のみが集められる。そのようなデータも役に立つこともあろうが，例えば，顧客と相互作用する従業員に蓄積されている顧客満足や顧客のニーズ・要求・期待に関する情報は無視される。今日における入手可能なITがカスタマイズされたデータベースを開発可能にしてくれるにもかかわらず，企業は個々人の顧客がもつ具体的なニーズ・要求・期待についてほとんど知らない（Vavra [1994]）。

市場シェアの測定は，生産物が不特定の顧客を対象とするマス市場に展開されるとき，その生産物の販売量をモニターする重要な方法となる。販売統計を編集することは比較的簡単である。顧客の知覚品質と顧客満足度測定の研究は，一般的に平等の規則性に基づいてなされ得るものではない。したがって，市場シェアの統計はときどき顧客満足を映し出すものとして考えられる。市場シェアは顧客満足度が悪化したときでさえ，少なくともしばらくの間は維持される。企業が顧客との直接的な接触をもつとき，顧客のニーズ・要求・期待及び将来の意向に関する情報，品質や価値に対する彼らの認識に関する情報，そして満足に関する情報がその接触のなかで直接得られる。しかしながら，組織中のたくさんの従業員が毎日集めてくる諸々の情報を記録するための知能システムが必要とされる。だが，そのような顧客ベースの直接的な管理のみがマネジメントに，売上だけでなく，顧客のニーズや期待，意思，満足度に関する現状の正確な情報を与えてくれる。したがって，企業の顧客ベースを，市場シェアの統計や特定の顧客調査のみでなく，

第Ⅱ部　リレーションシップ・マーケティング

直接的に管理する必要性について第7の観点を以下に示す。

　観点7：リレーションシップ・マーケティングにおいて，企業は顧客と従業員間の継続的なインターフェースから得られる情報をつうじて，直接的にその顧客ベースを管理すべきであり，市場シェアの統計と特定の顧客調査はこれをサポートするものにすぎない。

マーケティングの再生：関係性アプローチ

　マーケティング・ミックスのマネジメントのパラダイムは，産業社会の最盛期におけるマーケティングの必要性に合わせて開発された。今日，それはいくつかの事業（例えば，大量消費財産業）でしか役に立たないが，そこにおいてさえも問題がみられる（Rapp & Collins［1990］, McKenna［1991］）。リレーションシップ・マーケティングは，マーケティングという現象のルーツを遡ることで，市場における関係性をマネジメントするための新しいアプローチを与えてくれる。だが，この観点の理論的枠組みの本質を理解することは重要だ。それは，企業とその顧客，流通業者，その他のパートナーとの間の関係性における活動の計画やマネジメントの指針となる主要な思想である。その関係性の思想は，顧客と対立するアプローチではなく顧客（及びその他のステークホルダーやネットワーク・パートナー）との協働と信頼できる関係性に，機能の専門化や分業ではなく企業内の協力に，そして専門家のためだけの孤立した機能としてではなく組織全体に分散するパートタイム・マーケターを伴ったより市場志向的なマネジメント・アプローチとしてのマーケティングの考え方に依拠している（Grönroos［1996］）。

　リレーションシップ・マーケティングについて議論する際，よくみられる誤解は，この思想の転換の理解を失敗したことから生じる。それは単なる新しいモデルではなく，現実にみられる新しいパラダイムであるということに気づかねばならない。ときどき，リレーションシップ・マーケティングは，ダイレクト・マーケティングやデータベース・マーケティングの類義語，あ

第8章 リレーションシップ・マーケティング：組織の課題

るいは顧客の会員クラブを設立することのための用語として多かれ少なかれ使われ，そしてそれは取引を形成するために用いられるマーケティング・ミックスの道具箱のなかの全く異なるツールになってしまう。別の状況では，リレーションシップ・マーケティングは，パートナーシップやアライアンスやネットワークの開発，あるいは一部のマーケティング・コミュニケーションとの同義語として用いられる。しかしながら，それは，これらの全てを大きく上回る概念である。それは前節までに示された7つの提案（観点）から示唆されるように，マーケティングにおけるいくつかの根本的な考え方に全体的に新しいアプローチを必要とする。取引志向的マーケティング・ミックスに基づくマーケティングの実践から関係性志向のそれへの転換は，複雑なプロセスである。古いパラダイムは，学術的にも企業のマーケター及びそれ以外の従業員の意識の深層部に根づいている。さらに，それは有益なマーケティングの手法をたくさん詰め込んだ使いやすい道具箱をもち，現段階で新興のパラダイムから得られるものとは比べものにならない。

したがって，図1に示されているように，関係性志向的なマーケティング・アプローチへの転換は，学習曲線あるいは「転換曲線（transition curve）」として理解される（Strandvik & Storbacka [1996]）。初段階にお

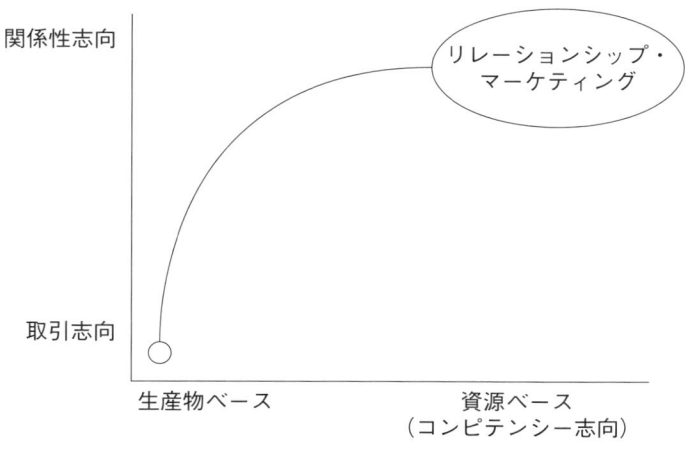

図1 リレーションシップ・マーケティング：転換曲線

第Ⅱ部　リレーションシップ・マーケティング

いては，マーケティングへの関係性アプローチを実行したいと考えている企業は，生産物に強く焦点をあてている状態にある。そのために，関係性を築くための簡単に開発された活動のみが導入される。典型的な例として，個別化されたセールスレターや告知，顧客の会員クラブ等があげられる。そのような活動は裏目に出やすく，特にもし顧客が，例えばサービスを利用する際，リカバリーや苦情を申し立てている状況下において，あるいは企業とのその他のあらゆる相互作用が行なわれている最中に不当に扱われてしまったら，尚更である。この段階での企業は，リレーションシップ・マーケティングの思想的本質をまだ充分に理解していない。つまり，単一の交換にマーケティングの根本的な焦点がおかれたままである。今日，リレーションシップ・マーケティング・アプローチを適用しているほとんどの企業は，おそらくこの転換プロセスのどこかの段階に位置している。リレーションシップ・マーケティング戦略への真の転換には，関係性における資源とコンピテンシーへの焦点を必要とする。興味深いことに，このような市場から求められる変化は，マーケティングの関係性アプローチの開発と並行する戦略の領域に影響を及ぼす。資源とコア・コンピタンスは，現在よくみられる戦略の文献において強調されている（Hamel & Prahalad [1994]）。

　原則的に，生産物は数多くあるなかのひとつの資源であるが，当然ながらそれは成功をもたらす関係性に求められる必要条件となる。関係性それ自体がマーケティングの焦点になる。

　しかし，既述のとおり，昔ながらの理論的枠組みのルーツは，マネジメントの立場にあったりフルタイム・マーケターであっても，あるいは自らをパートタイム・マーケターとして考慮すべきだとしても，ほとんどの従業員の意識の奥底に沈んでしまっている。それゆえに，事実上マーケティングは，パートタイム・マーケターや彼らのマネジャーとしての全従業員の仕事であるということを含む新しい思想的アプローチを浸透させることは難しいかもしれない。新しいマーケティングの思想ならびに実際のマーケティング業務に対するその影響への全員のコミットメントを得ることは極めて難しく，ときに不可能であるかもしれない。別の文脈で言及したとおり（Grönroos [1994]），「マーケティング・ミックスの理論的枠組み及び4 Psを用いるこ

とによって，マーケティング機能の信憑性は確保されにくくなってしまう（p.356）」。かなり多くの従業員がマーケティングに巻き込まれているという考えに不快感を抱いている。いくつかの企業はこの問題に対して，マーケティング部門を縮小したり全廃するだけでなく，マーケティングという用語の使用禁止をもって解決することができた（Grönroos［1982, 1994］）。「接客（customer contacts）」や「顧客満足（customer satisfaction）」といった用語は，「マーケティング」のかわりに，「企業の市場関係性のマネジメント」という同様の現象を説明するために用いられてきた。ときどき，このような意味論の微妙な記述を要する。将来，このことがますます多くの事実において起こると仮定することは，さほど不自然ではない。したがって，マーケティングの再生としてのリレーションシップ・マーケティングについて最後となる第8の観点を以下に示す。

> 観点8：組織内にリレーションシップ・マーケティングの理解を形成するため，そしてリレーションシップ・マーケティングの文化を実現するため，「マーケティング」という用語を，企業の顧客との関係性をマネジメントするタスクを説明できる心理的により難なく受け容れられる用語と置き換える必要がある。

付録

リレーションシップ・マーケティングに関する8つの観点

観点1	リレーションシップ・マーケティングにおいて，企業は一揃いのマーケティング変数を予め定めることはできない。その代わり，あらゆる既存顧客や潜在顧客との関係性の段階と特徴に依拠することになるが，それは価値を創造し満足度を高めることで期待どおりのマーケティングのインパクトを生み出すあらゆる資源と活動（組織内のどこに位置づけられていたとしても）を活用しなければならない。
観点2	リレーションシップ・マーケティングにおいて，企業は前もって用意される生産物に頼ることはできない。それは，従業員，技術，知識，顧客の時間，顧客といった資源を開発しなければなら

ない。また，納得のいく総体的なサービス提供が持続して行なわれる方法で関係性が続く間これらの資源を管理する制御システムを構築しなければならない。

観点3　リレーションシップ・マーケティングでは，マーケティングを別個の組織ユニットとして編成することはできない。それよりも，マーケティングの意識を組織全体に開発しなければならない。だが，マーケティング専門家は従来のマーケティング活動のために必要とされ，さらにマーケティングの意識を浸透させられるようにトップマネジメントへの企業内コンサルタントとしても必要とされる。

観点4　リレーションシップ・マーケティングの実行は多数のパートタイム・マーケターのサポートに依拠するため，企業は，パートタイム・マーケターがそのマーケティングの職務を理解し受け容れ，そして顧客志向的方法で行動するために必要なスキルを修得できるよう，インターナル・マーケティング・プロセスを構築しなければならない。

観点5　リレーションシップ・マーケティングは，従来のマーケティング計画に制限を受けない。そうではなく，市場志向が統治機能をもつ関係性計画としての市場志向的企業計画をつうじて，あらゆる計画に浸透され統合されなければならない。

観点6　リレーションシップ・マーケティングにおいて，マーケティングの決定と活動は従来のマーケティング・セグメンテーションの技術を基盤とすることはできない。取り扱う顧客の選択と彼らへの対処方法の決定は，個々人の顧客情報ファイルやその他のデータベースに基づいたものでなければならない。

観点7　リレーションシップ・マーケティングにおいて，企業は顧客と従業員間の継続的なインターフェースから得られる情報をつうじて，直接的にその顧客ベースを管理すべきであり，市場シェアの統計と特定の顧客調査はこれをサポートするものにすぎない。

観点8　組織内にリレーションシップ・マーケティングの理解を形成するため，そしてリレーションシップ・マーケティングの文化を実現するため，「マーケティング」という用語を，企業の顧客との関係性をマネジメントするタスクを説明できる心理的により難なく受け容れられる用語と置き換える必要がある。

第8章　リレーションシップ・マーケティング：組織の課題

参考文献

Bagozzi, R.P. (1975) Marketing as Exchange, *Journal of Marketing* 39 (October): 32–39.
Berry, Leonard L.: Relationship Marketing, in *Emerging Perspectives of Services Marketing*, Leonard L. Berry, G. Lynn Shostack, and G.D. Upah, eds., American Marketing Association, Chicago, IL. 1983, pp. 25–28.
Berry, Leonard L.: Big Ideas in Services Marketing. *Journal of Consumer Marketing* 3 (Spring 1986).
Berry, Leonard L, and Parasuraman, A.: Building a New Academic Field—The Case of Services Marketing. *Journal of Retailing* 69 (1991): 13–60.
Bitner, Mary Jo: Building Service Relationships: It's All About Promises. *Journal of the Academy of Marketing Science* 23 (1995): 246–251.
Blomqvist, Ralf, Dahl, Johan, and Haeger, Tomas: *Relationsmarknadsföring. Strategi och metod fö servicekonkurens* (Relationship Marketing. Strategy and Methods for Service Competition). JHM Förlag, Göteborg, Sweden. 1993.
Brodie, Roderick J.: From Transaction to Relationship Marketing: Propositions for Change, in *New and Evolving Paradigms: The Emerging Future of Marketing*, Tony Meenaghan, ed., The American Marketing Association Special Conferences, University College, Dublin, Ireland. 1997, pp. 615–616.
Brodie, Roderick J., Coviello, Nicole E., Brookes, Richard W., and Little, Victoria: Toward a Paradigm Shift in Marketing? An Examination of Current Marketing Practices. *Journal of Marketing Management* 13 (1997), pp. 383–406.
Calonius, Henrik: A Buying Process Model, in *Innovative Marketing—A European Perspective*, Proceedings of the XVIIth Annual Conference of the European Marketing Academy, Blois, Keith, and Parkinson, S., eds., University of Bradford, England, 1988.
Christopher, Martin, Payne, Adrian, and Ballantyne, David: *Relationship Marketing. Bringing Quality, Customer Service, and Marketing Together*, Butterworth, London 1992.
Dixon, Donald F., and Blois, Keith: *Some Limitations of the 4 Ps as a Paradigm for Marketing*, Marketing Education Group Annual Conference, Cranfield Institute of Technology, UK, July 1983.
Grönroos, Christian: *Strategic Management and Marketing in the Service Sector*. Swedish School of Economics and Business Administration, Helsingfors, Finland, 1982 (published in 1983 in the United States by Marketing Science Institute and in the UK by Studentliteratur/Chartwell-Bratt).
Grönroos, Christian: Defining Marketing: A Market-Oriented Approach. *European Journal of Marketing* 23 (1989): 52–60.
Grönroos, Christian: Relationship Approach to the Marketing Function in Service Contexts: The Marketing and Organizational Behavior Interface. *Journal of Business Research* 20 (1990): 3–12.
Grönroos, Christian: Quo Vadis, Marketing? Toward a Relationship Marketing Paradigm. *Journal of Marketing Management* 10 (1994): 347–360.
Grönroos, Christian: Relationship Marketing: The Strategy Continuum. *Journal of the Academy of Marketing Science* 23 (1995): 252–254.
Grönroos, Christian: The Relationship Marketing Logic. *Asia–Australia Marketing Journal* 4 (1996): 7–18.
Grönroos, Christian: Value-Driven Relational Marketing: From Products to Resources and Competencies. *Journal of Marketing Management* 13 (1997): 407–419.
Grönroos, Christian, and Gummesson, Evert: The Nordic School of Service Marketing, in *Service Marketing—Nordic School Perspectives*, Christian Grönroos, and Evert Gummesson, eds., Stockholm University, Stockholm, Sweden. 1985, pp. 6–11.
Gummesson, Evert: The New Marketing—Developing Long-Term Interactive Relation-

ships. *Long-Range Planning* 20 (1987): 10–20.
Gummesson, Evert: *Relationsmarknadsföring. Från 4P till 30R* (Relationship marketing. From 4P to 30R). Liber-Hermods, Malmö, Sweden. 1995.
Håkansson, Håkan, ed.: *International Marketing and Purchasing of Industrial Goods*, Wiley, New York. 1982.
Håkansson, Håkan, and Snehota, Ivan: *Developing Relationships in Business Networks*, Routledge, London. 1995.
Hamel, Gary, and Prahalad, C.K.: *Competing For the Future. Breakthrough strategies for seizing control of your industry and creating the markets of tomorrow*, Harvard Business School Press, Boston, MA. 1994.
Holmlund, Maria: *A Theoretical Framework of Perceived Quality in Business Relationships*. Research report 36, CERS, Center for Relationship Marketing and Service Management, Swedish School of Economics and Business Administration, Helsinki, Finland. 1996.
Hunt, Shelby D., and Morgan, Robert M.: Relationship Marketing in the Era of Network Competition. *Marketing Management* 3 (1994): 19–30.
Kotler, Philip: It's Time for Total Marketing. *Business Week ADVANCE Executive Brief* 2 (1992).
Levitt, Theodore: *The Marketing Mode*, McGraw-Hill, New York. 1969.
McCarthy, E. Jerome: *Basic Marketing*, Irwin, Homewood, IL. 1960.
McKenna, Regis: *Relationship Marketing. Successful Strategies for the Age of the Customer*. Addison-Wesley, Reading, MA. 1991.
Normann, Richard: *Service Management*, Wiley, New York. 1993.
Peppers, D., and Rogers, Mary: *One-to-One Future: Building Relationships One Customer at a Time*. Currency/Doubleday, New York. 1993.
Piercy, Nigel: *Marketing Organisation. An Analysis of Information Processing, Power, and Politics*, George, Allen & Unwin, London. 1985.
Rapp, Stan, and Collins, Tom: *The Great Marketing Turnaround*, Prentice-Hall, Engelwood Cliffs, NJ. 1990.
Schultz, Don E.: The Inevitability of Integrated Communications. *Journal of Business Research* 37 (1996): 139–146.
Sheth, Jagdish N., and Parvatiyar, Atul, eds.: *Relationship Marketing: Theory, Methods, and Applications*, 1994. Research Conference Proceedings, Center for Relationship Marketing, Emory University, Atlanta, GA. June 1994.
Sheth, Jagdish N., and Parvatiyar, Atul: Relationship Marketing in Consumer Markets: Antecedents and Consequences. *Journal of the Academy of Marketing Science* 23 (1995): 255–271.
Smith, W.R.: Product Differentiation and Market Segmentation as Alternative Marketing Strategies. *Journal of Marketing* 21 (July 1956): 3–8.
Stewart, D.W.: Market-Back Approach to the Design of Integrated Communications Programs: A Change in Paradigm and a Focus on Determinants of Success. *Journal of Business Research* 37 (1996): 147–154.
Storbacka, Kaj: Segmentation Based on Customer Profitability—Retrospective Analysis of Retail Bank Customer Bases. *Journal of Marketing Management* 13 (1997): 479–492.
Strandvik, Tore, and Storbacka, Kaj: Managing Relationship Quality. Proceedings of The QUIS 5 Quality in Services Conference, University of Karlstad, Sweden. 1996.
Taylor, Frederick W.: *Scientific Management*, Harper & Row, London. 1947. (a volume of two papers originally published in 1903 and 1911 and written testimony for a Special House Committee in the United States in 1912).
Vavra, Terry G.: The Database Marketing Imperative. *Marketing Management* 1 (1994):

47–57.

Webster, Frederick E., Jr.: Executing the New Marketing Concept. *Marketing Management* 3 (1994): 9–18.

Wrange, Kim: *Customer Relationship Termination*. Research report, CERS, Center for Relationship Marketing and Service Management, Swedish School of Economics and Business Administration, Helsinki, Finland. 1997.

第9章 リレーションシップ・マーケティング・プロセス：コミュニケーション，相互作用，対話，価値[※]

　本章の目的は，リレーションシップ・マーケティングにおける主要なプロセスのフレームワークについて議論することである。そのフレームワークには，中核としての相互作用プロセス，明確なコミュニケーション媒体をつうじてなされるマーケティング・コミュニケーションとしての計画的コミュニケーション・プロセス，そしてリレーションシップ・マーケティングの結果としての顧客価値プロセスが含まれる。その相互作用と計画的コミュニケーション・プロセスが上手く統合され，顧客の価値プロセスに適合するのであれば，関係性における対話が生じるだろう。

はじめに：リレーションシップ・マーケティングの理論的枠組み

　リレーションシップ・マーケティングの観点は，交換される物財やサービス財の価値に加えて，二者間の関係性の存在が顧客ならびにサプライヤーやサービス提供者に対して付加価値を形成する，という考えに基づいている (Grönroos [2000b], Ravald & Grönroos [1996] 参照)。継続する関係性は，例えば，安全や管理してくれる感覚や信頼感を顧客に提供し，購買リスクを最小化し，結果的に顧客であるためのコストを削減してくれる。
　サービス・マーケティングについて議論する論文において，Berry [1983] が最初にリレーションシップ・マーケティングという術語を導入し，その数

[※] Grönroos, C. The Relationship Marketing Process: Communication, Interaction, Dialogue, Value. *Journal of Business & Industrial Marketing* 2004; 19(2): 99-113. Reproduced by permission of Emerald Group Publishing Limited.

第Ⅱ部　リレーションシップ・マーケティング

年後，Jackson［1985］がそれをB to Bのコンテクストに用いた。しかしながら，その現象そのもの（顧客との相互作用に対応する関係性アプローチ）は，商取引の歴史と同じくらい古くからみられる。産業革命の後，流通チェーンに仲介業者が導入されたとき，顧客との関係性の重要性への意識は薄れてしまった（Sheth & Parvatiyar［1995a］）。1980年代以前でさえ，Arndt［1979］が「内部化市場（domesticated market）」と呼称する長期的関係性の形態をとるビジネスが行なわれる傾向にあった。彼は次のように結論づけた。すなわち，「生産財市場及び消費財市場のいずれも，信頼できるリピートビジネスをもたらす関係性の絆を育む状況に対する意識が利益を生む（Arndt［1979］p.72）」。数年後，Levitt［1983a］は結婚になぞらえて，「販売は単に結婚のための求愛を達成するものであり，（中略）その結婚がどれほど良いかは，その売り手がどれほど良く関係性をマネジメントしているかに依る（p.111）」と述べた。

BerryとJacksonが「リレーションシップ・マーケティング」という術語を使うより前に，マーケティングにおける明確な関係性の観点はノルディック学派の思想に固有のものであった（Gummesson［1983, 1987］，Grönroos［1980, 1983］参照）。初めてその術語が導入されたのは1980年代末であった（Grönroos［1989］）。関係性の概念はまた，IMPグループによる生産財マーケティングへの相互作用アプローチ及びネットワーク・アプローチに不可欠なものである（Håkansson［1982］，Håkansson & Snehota［1995］）。これらふたつの集団のリレーションシップ・マーケティング研究に関する考え方の類似点と相違点については，Mattsson［1997］によって論じられている。現代マーケティングの実践としてのリレーションシップ・マーケティングの本質については，CovielloとBrodie［1998］及びCovielloら［1997］によって論じられている。そして，明確に論じられているわけではないが，関係性の概念は，1980年代初頭の北米におけるサービス・マーケティングの7Psモデルのなかにも存在していたということは，注目に値する事実である（Booms & Bitner［1981］）。

第9章 リレーションシップ・マーケティング・プロセス：
コミュニケーション，相互作用，対話，価値

目的と観点

　本章の目的は，リレーションシップ・マーケティングをプロセスとして捉え，その本質と内容を分析することである。ここでは，主としてマーケティングに対するノルディック学派的思想の観点をもってそれをみるが，それは関係性のなかのサービス財の理解とマネジメントが関係性の構築と維持の中核を担うという考えに従うものである。もちろん，リレーションシップ・マーケティングは，その他にも，ネットワーク構築（Håkansson & Snehota [1995]），戦略的提携やパートナーシップの締結（Hunt & Morgan [1994]），顧客データベースの開発（Vavra [1994]），関係性志向的な統合型マーケティング・コミュニケーション（Schultz et al. [1992], Schultz [1996], Duncan & Moriarty [1997]）といった要素によっても支えられている。また，マーケティングは，マーケティング専門家のみのタスクとしてではなく，市場志向的マネジメントとしてみられる。すなわち，マーケティングは，別個の機能としてではなく包括的なプロセスとしてみられるということだ（Grönroos & Gummesson [1985]）。リレーションシップ・マーケティングに対するその他のアプローチにおいては（ネットワーク・アプローチあるいは戦略的提携及びパートナーシップ・アプローチ），その他の要素や現象が基本的な支柱としてみられる。それらは全て，研究者の観点に依拠する。

リレーションシップ・マーケティングにおけるサービス財

　サービス・マーケティングに不可欠な部分は，サービスの消費は結果の消費ではなくプロセスの消費だという事実である（Grönroos [1998]）。消費者あるいは利用者は，従来の消費財を対象とするマーケティングと同様にプロセスの結果だけでなく，サービス生産プロセスをもサービス消費の一部として認識している。このように，サービスの消費と生産は，サービスに関す

る顧客の認識と彼らの長期的な購買行動において常に欠かせないインターフェースを有する。サービス・マーケティングの文献のなかでは，これらのインターフェースのマネジメントはインタラクティブ・マーケティングと呼ばれ，この概念はリレーションシップ・マーケティングの文献のなかでも用いられてきた（Bitner［1995］参照）。サービス提供者は，ほぼ例外なくいつも直接的にその顧客と接触する。この接触のなかで，関係性の開発は容易くなされるだろうし，もし生産と消費の同時プロセスが上手く機能すれば，永続的な関係性をもたらしてくれるだろう。

工業製品や設備の製造業者が，顧客との単一の取引から長期的視点に基づいた事業の遂行に関心を寄せるとき，消費あるいは利用の本質は単純な結果の消費から継続するプロセスの消費あるいは利用へと変化する。このプロセスのなかで顧客は，その製造業者の生産プロセスの結果（その関係性に属する集団間で交換される物財や設備）ならびに結果の交換の前や途中ずっと，あるいはその合間の一定時間で生産され消費や利用される多数のサービス・プロセスを用いる。このプロセスの性質は，サービス財の特徴であるプロセスの消費と極めて似通ったものになる。

マーケティングの観点から，競争が激化し結果（物財や設備）がより似通ったものになるとき，この消費あるいは利用の本質の変化はさらに強調される。大概の場合，継続的な生産物の開発だけでは，もはや持続可能な競争優位はもたらされない。したがって，オーダーメイドによる製作，配送やジャストインタイムの物流，設備の導入，顧客育成，製品の設置や使用の方法に関する文書作成，メンテナンスや部品交換サービス，顧客志向的な請求書発行，問い合わせへの対応，サービス・リカバリー，苦情処理といったことは，マーケターによる用途に託される。Christopher et al.［1991］によって論じられたように，顧客サービスもまた重要な競争手段となる。もし誰も価格変数（それは持続可能な競争優位を滅多に形成しない）を用いようとしたがらないのであれば，サービス財にのみそのような優位性を開発する望みが託される。

もちろん，取引を対象とするマーケティングが正当とされるケースはいくつかあるかもしれないが（Jackson［1985］），Reichheld & Sasser［1990］，

第9章 リレーションシップ・マーケティング・プロセス：
コミュニケーション，相互作用，対話，価値

Reichheld [1993] そして Storbacka [1994] による研究が示しているように，顧客との長期的な関係性はしばしば有益なビジネスの基盤を構築する。

リレーションシップ・マーケティングを実行するためには，焦点を切り替える必要がある。本章では，関係性戦略の実行の成功に極めて重要な3つの領域について議論する。

(1) リレーションシップ・マーケティングの中核としての相互作用プロセス。
(2) 関係性の構築と向上をサポートする計画的コミュニケーション・プロセス。
(3) リレーションシップ・マーケティングのアウトプットとしての価値プロセス。

計画的コミュニケーション・プロセスという用語は，例えば，広告，TVコマーシャル，インターネットのバナーやセールスの電話といった排他的な情報伝達媒体を通したコミュニケーションのみがそのプロセスに含まれることを説明するために使われる。生産物やサービス・プロセスやその他の相互作用プロセスの局面との顧客の相互作用もまた，コミュニケーションの要素を含むこれらのコミュニケーションの影響は，企業が管理し顧客によって認識される種々の相互作用の副産物として生じる。だが，総体的なコミュニケーションが顧客に与える影響の一部として，この種のコミュニケーションは，計画されたコミュニケーション活動よりもかなり重要な場合もあり得る (Duncan & Moriarty [1997])。

リレーションシップ・マーケティングとサービス競争

関係性の観点から捉えるマーケティングは，企業の市場関係性のマネジメント・プロセスとして定義することができるが (Grönroos [1996])，さらに明確に述べると，それは顧客やその他の利害関係者との関係性を特定し，構築し，維持し，向上させ，そして必要に応じて遮断するプロセスであり，その結果，全ての関係者の目的を合致させることができるが，各々の利益は誓約の合意と達成をもって実現する (Grönroos [1989, 2000a])。この定義

179

は，Berry［1983］の関係性の観点から捉えたサービス・マーケティングの定義と近年提示されたHunt & Morgan［1994］，Sheth & Parvatiyar［1994］，Christopher et al.［1991］による定義との明らかな類似点を有する。Gummesson［1999］は，リレーションシップ・マーケティングを相互作用，関係性，ネットワークに焦点をあてるマーケティングとして定義しており，このことから彼はこのマーケティングの考え方において3つの中心的な現象が強調されている。

多くの定義が示唆するように，リレーションシップ・マーケティングは最も重要なプロセスである。マーケティングに用いられるあらゆる活動は，このプロセスのマネジメントに適合させなければならない。そのため，これらの定義にはマーケティング変数について言及されていない。Grönroosの定義によると，そのプロセスは，潜在顧客の特定から彼らとの関係性の構築へと進展し，そしてそれから，その構築された関係性を維持し，さらにビジネスを増やしたり好意的な意見や口コミを増やせるよう関係性を向上させることへと進展している。最終的に，ときどき関係性は提供者側あるいは顧客側（その他，関係性ネットワーク内の関係者）から解消されたり，単に離れて消えていくこともあるようだ。そのような状況は，サプライヤー側あるいはサービス提供者側からも注意深く対応されなければならない。Gummessonの定義が示唆するように，その関係性プロセスには，サプライヤーと流通業者と消費者あるいは最終消費者のネットワークのなかで開発されている関係性を形成する相互作用が含まれる。

焦点となる関係性は，物財やサービス財の提供者とその利用者との間に存在するものである。リレーションシップ・マーケティングは，この関係性のマネジメントに何よりも最優先にして適合される。だが，このことを円滑にするためには，そのプロセスのなかの他の利害関係者を巻き込まなければならない。マーケティングを成功させるためには，関係性ネットワークのなかのサプライヤー，パートナー，流通業者，金融機関，その顧客が扱う最終顧客，そしてときに政府の意思決定者等を，その関係性のマネジメントに参加させなければならないだろう（Gummesson［1999］，Christopher et al.［1991］の6つの市場の概念とも比較して参照）。

第9章　リレーションシップ・マーケティング・プロセス：
コミュニケーション，相互作用，対話，価値

　取引から関係性を構築し維持するプロセスへとマーケティングの意思決定の焦点を変化させることは，市場における調整，計画，組織開発，成功の測定といったマーケティングの中核部分に重大な影響を与える（Grönroos [1999], Brodie et al. [1997]）。顧客にとってこのプロセスが結果と同じくらい重要性を増すと，例えば物財や設備といった生産物の概念の本質は変わる。生産プロセスの結果としての生産物は，基本的に取引志向的な構成体である。関係性の観点では，物財や設備（製品）は，多数のサービス財といったその他の要素を伴うプロセスの一部となる。最も良いケースでは，これらのサービス財（例えば，ジャストインタイムの配送，迅速なサービスやメンテナンス，顧客志向的かつタイムリーなサービス・リカバリー）を伴って製品の価値は高められる。最も悪いケースでは，例えば，配送の遅延，不手際の目立つメンテナンス，販売された装置の使用方法に関するわかりにくい説明書によって，その製品の価値は低められたり一緒くたに破壊されてしまう。

　顧客は物財やサービス財をただ求めるのではなく，生産物の最良かつ最も安全な使用方法に関する情報から，彼らが購入したソリューションの配送，導入，修理，メンテナンス，更新までを伴う相当広く包括的な提供を求めるのである。そして彼らは，親切かつ信頼できる方法で必要なときにこのようなこと（及びそれ以上のこと）を求める。さらに，中核的な生産物が，周辺の要素に比べ，不満足の主要な原因となることは滅多にない。Webster [1994] が例証するように，「自動車の購入者は，そのディーラーからの酷いサービスによって，その自動車に不幸を感じる。保険の顧客は，その保険証券ではなく，その代理店について問題を抱える (p.13)」。生産物単一の販売に付随すべきものについて，1980年代初期に既に Levitt [1983b] が次のように結論づけている。すなわち「これらの追加物の提供について，顧客はそれらを有益なものと判断し，そしてそれゆえにそれらを提供してくれる企業とビジネスを行なうことを好む (pp.9-10)」。このことは，今日において実に的を射ている。往々にして，顧客は以前よりも洗練され，より良い情報環境にあり，それゆえに要求が厳しくなっている。また，グローバル競争の激化により，顧客は以前よりも既成概念に囚われなくなってきた。

第Ⅱ部　リレーションシップ・マーケティング

　顧客との生産物の単一の取引を越えた先にある関係性のなかでは，物財を含む結果そのもの，サービス財の結果あるいは産業機械は，継続的に包括的なサービス提供を開発するための一要素になる。製造業者にとって，物財は，もちろん成功をもたらす提供の前提条件であるため，このサービス提供の中核的な要素である。しかしながら，この前提条件以上に重要なものは，競合他社よりも高い顧客価値を創造するために，内部の価値創造プロセスにおいて提供の付加的要素をマネジメントできる企業の能力である。生産物はプロセスになり（Storbacka & Lehtinen [2000]），そしてその提供者は顧客に正しくサービスを提供しなければならない（Grönroos [1996]）。製造業者にとってこのことが意味するところは，包括的なサービス提供の要素として製品を捉え直さなければならないということだ。それらはサービス化されなければならない（Grönroos [2000a]）。

　プロセスあるいは総体的なサービス提供としてみられる生産物は，このようにして，物財や設備といった有形の要素ならびに多種多様なサービス財といった無形の要素をもつサービスとなる。長期的関係性において，企業は我々が別の文脈で呼称しているサービス競争という競争状況に直面している（Grönroos [1996]）。サービス競争が事実上あらゆる企業にとって成功の鍵であり，その生産物がサービスとして定義されなければならないとき，あらゆるビジネスがサービスビジネスとなる（Webster [1994]）。

リレーションシップ・マーケティングの鍵となるプロセス

コミュニケーション

　取引を対象とするマーケティングにおいて，販売を含むマーケティング・コミュニケーションは中心的な構成要素となる。マーケティング・コミュニケーションは，ダイレクト・マーケティングの領域が拡大しているにもかかわらず，マス・マーケティングにおいて有力である。販売は，コミュニケーション・プロセスにおける直接的に相互作用するプロセスである。マーケティング・コミュニケーションの領域において，広告，ダイレクト・マーケテ

第9章　リレーションシップ・マーケティング・プロセス：
コミュニケーション，相互作用，対話，価値

ィング，販売促進，PR といったコミュニケーションの要素を，双方向の統合型マーケティング・コミュニケーションの観点に組み込むという新しい傾向は，1990年代に北米にて発生した（Schultz et al.［1992］，Schultz［1996］，Stewart［1996］）。統合型マーケティング・コミュニケーションがマーケティングにおいての関係性の観点から影響を受けているのは明らかである。「我々は，双方向のコミュニケーションに関する調査をつうじて，統合型マーケティング・コミュニケーションの計画の対象者からいくらかの反応を確かめる意図をもっていた。（中略）我々は，顧客や見込み客のコミュニケーションのニーズやウォンツを受け容れ，もう一度最初からその循環を始めなければならない。これこそが本当の意味での最高のリレーションシップ・マーケティングである（Schultz et al.［1992］p.59）」。

　ときどき，コミュニケーションに関する研究者は，ほとんどあるいは全体的にリレーションシップ・マーケティングの同義語として，一貫した方法で多様なコミュニケーションの手段を用いることが，統合型マーケティング・コミュニケーションであると考えているようだ。しかしながら，取引マーケティングにおいて効果的であっても，粗悪なあるいは不適当な生産物についてのマーケティング・コミュニケーションは，良い結果をもたらさない。同様に，もし買い手と売り手の間の接触における物財やサービス財及びその他の要素との顧客との相互作用が上手くいかず，ネガティブなコミュニケーション効果を生んでしまったら，純粋にコミュニケーション計画としての効果的なマーケティング・コミュニケーションは永続的な関係性へと繋がらない。したがって，統合型マーケティング・コミュニケーションはリレーションシップ・マーケティングとは同じではないが，それはリレーションシップ・マーケティング戦略の重要な部分であることは明らかだ（Duncan & Moriarty［1999］）。リレーションシップ・マーケティングの成功には，顧客（ならびにその他の利害関係者）との関係性の構築，維持，向上をサポートするためにマーケティング・コミュニケーションにおけるあらゆるメッセージの統合が必要とされる。したがって，マーケティング・コミュニケーション活動の一貫したマネジメントが，コミュニケーション・メッセージの出所にかかわらず，リレーションシップ・マーケティングにおいて必要とされ

る。

相互作用

　マーケティングに対する取引志向的アプローチにおいて，生産物はマーケティング・ミックスの中心となる。流通，販売促進，価格設定の方法について決定を下すには，生産物の存在がなければならない。だが，生産物はある所定の時点において存在する。つまり，それは継続的な関係性には進展しない。よって，中核的な構成要素としての生産物は，リレーションシップ・マーケティングの性質に適合するような長期的構成要素に置き換えられなければならない。関係性アプローチは，生産物ではなく，顧客のプロセス，つまり詳しくは顧客の内的な価値発生プロセスを，マーケティングの中心に据える。成功するためには，サプライヤーやサービス提供者は，その資源や能力やプロセスとその顧客の価値発生プロセスとを整合させなければならない。この事実から，相互作用は生産物の見方を変える概念となる。それは，サービス財ならびに産業財を対象とするマーケティングへのネットワーク・アプローチにおける重要な構成要素のひとつとして開発され，リレーションシップ・マーケティングへと引き継がれている。したがって，生産物の交換が取引マーケティングの中核であるのと同じように，相互作用プロセスのマネジメントはリレーションシップ・マーケティングの中核となる。このプロセスにおいて，従業員と技術やシステムそしてノウハウによってあらわされる物財のサプライヤーやサービス企業は，1人の顧客からビジネスの関係性における買い手や利用者や意思決定者の集団まで，あらゆる顧客と相互作用を行なう。ときどき，ネットワーク内において，それよりも多くの集団がその相互作用に加わるかもしれない（Gummesson［1996］）。

　相互作用は，計画されたマーケティングのメッセージやプログラムがきっかけとなるかもしれないが，その後，商業的関係性へと繋ぐために成功をもたらす相互作用を開発しなければならない。サプライヤーあるいはサービス企業とその顧客との間の対話は，価値を高める相互作用からしか生じない。計画的コミュニケーション活動だけでは，容易く平行線を辿るモノローグが上演されてしまう。つまり，ふたつの関係者が実際に出会い，共有するもの

第9章　リレーションシップ・マーケティング・プロセス：
コミュニケーション，相互作用，対話，価値

ごとや空間に両者が接近しない。対話プロセスは，関係者間の知識の共有や形成においても発生することを求められる。このことに関して，後節にて触れる。

価値

マーケティングにおける近年の研究のひとつの流れは，継続する関係性のなかで創造される価値の顧客の認識に関するものである（Ravald & Grönroos [1996]）。また，顧客価値の研究に関係性の側面を付け加えることの重要性も主張されてきた（例えば，Lapierre [1997]，Payne & Holt [1999]，Tzokas & Saren [1999]，Collins [1999]，Wilson & Jantrania [1994]）。相互作用プロセスにおいて，価値ベースは顧客へと移ったり，また部分的に共創されることになるが，結果的に，最終的な顧客のための知覚価値はその顧客のプロセスのなかで発生する。よって，サプライヤーやサービス提供者がその資源（物財及びサービス財といった要素，情報，その他多様な資源）及び能力を顧客の内的なプロセスと上手く整合させることができれば，このプロセスのなかで価値ベースは顧客の知覚価値へと変わる。この価値創造は，関係性における相互作用プロセス以前からマーケティング・コミュニケーションによってサポートされるべきである。そのため，価値プロセスは，どのように顧客が時間の経過とともに価値創造を確実に認識するのかを明らかにするために必要となる。3つ全てのプロセスが整備され充分に理解されるとき，我々はリレーションシップ・マーケティング理論の有益な部分を得ることができる。

しかしながら，価値プロセスは別の側面ももつ。相互作用プロセスならびに対話プロセスの要素を開発するより前に，マーケターは，顧客の内的なプロセスと適合すべき売り手から提供されるソリューションの知識を開発しなければならない。顧客はいくつかのニーズをもっているが，企業等の組織顧客はさらにそのニーズを満たすためのプロセスももっている。したがって，顧客のニーズを理解するだけでは充分ではなく，そのニーズを満たし得る結果を実現するために彼らがどのような努力を払うかについても知らなければならない。これは，顧客の「価値発生プロセス（value-generating process）」

と呼称される（Grönroos [2000a], Storbacka & Lehtinen [2000]）。さらに，この内的なニーズを満たすプロセス及び価値発生プロセスを導く顧客の価値システムについて知らなければならない。そういった価値の例として，熱帯雨林の保護，廃棄物のリサイクル，在庫の最小化，自然環境に配慮した生産プロセスの創造，待機コストの最小化といったものに関心が寄せられる。もし企業がこの顧客の価値システム及び価値発生プロセス（このプロセスもカスタマー・バリュー・チェーンと呼称され得る）の側面を理解できなければ，物財やサービス財や情報及びその他の相互作用プロセスにおける要素は，ニーズを充足できるように開発・提供されず，顧客のための価値は上手く創造されない。

中核：リレーションシップ・マーケティングにおける相互作用プロセス

前節にて述べられたように，成功するマーケティングは利用者にとって充分に優れたソリューションを要する。取引マーケティングにおいて，このソリューションは製品あるいはコア・サービスといった生産物である。リレーションシップ・マーケティングにおいては，そのソリューションは関係性そのものであり，それが顧客にとっての価値創造及びニーズを満たす方法となる。関係性に対する顧客の認識は，全体論的かつ累積していくものである。既に結論したとおり，信頼できるタイムリーな方法で対処される生産物の交換あるいは移転は関係性の一部であるが，それに加えて，多くのサービス要素が必要とされる。それらなしでは，顧客にとってのその生産物の価値は限定されてしまったり，あるいは失われてしまうかもしれない。それ以外にも，例えば，配送の遅延，サービスコールの遅さ，情報の不備，不親切な従業員といったものが，優れたソリューションを台無しにしてしまうだろう。

関係性は，相互作用プロセスへと進む。そこでは，サプライヤーあるいはサービス企業と顧客との間において多種多様な接触が時間の経過とともに生じる。この接触は，マーケティングの状況の様相によって全く異なる場合がある。ある接触は個人間のものであったり，ある接触は個人と機械やシステ

第9章 リレーションシップ・マーケティング・プロセス：
コミュニケーション，相互作用，対話，価値

ムとの間のものであったり，ある接触は提供者のシステムと顧客との間のものであったり，まちまちである。

相互作用プロセスを理解し，実際のマーケティングの状況において分析し計画できるようになるため，それを論理的部分に分けなければならない。サービス財のコンテクストでは，相互作用プロセスは「行為」「エピソード」「関係性」に焦点をあてて研究されてきた（Liljander [1994], Liljander & Strandvik [1995], Storbacka [1994], Strandvik & Storbacka [1996], Stauss & Weinlich [1995]）。例えば，「エピソード」とは，ローンの申請のため銀行を訪れることであり，貸付係と面会しているその間に起こる色々なものごとが「行為」である（Liljander & Storbacka [1995]）。事業活動に関わる関係性のコンテクストにおいて，IMPの研究者が通例に倣って，物財やサービス財，情報の交換ならびに財政面及び社会的局面における交換を含む短期間のエピソード，そしてルールや責任を受け容れ制度化する長期的プロセスという2段階の方法論を提示した（Håkansson [1982], Möller & Wilson [1995]）。事業活動に関するより一般的な関係性のコンテクストにおいて，Holmlund [1996, 1997] は，関係性の分析に広範囲にわたる分析的深みをもたせるため，相互作用プロセスのさらなる理解を発展させた。図1を見ると，継続する関係性における相互作用プロセスは，行為[1]，エピソ

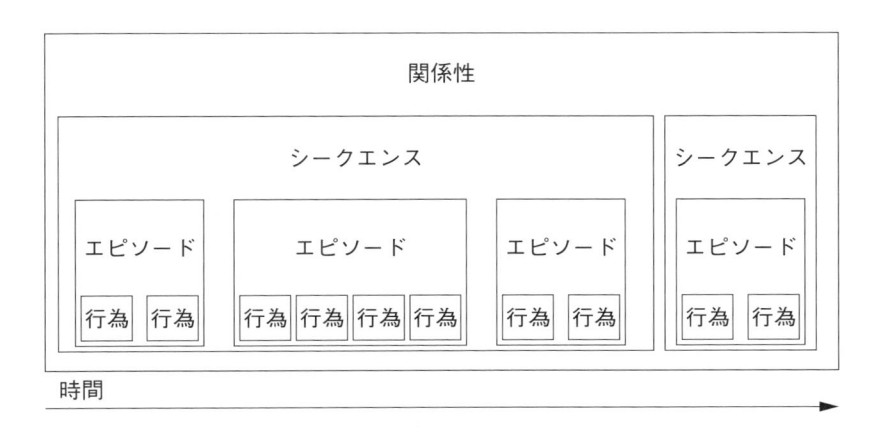

図1　関係性のなかの相互作用レベル

ード，シークエンス，関係性の4段階に分類される。

行為は，相互作用プロセスにおける分析の最小単位（例えば，電話応対，工場見学，サービスコール，宿泊受付）である。サービス・マネジメントの文献では，それはしばしば「真実の瞬間（moments of truth）」と呼ばれる（Normann［1992］）。行為はおそらくあらゆる種類の相互作用の要素（物財，サービス財，情報，財政面，社会的接触）に関連する。

相関関係をもつ行為は，関係性のなかでエピソード（例えば，交渉，物資の輸送，宿泊滞在中のホテルレストランでの食事）という小規模な統一体を形成する。全てのエピソードは一連の行為を含んでいる。例として，「輸送は，電話注文による手配，物資の集荷と梱包，配送，荷解き，クレーム対応，請求書の送付や支払いといった行為を含む」（Holmlund［1996］p.49）。

相関関係をもつエピソードは，相互作用プロセスにおける次の分析レベルであるシークエンスを形成する。Holmlund［1996］によると，シークエンスは，時間や提供やキャンペーンやプロジェクトをつうじて，あるいはこれらの組合せによって定義することができる。「このことが示唆することは，シークエンスの分析は，とあるプロジェクトが実行されたとき，その年度に関連するあらゆる種類の相互作用を含むということだ。シークエンスは必然的に重複する部分が出てくるだろう」。他にも例をあげるとするならば，レストランでのシークエンスには，そのレストランへの一度の訪問の間に起こる全てのことが含まれる。

最終かつ最も広範囲の分析レベルは関係性である。複数のシークエンスが関係性を形成する。シークエンスは，例えばビジネスのタイプによって，それぞれがダイレクトに継続されたり，重複したり，または長期あるいは短期の間隔をあけて継続される。このような異なる集合レベルごとの複数の階層における相互作用プロセスの区分の仕方は，マーケターや研究者に，サプライヤーあるいはサービス提供者とその顧客との間の相互作用の分析に用いるための充分に精巧な道具を与える。関係性の構築において，相互作用プロセスのなかのありとあらゆる種類の要素（物財とサービスの結果，サービス・

---

[1] Holmlund［1997］はその単語を"action"とするが，ここでは"act"を用いる。それは元来，Liljander & Strandvik［1995］が分析の最小単位として説明した。

第9章　リレーションシップ・マーケティング・プロセス：
コミュニケーション，相互作用，対話，価値

プロセス，情報，社会的接触，財務活動等）が特定され，それらを正しい見方で捉えることができる。

リレーションシップ・マーケティングにおける計画的コミュニケーション・プロセス

　統合型マーケティング・コミュニケーションの概念にしたがうと，多様なマーケティング・コミュニケーション媒体とコミュニケーション活動はひとつの一貫したメッセージに統合させなければならない。だが，例えば，従来どおりの広告，ダイレクトレスポンス，PRそして販売活動といった，程度の差こそあれ純粋なマーケティング・コミュニケーションであるコミュニケーション活動のみがそこには含められる（米国広告代理店協会の統合型マーケティング・コミュニケーション委員会の定義（Reitman［1994］引用），Frischman［1994］も参照）。その他のコミュニケーション活動は，それらが高い透明性をもち，そのマーケティング・コミュニケーションの要素に適合するときに限り（例えば，ダイレクトレスポンス・マーケティングの場合において，営業とコミュニケーションが同一の意味をもつとき），含められる（Stewart et al.［1996］，Stewart［1996］）。

　リレーションシップ・マーケティングのコンテクストにおけるマーケティング・コミュニケーションの特徴は，双方向あるいは場合によっては多方向のコミュニケーション・プロセスを創造しようとする点にある。全ての活動が直接的に双方向のコミュニケーションではないが，全てのコミュニケーション活動は，多少なりとも関係性を維持し向上させるような反応を導くべきである。例えば，商談やダイレクトメールあるいは情報パッケージといったどの活動も，進行中の計画的プロセスに統合されるべきである。この計画的コミュニケーション・プロセスは，例えば，販売活動，マス・コミュニケーション活動，（直接的な反応が求められる販売活動以外の）直接的な双方向のコミュニケーション，PRといったものに分類される様々な要素を含む。もちろん，その他にも多数あるいは多様なカテゴリーも用いられ，その提案されたグループはたいてい複数の小グループをもつ。マス・コミュニケーシ

189

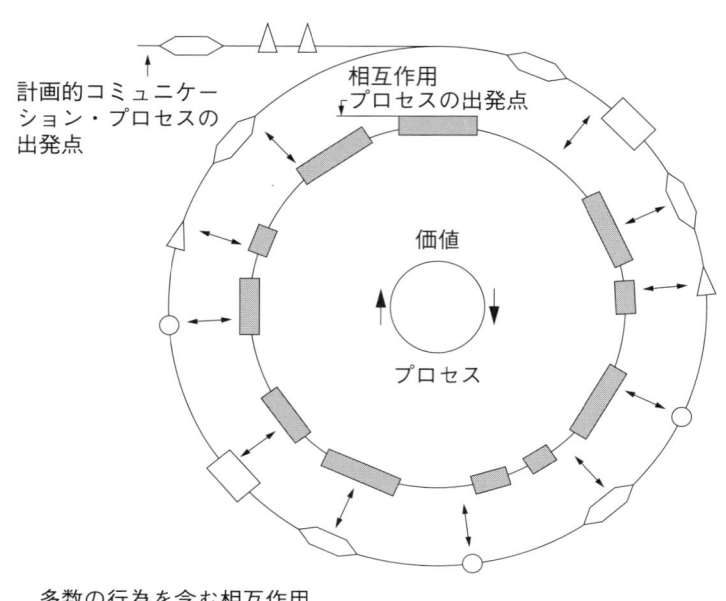

第Ⅱ部　リレーションシップ・マーケティング

図2　相互作用プロセス，計画的コミュニケーション・プロセス，価値プロセス

ョンは，即座の反応を求めない従来の広告，パンフレット，セールスレター等その他にも同様の活動を含むが，他方，ダイレクト・コミュニケーションには，提案や情報，発生している相互作用に対する認識，その顧客に関するデータの要請等の内容を含む個人宛の文書がある。そして，より直接的な反応が，以前の相互作用，追加の情報や提案の要請，顧客に関するデータ，社会的反応等からのフィードバックとして得られる。

図2において，計画的コミュニケーション・プロセスの輪が，個々の行為から構成される多くのエピソードを含む相互作用プロセスの輪と並行して描かれている。図解するため，計画的コミュニケーションの進行プロセスをつうじて，多様なコミュニケーション活動の種類が描写されている。この図から見てとれるように，しばしば（いつもというわけではないが），このプロ

第9章　リレーションシップ・マーケティング・プロセス：
コミュニケーション，相互作用，対話，価値

セスは相互作用プロセスが発生する前から開始される。もちろんこれは，関係性が構築される段階である。ふたつのプロセスが同時に開始する時点から，その関係性は維持され，さらに向上していく。その関係性は，とある時点で壊れるかもしれないし消失するかもしれない。相互作用プロセスと計画的コミュニケーション・プロセスは互いに対応しているが，それらは互いにサポートし合うべきであり阻害してはならないということを意味する。図2のふたつの輪の間にある双方向の矢印がこのことを説明している。計画的コミュニケーション・プロセスのなかの活動（例えば，商談や個人宛の文書）は期待を創造し，そして相互作用プロセスはこの期待に基づいて追求されなければならない。例えばもし，計画的コミュニケーション・プロセスだけがリレーションシップ・マーケティングの一部とされるのであれば，相互作用プロセスのなかの行為やエピソードの消極的な認識は，当初は良かった計画的コミュニケーション活動の印象を簡単に壊してしまい，関係性は発展しない。

　論をまとめると，例えば商談や個人宛の文書といったコミュニケーション活動は関係性を有するもののように見られるかもしれないが，別個のコミュニケーションの媒体をつうじてのマーケティング・コミュニケーションを単に計画し管理するだけでは，たとえ双方向のプロセスであっても，リレーションシップ・マーケティングとはいえない。計画的コミュニケーションと相互作用プロセスを体系的に実行されるひとつの戦略に統合することによってのみ，リレーションシップ・マーケティングは実現する。そのような場合，図2の中央に描かれた価値とプロセスの輪が示しているように，顧客が認識する関係性の価値は望ましいものとなる。

リレーションシップ・マーケティングにおける対話

　相互作用プロセスと計画的コミュニケーション・プロセスの両者に基づく活動は，その企業と顧客へのサービスの提供方法について顧客にメッセージを送る。Duncan & Moriarty［1997］は，考慮すべきメッセージの源泉を4つのグループに分類している。すなわち，計画的マーケティング・コミュニ

ケーション（計画的コミュニケーション・プロセスの一部として送られるメッセージ），製品メッセージならびにサービス・メッセージ（相互作用プロセスを経て創造されるメッセージ），そして，非計画的メッセージである。ひとつ目のグループは顧客の心の中で最も信頼性が低く，最後のグループは最も信頼性が高いと考えられる。計画的マーケティング・コミュニケーションは，顧客が抱える諸問題のためのソリューションがどのように機能すべきか，その誓約（約束・契約：promise）を形成する。製品メッセージは，顧客に対して関係性のなかで伝えられる，例えば，製品のデザイン，技術的特徴，耐久性，流通といった要素を含む。サービス・メッセージは，組織の顧客サービス及びその他のプロセスの相互作用から生じる。非計画的メッセージは，ニュース報道や従業員の噂話や口コミを介して伝えられる。この文脈において，コミュニケーションの欠如も明確なメッセージを送ることになるため，総体的なコミュニケーション・プロセスに影響を与えるということを心に留めておくべきだ（Calonius [1989]）。図3には，継続していく関係性のなかの5つのコミュニケーション・メッセージの源泉が例示され，まとめて説明されている。

計画的メッセージ	製品メッセージ	サービス・メッセージ	非計画的メッセージ	コミュニケーションの欠如
マス・コミュニケーション（例えば，広告），パンフレット，ダイレクトレスポンス，販売，ホームページなど	有用性，デザイン，外観，素材，生産プロセスなど	サービス・プロセスにおける相互作用，配送，請求書作成，クレーム対応，取扱説明書，ヘルプセンター・サービスなど	口コミの紹介，言論，ニュース，噂，インターネット上のチャットグループなど	サービス失敗後の沈黙，サービス・プロセスや生産プロセスを進めるための情報の欠如など

注：この図は，Duncan & Moriarty [1997] のコミュニケーション・メッセージに関する議論を基にしている。だが，彼らは5つめのコミュニケーション・メッセージ（Calonius [1989] が主張したコミュニケーションのひとつのカテゴリーである「コミュニケーションの欠如」）のコミュニケーションの影響について言及していない。
出所：Grönroos [2000b]

図3 関係性におけるコミュニケーション・メッセージの源泉

第9章　リレーションシップ・マーケティング・プロセス：
コミュニケーション，相互作用，対話，価値

　計画的マーケティング・コミュニケーションは，計画的コミュニケーション・プロセス（図2）において発生する。製品メッセージとサービス・メッセージは，相互作用プロセスのなかで形成される。口コミによる紹介等の非計画的メッセージは，顧客やその他の個々人がこのふたつのプロセスをどのように認識しているか，さらにそれらが互いにどのようにサポートあるいは阻害しているか，といったことから結果的に発生する。多様なメッセージの種類は連続的なプロセスのなかで開発されており，そして顧客の心の中でその効果は蓄積されていく。これについて，図4の「関係性コミュニケーション・グローブ (relationship communication globe)」をもって説明される。その球体の中心は，エピソード及びエピソードに関連するシークエンスが構築され，やがて関係性へと成長していくという相互作用の流れが描かれている（球体の中の相互作用プロセスの領域）。もし計画的マーケティング・コミュニケーション（図4上部の源泉1）がサポートしている計画的コミュニ

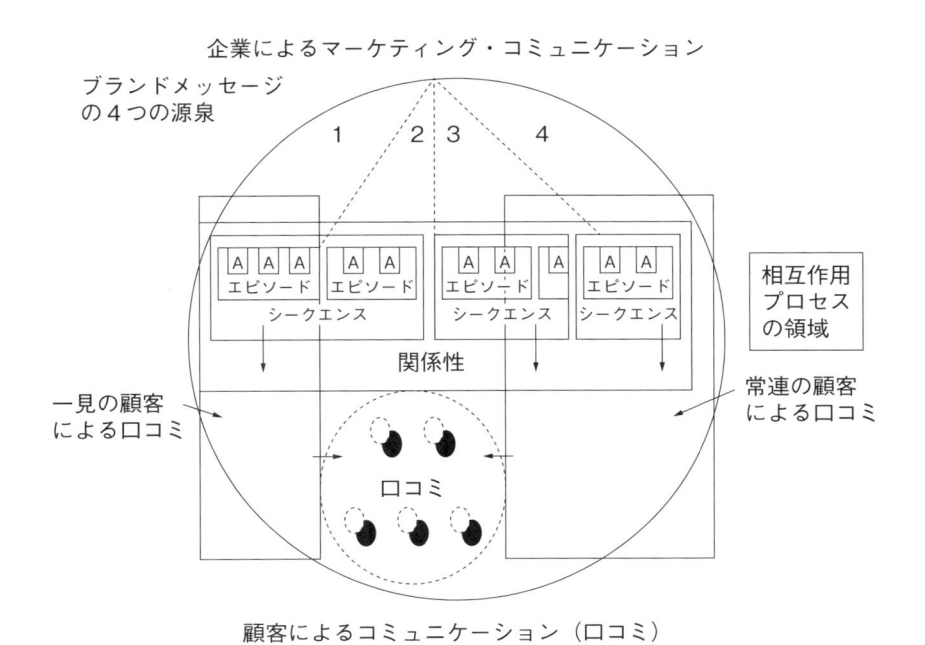

図4　関係性コミュニケーション・グローブ

193

ケーション・プロセスが，相互作用プロセスにおけるエピソードの流れのなかで形成される製品メッセージ及びサービス・メッセージによってサポートされるのであれば，好意的な口コミという結果をもたらす効果的な非計画的コミュニケーション（資源4）が実現されるだろう（Grönroos & Lindberg-Repo [1998]）。企業と顧客の両者がコミュニケーションを取り合うことに動機づけられると期待される。それは Dichter [1966] によると，その両者に対話させる必要条件となる。

対話は，互いに論理的に話し合う相互作用プロセスとして捉えることができる（Ballantyne [1999, 2000]）。それによって，共通の知識プラットフォームが実現する。もしこの知識プラットフォームによって提供者が顧客に対して付加価値をつくりあげることができれば，リレーションシップ・マーケティングは円滑に実行される。さらには，提供者にも価値を付加して創造すべきである。企業と顧客は繋げられなければならない。そうすることで，彼らは対話や議論し合うプロセスのなかで互いに信用できるかどうかがわかるからである。このプロセスの意図は，共有すべき意義を構築し，そして両者が協力してできることや，共通目的あるいは共有する知識の領域における接触をつうじて互いにできることの洞察を得ることである（Schein [1994], Bohm [1996]）。対話に参加するということの意味は，既存の知識を利用するだけでなく，新しい知識の創造に参加するということである（Gummesson [1999]）。それは，例えば，これまでとは違った方法で顧客にとってのより良いソリューションを開発することを可能にするかもしれない（Wikström & Normann [1994]）。

顧客は次のことを感じ取るべきである。すなわち，自分たちと情報のやり取りをしているその企業が，自分自身や自らのもつニーズであったり要求，さらには価値システムに対して見せかけではない関心を示し，そして説得力のある方法で製品やサービスあるいは総体的な提供のその他の要素について論じているか，ということである。また，顧客はフィードバックの重要性を認識し，それを活用することができているかどうか観察すべきである。そのような状況においては，リレーションシップ・マーケティングにおける相互作用プロセスのコミュニケーションの局面を計画的マーケティング・プロセ

第9章　リレーションシップ・マーケティング・プロセス：
コミュニケーション，相互作用，対話，価値

スに組み込み，ひとつの双方向のコミュニケーション・プロセスへと統合する。つまり，そのふたつのプロセスを「関係性ダイアログ（relationship dialogue）」に統合する（Grönroos [2000a, 2000b]）。相互作用プロセスから生じるメッセージと計画的コミュニケーション・メッセージとの統合は，対話を発生させる。顧客が相互作用プロセスにおけるエピソード内で，製品やサービスや情報等の個人的な経験を得るとき，Berlo [1960] が呼称する「内包的意味（connotative meaning）」が形成されるだろう。個人的な経験からメッセージは意味を帯び[2]，共有された意味に基づく共通の知識プラットフォームは開発のための機会をもたらす。ただし，これを実現するためには，全ての関係者が他の関係者のメッセージを聞き，反応できるようにしなければならない。つまり，計画的コミュニケーション・メッセージは対話へとは繋がらない。それは対話プロセスのきっかけとなるかもしれないが，相互作用及び相互作用に基づくメッセージが，一方通行あるいは平行線を辿るモノローグを対話へと開発するためには欠かせない。そして，口コミによる紹介の性質や内容はおそらく，顧客がどれほどの期間その相互作用プロセスに参加しているかによって異なる（Lindberg-Repo & Grönroos [1999]）。

リレーションシップ・マーケティングにおける価値プロセス

　リレーションシップ・マーケティングのほうが，取引を対象とするマーケティングよりも労力を要するということは明らかである。それゆえに，リレーションシップ・マーケティング戦略は，ひとつのエピソードにおける物財やサービス財の単なる取引よりも高い価値を，顧客やその他のいくらかの関係者（例えば，流通業者）に対して創造しなければならない。顧客は，その価値が継続中の関係性においてつくられたということを認識し，その重要性を理解しなければならない。関係性は時間を要するプロセスなので，顧客に

---

[2] Gayeski [1993] の主張によると，「メッセージ」と「意味」はコミュニケーション・プロセスの基本的なふたつの構成概念となる。

とっての価値もまた時間をかけてそのプロセスのなかで生じる。これは価値プロセスと称される。リレーションシップ・マーケティングが上手く機能し，顧客にとって有意義なものとして受け容れられるとき，顧客が重要性を認める計画的コミュニケーションと相互作用の両プロセスが同時並行する有益な価値プロセスがそこには存在するはずだ。

「価値」とは，従来のマーケティングや消費者行動の文献のなかでは「企業のための顧客の価値」として用いられてきた。「顧客にとっての価値」については，その分野では一部の文献でのみ議論されているが（例えば，Peter & Olson [1993], Zeithaml [1988]），それらも多かれ少なかれ取引を対象とするマーケティングのコンテクストにおけるものであった。例えば，Zeithaml [1988] は，顧客の知覚価値を「顧客の受け取るものや与えられるものの認識に基づく生産物の有用性に対する全体的な評価」と定義づけている。だがその一方で，Ravald & Grönroos [1996] の主張によると，「提供を構成する要素として関係性の様相が考慮されていない。（中略）我々は，関係性それ自体が総体的な知覚価値に大きな影響を与えることを主張する。親しい関係性においては，おそらく顧客は別個の提供の評価から全体的な観点として関係性の評価へと焦点を切り替えているだろう。当然，ビジネスの中核，つまり企業の生産物は根本的なものであるが，それはその提供者からの購入を決める決定的な理由とはならないだろう（p.23）」（Lapierre [1997] 参照）。

たとえソリューションとして用いる物財やサービス財が最良のものではなかったとしても，その関係性に充分な価値が見出されるのであれば，その関係者の同意は得られるだろう，ということも考えられる。「価値はリレーションシップ・マーケティングの重要な構成要素であり，企業が成功するための戦略に最も必要とされるもののひとつに，顧客に対してより高い価値を提供するための能力が考えられる（Ravald & Grönroos [1996] p.19, Heskett et al. [1994], Nilson [1992], Treacy & Wiersema [1993]）」。

取引がマーケティングの基盤であるとき，顧客のための価値は多少なりともエピソードにおける生産物と金銭との交換に組み込まれる。その知覚される負担に見合った価格がその生産物の対価として支払われる。だが，関係性

第9章　リレーションシップ・マーケティング・プロセス：
　　　　コミュニケーション，相互作用，対話，価値

がマーケティングの基盤となると，生産物の役割はぼやけたものになる。例えば，産業用ロボットのケースでは，顧客が購入物に満足するのであれば，配送，顧客トレーニング，メンテナンスや修理サービス，ロボットの使い方についての情報や書類，クレーム対応及びひょっとすると最終ロボットの共同開発等，いくつかの活動をその中核的なソリューション（ロボット）に付け加える必要がある。その付加的なサービスがなくなったりさほど良くないのであれば，どのようにしてその提供の中核的価値が非常に疑わしいものとなったのか理解するのは容易い。このような場合，顧客の価値認識に対する中核的な生産物の役割は，全くもって不鮮明となる。価値を追加するその付加的なサービスがなければ，その中核的な生産物（ここでいえば産業用ロボット）があらゆる場面で役立つということはあり得ないだろう。

　関係性のコンテクストでは，総体的な提供には中核的なソリューションと様々な付加的なサービスのいずれも含まれる（例えば，産業用ロボットのケース）。その負担には，当事者が他の集団との関係性に関わっているという事実のために，価格と顧客に生じる追加的なコストも含まれる。関係性のコンテクストにおいて，そのような追加的な負担は，関係性コストと呼ばれる（Grönroos [2000a]）。そのコストは，サプライヤーやサービス企業との関係性に介入するという決断から発生し始める。例えば，もし顧客がサプライヤーの提供方針のために必要以上の在庫を抱えなければならなくなってしまったり（直接的な関係性コストの発生），想定以上に修理やメンテナンスといったサービスが遅延してしまったり，同意したことから幾分か逸脱してしまうと（間接的な関係性コストの発生），関係性コストは増えていくだろう。また，関係性コストには，顧客が状況をコントロールできなくなったり，サプライヤーやサービス企業が計画どおり行動するのを信用できなくなったりといった感情から生じる精神的コストも時折みられる。

　顧客のための価値に対する別の見方は，提供の中核的な価値と関係性における付加的要素の付加価値とを分けて捉える方法である。そして，関係性のなかで顧客が求める価値は，エピソードの価値の構成要素と関係性そのものに内在する価値の構成要素との合計としてみることができる。したがって，関係性のコンテクストにおける「顧客の知覚価値（CPV：customer perceived value)」は，以下の3つの方程式に説明される（Grönroos [2000a]）。

$$CPV = \frac{コア・ソリューション＋付加サービス}{価格＋関係性コスト} \quad (1)$$

$$CPV = 中核価値 \pm 付加価値 \quad (2)$$

$$CPV = エピソード価値 \pm 関係性価値 \quad (3)$$

　関係性のなかで顧客の知覚価値は，時間とともに開発され認識される。方程式（1）において，価格には短期的な観念が含まれるが，原則的にそれは，中核的な生産物の提供に際して支払われる。一方，関係性コストは，関係性が構築され，中核的なソリューションの有用性が認識され，付加的なサービスがエピソードと単一の行為を含むシークエンスにおいて経験されるという時間の経過とともに発生する。方程式（2）には，長期的な観念も存在する。付加価値の構成要素は，関係性が開発されていく時間の経過のなかで経験される。だが，ここで重要なことはふたつの傾向がみられるということだ。しばしば付加価値は，まるで中核価値にいつも付随している何かとして扱われる。だが，これは明らかに事実とはいえない。なぜなら，付加価値はネガティブなものにもなり得るからだ。例えば，ある機器がもつ高い中核価値が，間の悪い配送やサービスの遅延，必要な情報の欠如，クレーム対応のまずさ，不明確あるいは間違った請求書発行等によって，低められたり台無しにされることもある。付加的なサービス財はポジティブな価値を加えてくれるのではなく，高価かつ不測の関係性コストを生み出してしまうことで基本的な中核価値を引き下げてしまう。つまり，それはネガティブな付加価値を与えるか，あるいは価値破壊を引き起こす。

　ネガティブな付加価値を伴う状況下では，顧客への付加価値の創造は，必ずしもその提供に新しいサービス財を付け加える必要はない。その一方で，ネガティブな付加価値あるいは価値破壊の影響を低減させたり一緒くたに消し去るために，企業は関係性における既存のサービス財（例えば，配送，サービス，メンテナンス，請求書発行等）を改善しなければならない。ひょっ

第9章　リレーションシップ・マーケティング・プロセス：
　　　　コミュニケーション，相互作用，対話，価値

とすると，これは新しいサービス財を追加するよりも，多くの関係性のなかで付加価値を創造する手っ取り早く効果的な方法なのかもしれない。しかるべきときには，新しいサービス財や物財の構成要素は当然その提供のなかに含まれる。だが，新しいサービス財による価値を高める効果は，良く思われていない既存のサービス財による価値破壊のせいで打ち消されたり相殺される，ということを常に気に留めておくと良い。

　最後の方程式（3）に示されているように，単一のエピソード（例えば，製品やサービスの構成要素，情報，その他の種類の資源の交換を含む）から創られた価値に加えて，顧客の知覚価値は，サプライヤーやサービス提供者との関係性が存在するという事実からもたらされたことが明らかにわかる価値の構成要素を含むだろう（Sheth & Parvatiyar [1995b]，Bagozzi [1995]）。例えば，この価値の構成要素には，安心感や信頼感，関係性コストの調整，購買リスクの最小化といったものがあげられる。当然ながら，この方程式の一部分である関係性価値はポジティブなものであるべきだ。だが，もし価値を破壊するものがその関係性のなかにあると，それはネガティブなものになってしまう。そのような場合，他集団との関係性の実在について，顧客が認識しているのか議論の余地がある。顧客は，例えば価格や所在地や技術による絆のためだけに同じサプライヤーとビジネスを続けるのかもしれない。理論的には，エピソードと関係性の価値の構成要素を別々のものとして扱うことは重要に思われる。だが，顧客はいつもそれらを別々に認識しているわけではない。

　相互作用プロセスのなかのエピソードから成るシークエンスにおいて認識される中核的なソリューションと付加的なサービス財は，継続していくことを基本として顧客のその知覚価値を創造すべきである。中核的な価値は，粗悪なあるいは間の悪いサービス財の取扱いから生じるネガティブな付加価値によって打ち消されるべきではない。同時に，計画的コミュニケーション・プロセスにおけるコミュニケーション活動は，この価値プロセスを打ち消したり台無しにするのではなく，サポートすべきである。

　要するに，リレーションシップ・マーケティング戦略の成功のためには，上述した3つ全てのプロセスがリレーションシップ・マーケティング計画に

第Ⅱ部　リレーションシップ・マーケティング

おいて考慮されなければならない。相互作用プロセスはリレーションシップ・マーケティングの中核であり，計画的コミュニケーション・プロセスはリレーションシップ・マーケティングとは異なるコミュニケーションの様相をもち，そして価値プロセスはリレーションシップ・マーケティングの結果である。これらのプロセスが統合されるとき，矛盾のない総体的なマーケティング・コミュニケーションのインパクトが創られる。この統合が上手くいけば，顧客とサプライヤーあるいはサービス提供者との間にみられる継続的な関係性における相互作用及び計画的コミュニケーションの両プロセスが対話へと編成されるだろう。

　顧客のその価値プロセスの進行が注意深く分析されなければ，他のふたつのプロセスにおける行為が間違ったものになったり不適切なものになりやすい。そのような場合，顧客に矛盾するシグナルを示したり実現されない誓約によって，その価値プロセスは容易くネガティブなものになってしまう。もしその3つの重要なプロセスのうちひとつでも注意深く分析され計画されなければ，リレーションシップ・マーケティングの実行は破綻するだろう。

結論

　文献においてリレーションシップ・マーケティングは，その関係性アプローチがふさわしいとされるあらゆる状況において，いかなる顧客にも通用するソリューションとしてしばしば提案される。これはおそらく現実的ではない。ある顧客は企業と関わる接触を受容する強い意思をもつかもしれないが，その一方で取引志向的な接触を好む顧客も存在する。また，とある状況下の人間は関係性に興味を示すかもしれないが，別の状況下の人間はそうではないかもしれない。「こうして，一定のマーケティングの状況下では，消費者（あるいはB to Bの関係性における利用者）は，「関係性モード（relational mode）」か「取引モード（transactional mode）」のいずれかの状況にある。さらに，関係性モードにある消費者は，能動的あるいは受動的な関係性モードのどちらかになり得る。能動的な関係性モードの消費者あるいは利用者は接触を求めるが，他方の受動的な関係性モードの消費者は，必要

第9章　リレーションシップ・マーケティング・プロセス：
　　　　コミュニケーション，相互作用，対話，価値

なときに企業が彼らのために存在するということがわかればそれで満足する（Grönroos［1997］p.409）」。文献において，なぜ顧客が関係性モードを選び，リレーションシップ・マーケティング・アプローチに好意的な反応を示すのかについて，いくつかの意見があったが（例えば，Sheth & Parvatiyar［1995b］, Bagozzi［1995］），今のところこの問題領域における実証研究はほとんどみられない。すなわち，我々は能動的あるいは受動的な関係性モードのいずれの前例について，ほとんど知らなければ，取引モードから関係性モードへ，あるいは受動的関係性モードから能動的関係性モードへと変換する引き金をひく内因性あるいは外因性の要因についても全くわかっていない。

　企業の市場関係性のマネジメント・プロセスを関係性の観点からアプローチするとき，マーケティングは組織をつうじて拡まる。例えば，パートタイム・マーケター（Gummesson［1991］）といったマーケティング資源が，マーケティング部門だけでなく企業全体にみられる。当然ながら，従来のマーケティングの領域（例えば，市場調査，マーケティング・コミュニケーション，価格設定）における専門家は今なお必要とされるが，マーケティングはもはや彼らだけが占有する機能ではなくなった。それは社内の多くの機能の一部となる。そのような状況では，「マーケティングは組織化することができない。できることは，組織のなかにマーケティングを組み込むことだけだ（Grönroos［2000a］p.311）」。

　B to Bの関係性において，従来のマーケティング・ミックス・アプローチによる問題が長い間確認されてきた。多くの企業では，顧客との関係性における別の機能としてのマーケティングの役割は，さほど目立たないものであった。だが，マーケティング部門は，この役割を全くもって統合せずに，企業の顧客との関係性におけるその他の要素をもって，計画的マーケティング・コミュニケーションに対して熱心に取り組んできた。B to Bの関係性のコンテクストにおいて，その関係性の観点は，顧客との間で生じるあらゆる相互作用の範囲で用いられる計画的コミュニケーションを統合するための包括的なフレームワークを提案してくれる。そのようにして，マーケティングは本当の意味で組織に浸透していき，真の顧客志向が達成され得るのであ

る。
　「マーケティング」という現象，すなわち，組織をつうじて市場関係性をマネジメントすることは重要性を増しているが，その「マーケティング」という術語はもはやいつでも通用する最善のものではないのかもしれない。原則的には，例えばパートタイム・マーケターやそのスーパーバイザー及びマネジャーといった，マーケティングの専門集団以外の従業員は，パートタイム・マーケターとしての彼らの役割と責任を受け容れるだろうが，必ずしも彼らはマーケティングと呼ばれる何かしらの活動に加わりたいとは考えていないかもしれない。彼らの多くは，マーケティングという言葉に対して，取引マーケティングの歴史に色付けされた意味合いをもっている。マーケティング部門によって実行されたマーケティングの信用が失墜したこともしばしばみられる。「組織内にリレーションシップ・マーケティングの理解を形成するため，ならびにリレーションシップ・マーケティングの文化を実現するため，マーケティングという術語を企業における顧客との関係性をマネジメントするタスクを言い表す心理的により受け容れられやすい用語へと置き換える必要があるのかもしれない (Grönroos [1999] p.334)」。この観点は，興味深くやりがいのある研究機会を与えてくれる。研究者及び実務家のなかには，マーケティングという術語を廃止する考えについて，不要であったり異端とさえ思う人もいるかもしれないが，市場関係性のマネジメント・プロセスを改名し，組織をつうじて顧客志向及び「マーケティング」の受容に関して成功をおさめている企業の事例が存在する (Grönroos [2000a])。また，我々は，「マーケティング」という術語が登場してから1世紀も経っておらず，その一方で「マーケティング」の現象は商取引の歴史と同等に古くからあるということを思い出すべきである。この現象を指すその用語は，既に変更されている。
　リレーションシップ・マーケティング・アプローチを適用しようとする変化のために，古い構造や思想に関する多くのことを変えなければならない。本質を捉えたインターナル・マーケティング (George [1990], Ballantyne [1997], Grönroos [2000a], Voima [2000]) が必要となる。例えば，その変化を要するいくつかをあげてみると，企業の伝統的な編成方法，マーケテ

第9章　リレーションシップ・マーケティング・プロセス：
コミュニケーション，相互作用，対話，価値

ィング計画のシステム，市場の成功を測定する方法やツール，総体的な市場を有意義な市場プラットフォームへと構築する方法として市場セグメンテーションを捉える思想などがあるが，それらの変化は別の文脈でなされている（Grönroos［1999］）。その変化の必要性は，実際にはさほど驚くべきことではない。結局のところ，マーケティング・リサーチやマーケティングに似て非なる実践が今なおはびこる多くの構造や思想は，取引を主とするマーケティング・アプローチが企業にとって上手く機能していた産業社会から生じたものである。しかしながら，今日，我々はポスト産業社会（ときに「ニューエコノミー」と呼ばれる）のなかで生きている。マーケティングは，周辺環境の変化から影響を受けずに存在することはできない。

参考文献

Arndt, J. (1979), 'Towards a concept of domesticated markets', *Journal of Marketing*, Vol. 43, Fall, pp. 69–75.
Bagozzi, R.P. (1995), 'Reflections on relationship marketing in consumer markets', *Journal of the Academy of Marketing Science*, Vol. 23 No. 1, pp. 272–7.
Ballantyne, D. (1997), 'Internal networks for internal marketing', *Journal of Marketing Management*, Vol. 13 No. 5, pp. 343–66.
Ballantyne, D. (2000), 'Dialogue and knowledge generation: two sides of the same coin in relationship marketing', paper presented at the 2nd WWW Conference on Relationship Marketing, November 1999–February 2000, Monash University and MCB University Press, available at: www.mcb.co.uk/services/conferen/nov99/rm/paper3.html
Berlo, D.K. (1960), *The Process of Communication*, Holt Rinehart & Winston, New York, NY.
Berry, L.L. (1983), 'Relationship marketing', in Berry, L.L., Shostack, G.L. and Upah, G.D. (Eds), *Emerging Perspectives on Services Marketing*, Proceedings Series, American Marketing Association, Chicago, IL.
Bitner, M.J. (1995), 'Building service relationships: it's all about promises', *Journal of the Academy of Marketing Science*, Vol. 23 No. 4, pp. 246–51.
Bohm, D. (1996), *On Dialogue*, Routledge, London.
Booms, B.H. and Bitner, M.J. (1981), 'Marketing strategies and organization structures for service firms', in Donnelly, J.H. and George, W.R. (Eds), *Marketing of Services*, Proceedings Series, American Marketing Association, Chicago, IL.
Brodie, R.J., Coviello, N.E., Brookes, R.W. and Little, V. (1997), 'Towards a paradigm shift in marketing? An examination of current marketing practices', *Journal of Marketing Management*, Vol. 13 No. 5, pp. 383–406.
Calonius, H. (1989), 'Market communication in service marketing', in Avlonitis, G.J., Papavasiliou, N.K. and Kouremeos, A.G. (Eds) *Marketing Thought and Practice in the 1990s, Proceedings from the XVIIIth Annual Conference of the European Marketing Academy*, Athens.
Christopher, M., Payne, A. and Ballantyne, D. (1991), *Relationship Marketing: Bringing Quality, Customer Service and Marketing Together*, Butterworth-Heinemann, Oxford.

第Ⅱ部　リレーションシップ・マーケティング

Collins, B. (1999), 'Pairing relationship value and marketing', *Australasian Marketing Journal*, Vol. 7 No. 1, pp. 63–71.
Coviello, N.E. and Brodie, R.J. (1998), 'From transaction to relationship marketing: an investigation of managerial perceptions and practices', *Journal of Strategic Marketing*, Vol. 6 No. 3, pp. 171–86.
Coviello, N.E., Brodie, R.J., Brookes, R.W. and Collins, B. (1997), 'From transaction marketing to relationship marketing: an investigation of market perceptions and practices', *Fifth International Colloquium in Relationship Marketing*, November, Cranfield University, Cranfield.
Dichter, E. (1966), 'How word-of-mouth advertising works', *Harvard Business Review*, Vol. 44 November-December, pp. 147–66.
Duncan, T. and Moriarty, S. (1997), *Driving Brand Value*, McGraw-Hill, New York, NY.
Duncan, T. and Moriarty, S. (1999), 'Commentary on relationship-based marketing communications', *Australasian Marketing Journal*, Vol. 7 No. 1, pp. 118–20.
Frischman, D.E. (1994), 'A voice of reality', in Faure, C. and Klein, L. (Eds), *Marketing Communications Strategies Today and Tomorrow: Integration, Allocation, and Interactive Technologies*, Report 94–109, Marketing Science Institute, Cambridge, MA, pp. 35–6.
Gayeski, D. (1993), *Corporate Communication Management*, Focal Press, Boston, MA.
George, W.R. (1990), 'Internal marketing and organizational behavior: a partnership in developing customer-conscious employees at every level', *Journal of Business Research*, Vol. 20 No. 1, pp. 63–70.
Grönroos, C. (1980), 'Designing a long range marketing strategy for services', *Long Range Planning*, Vol. 13 April, pp. 36–42.
Grönroos, C. (1983), *Strategic Management and Marketing in the Service Sector*, Marketing Science Institute, Cambridge, MA (original published in 1982).
Grönroos, C. (1989), 'Defining marketing: a market-oriented approach', *European Journal of Marketing*, Vol. 23 No. 1, pp. 52–60.
Grönroos, C. (1996), 'Relationship marketing logic', *Asia-Australia Marketing Journal*, Vol. 4 No. 1, pp. 1–12.
Grönroos, C. (1997), 'Value-driven relational marketing: from products to resources and competencies', *Journal of Marketing Management*, Vol. 13 No. 5, pp. 407–20.
Grönroos, C. (1998), 'Marketing services: the case of the missing product', *Journal of Business and Industrial Marketing*, Vol. 13 No. 4/5, pp. 322–38.
Grönroos, C. (1999), 'Relationship marketing: challenges for the organization', *Journal of Business Research*, Vol. 46 No. 3, pp. 327–35.
Grönroos, C. (2000a), *Service Management and Marketing: A Customer Relationship Management Approach*, Wiley, New York, NY.
Grönroos, C. (2000b), 'Creating a relationship dialogue: communication, interaction, value', *Marketing Review*, Vol. 1 No. 1, pp. 5–14.
Grönroos, C. and Gummesson, E. (1985), 'The Nordic School of service marketing', in Grönroos, C. and Gummesson, E. (Eds), *Service Marketing – Nordic School Perspectives*, Stockholm University, Stockholm, pp. 6–11.
Grönroos, C. and Lindberg-Repo, K. (1998), 'Integrated marketing communications: the communications aspect of relationship marketing', *The IMC Research Journal*, Vol. 4 No. 1, pp. 3–11.
Gummesson, E. (1983), 'A new concept of marketing', *Proceedings of the European Marketing Academy (EMAC)*, Institut d'Etudes Commerciales de Grenoble, France, April.
Gummesson, E. (1987), 'The new marketing – developing long-term interactive relation-

第9章　リレーションシップ・マーケティング・プロセス：
コミュニケーション，相互作用，対話，価値

ships', *Long Range Planning*, Vol. 20 No. 4, pp. 10–20.
Gummesson, E. (1991), 'Marketing revisited: the crucial role of the part-time marketer', *European Journal of Marketing*, Vol. 25 No. 2, pp. 60–7.
Gummesson, E. (1996), 'Relationship marketing and imaginary organizations: a synthesis', *European Journal of Marketing*, Vol. 30 No. 2, pp. 31–44.
Gummesson, E. (1999), *Total Relationship Marketing. Rethinking Marketing Management: From 4 Ps to 30 Rs*, Butterworth-Heinemann, Oxford.
Håkansson, H. Ed. (1982), *International Marketing and Purchasing of Industrial Goods*, Wiley, New York, NY.
Håkansson, H. and Snehota, I. (1995), *Developing Relationships in Business Networks*, Routledge, London.
Heskett, J.L., Jones, T.O., Loveman, G.W., Sasser, W.E. and Schelsinger, L.A. (1994), 'Putting the service-profit chain to work', *Harvard Business Review*, Vol. 72, March-April, pp. 164–74.
Holmlund, M. (1996), *A Theoretical Framework of Perceived Quality in Business Relationships*, Hanken Swedish School of Economics Helsinki/CERS, Helsingfors.
Holmlund, M. (1997), *Perceived Quality in Business Relationships*, Hanken Swedish School of Economics Finland/CERS, Helsingfors.
Hunt, S.D. and Morgan, R.M. (1994), 'Relationship marketing in the era of network competition', *Marketing Management*, Vol. 3 No. 1, pp. 19–30.
Jackson, B.B. (1985), 'Build customer relationships that last', *Harvard Business Review*, Vol. 63, November–December, pp. 120–8.
Lapierre, J. (1997), 'What does value mean in business-to-business professional services?', *International Journal of Service Industry Management*, Vol. 8 No. 5, pp. 377–97.
Levitt, T. (1983a), *The Marketing Imagination*, Free Press, New York, NY.
Levitt, T. (1983b), 'After the sale is over', *Harvard Business Review*, Vol. 61, September-October, pp. 87–93.
Liljander, V. (1994), 'Introducing deserved service and equity into service quality models', in Kleinaltenkamp, M. (Ed.), *Dienstleistungsmarketing – Konzeptionen und Anwendungen*, Gabler Edition Wissenschaft, Berlin, pp. 1–30.
Liljander, V. and Strandvik, T. (1995), 'The nature of customer relationships in services', in Bowen, D., Brown, S.W. and Swartz, T.A. (Eds), *Advances in Services Marketing and Management*, Vol. 4, JAI Press, Greenwich, CT, pp. 141–67.
Lindberg-Repo, K. and Grönroos, C. (1999), 'Word-of-mouth referrals in the domain of relationship marketing', *Australasian Marketing Journal*, Vol. 7 No. 1, pp. 109–17.
Mattsson, L-G. (1997), 'Relationship marketing and the "market-as-networks" approach: a comparative analysis of two evolving streams of research', *Journal of Marketing Management*, Vol. 13 No. 5, pp. 447–61.
Möller, K. and Wilson, D. (1995), 'Business relationships: an interaction perspective', in Möller, K. and Wilson, D. (Eds), *Business Marketing: An Interaction and Network Perspective*, Kluwer Academic, Boston, MA, pp. 23–52.
Nilson, T.H. (1992), *Value-Added Marketing: Marketing for Superior Results*, McGaw-Hill, London.
Normann, R. (1992), *Service Management*, 2nd ed., Wiley, New York, NY.
Payne, A. and Holt, S. (1999), 'Review of the "Value" literature and implications for relationship marketing', *Australasian Marketing Journal*, Vol. 7 No. 1, pp. 41–51.
Peter, J.P. and Olson, J.C. (1993), *Consumer Behavior and Marketing Strategy*, 3rd ed., Irwin, Homewood, IL.
Ravald, A. and Grönroos, C. (1996), 'The value concept and relationship marketing', *European Journal of Marketing*, Vol. 30 No. 2, pp. 19–30.
Reichheld, F.E. (1993), 'Loyalty-based management', *Harvard Business Review*, Vol. 2, March-April, pp. 64–73.

Reichheld, F.E. and Sasser, W.E. Jr. (1990), 'Zero defections: quality comes to services', *Harvard Business Review*, Vol. 68, September-October, pp. 105–11.
Reitman, J. (1994), 'Integrated marketing: fantasy or the future?', in Faure, C. and Klein, L. (Eds), *Marketing Communications Strategies Today and Tomorrow: Integration, Allocation, and Interactive Technologies*, Report 94–109, Marketing Science Institute, Cambridge, MA, pp. 30–2.
Schein, E.H. (1994), 'The process of dialogue: creating effective communication', *The Systems Thinker*, Vol. 5 No. 5, pp. 1–4.
Schultz, D.E. (1996), 'The inevitability of integrated communications', *Journal of Business Research*, Vol. 37 No. 3, pp. 139–46.
Schultz, D.E., Tannenbaum, S.I. and Lauterborn, R.F. (1992), *Integrated Marketing Communications*, NTC Publishing, Lincolnwood, IL.
Sheth, J.N. and Parvatiyar, A. Eds. (1994), 'Relationship marketing: theory, methods, and applications', *Proceedings of the 1994 Relationship Marketing Research Conference*, Center for Relationship Marketing, Emory University, Atlanta, GA, June.
Sheth, J.N. and Parvatiyar, A. (1995a), 'The evolution of relationship marketing', *International Business Review*, Vol. 4 No. 4, pp. 397–418.
Sheth, J.N. and Parvatiyar, A. (1995b), 'Relationship marketing in consumer markets', *Journal of the Academy of Marketing Science*, Vol. 23 No. 4, pp. 255–71.
Stauss, B. and Weinlich, B. (1995), 'Process-oriented measurement of service quality by applying the sequential incident technique', paper presented at the Fifth Workshop on Quality Management in Services, EIASM, Tilburg.
Stewart, D.W. (1996), 'Market-back approach to the design of integrated communications programs: a change in paradigm and a focus on determinants of success', *Journal of Business Research*, Vol. 37 No. 3, pp. 147–54.
Stewart, D.W., Frazier, G. and Martin, I. (1996), 'Integrated channel management: merging the communications and distributions functions of the firm', in Thorson, E. and Moore, J. (Eds), *Integrated Marketing and Consumer Psychology*, Lawrence Erlbaum Associates, Hillsdale, NJ.
Storbacka, K. (1994), *The Nature of Customer Relationship Profitability: Analyses of Relationships and Customer Bases in Retail Banking*, Swedish School of Economics and Business Administration, Helsingfors.
Storbacka, K. and Lehtinen, J.R. (2000), *Customer Relationship Management* (in Swedish), Liber Ekonomi, Malmö.
Strandvik, T. and Storbacka, K. (1996), 'Managing relationship quality', paper presented at the QUIS 5 Quality in Services Conference, University of Karlstad, Karlstad.
Treacy, M. and Wiersema, F. (1993), 'Customer intimacy and other value disciplines', *Harvard Business Review*, January-February, pp. 84–93.
Tzokas, N. and Saren, M. (1999), 'Value transformation in relationship marketing', *Australasian Journal of Marketing*, Vol. 7 No. 1, pp. 52–62.
Vavra, T.G. (1994), 'The database marketing imperative', *Marketing Management*, Vol. 2 No. 1, pp. 47–57.
Voima, P. (2000), 'Internal relationship management – broadening the scope of internal marketing', in Varey, R.J. and Lewis, B.R. (Eds), *Internal Marketing: Directions for Management*, Routledge, London.
Webster, F.E. Jr (1994), 'Executing the new marketing concept', *Marketing Management*, Vol. 3 No. 1, pp. 9–18.
Wikstrom, S. and Normann, R. Eds. (1994), *Knowledge and Value: A New Perspective on Corporate Transformation*, Routledge, London.
Wilson, D.T. and Jantrania, S. (1994), 'Understanding the value of a relationship', *Asia-Australia Marketing Journal*, Vol. 2 No. 1, pp. 55–66.
Zeithaml, V.A. (1988), 'Consumer perceptions of price, quality and value: a means-end

model and a synthesis of evidence', *Journal of Marketing*, Vol. 52, July, pp. 2–22.

第III部

新しいマーケティング・ロジック

第10章 マーケティングへのサービス・ロジックの適用[※]

　Vargo & Lusch［2004］の論文が発表されてから，サービス・ドミナント・ロジックの利用が国際的な議論の的となってきた。その論文は，ノルディック学派のリサーチトラディション（研究伝統）に倣い，一般的なマーケティングに対するサービス・マーケティングの貢献について議論されている。本章では，サービス・ロジックと製品ロジックを比較する。現代において，サービス・ロジックは，多くの製造業ビジネスのコンテクストにとても良く適合する。この結論は，Vargo & Lusch［2004］によるものと似ている。だが，そこには違いもみられる。すなわち，ノルディック学派のアプローチは，直接独自のマーケティングのコンテクストにおいてサービスに研究の焦点をあて，変容するマーケティングのコンテクストが，効果的なマーケティングに必要とされるロジックにどのように影響を与えているのかについて報せてくれる。

はじめに

　いくつか古いサービス・マーケティングの文献がみられるが，サービス志向的概念やモデルが開発され始めたのは1970年代に入ってからである。そのような折，Lynn Shostack［1977］が *Journal of Marketing* に投稿した論文は，実にサービス・マーケティングを興味を惹き付け受容される研究領域にしてくれた。とはいえ，それからその領域は，物財に基礎をおく主流のマー

[※] Reprinted by permission of Sage Publications Ltd from: Grönroos, C. Adapting a Service Logic for Marketing. *Marketing Theory*, 2006; 6(3): 317-333.

ケティングから切り離されて発展していくことになったのだが。

　同様に，Stephen Vargo & Robert Lusch ［2004］が *Journal of Marketing* に投稿した，マーケティングに対する新概念としてのサービス・ドミナント・ロジック（S-Dロジック）を論じた論文が，サービス・ロジックが主流の物財に基づくロジックに取って代わる可能性を示す国際的な議論に確実に火をつけることとなった。その著者らは，「サービスを中心に据えるドミナント・ロジックの重要なインプリケーションは，ものの見方を全般的に変えてしまうものである」と結論づけている（Vargo & Lusch［2004］p.12）。しかしながら，1977年から2004年の間に，有り余るほどのサービス・マーケティング及びリレーションシップ・マーケティングの研究が存在し，そのなかでもサービスを基礎とする概念やモデルは開発されてきた。そして，極めて数は少ないが，主流のマーケティングに影響を与えるサービス・ロジックの可能性を議論したものも存在する。

　欧州では，サービス・マーケティング研究における国際的に認識されているふたつの学派が存在し，それらの興りは1970年代初頭であり（Berry & Parasuraman［1993］），ひとつは北欧諸国（Grönroos & Gummesson［1985］参照），もうひとつはフランスにおいて（Eiglier & Langeard［1976］，Langeard & Eiglier［1987］）発生した。いずれの学派も，マーケティングには新しい見方が必要だという立場をとった。例えば，ノルディック学派を代表する Grönroos［1978, 1982］と Gummesson［1979, 1991］は，マーケティングは独立したビジネス機能であってはならず，マーケティング部門の責務とならなければならない，と主張している。また彼らは次のように説明を加える。すなわち，顧客の選択は，マーケティング部門の管轄や責任とは関係のないたくさんの資源との相互作用（従業員及び物的資源やシステム）から影響を受ける。顧客は，サービス生産プロセスのなかで共同生産者として参加する「資源」になるということも明らかにされた（Grönroos［1978］，Gummesson［1979］，Lehtinen［1983］，Eiglier & Langeard［1976］）。さらに，このサービス・プロセス参加者としての顧客の見方の拡張として，Grönroos は次のように述べている。「消費者はサービス提供の形成，つまり商品開発に積極的に参加している。（中略）消費者自身が自ら購

入し消費するサービスの一部だと考えられ（Grönroos［1978］p.596)」．そして「サービス提供に対して消費者は二通りの影響を与える。ひとつに，消費者自身が生産プロセスに参加し，その結果，彼（女）が得る利益に影響を与える。他方，同時にサービスを購入あるいは消費している他の顧客もまたサービス提供に影響する（Grönroos［1982］pp.38-39)」。

　サービス・マーケティングにおけるノルディック学派的観点の開発を理解するために，別な要因も念頭に入れておくことが肝要だ。サービス・マーケティング研究に対する主流のアプローチ（出発点は既製品を基礎とするマーケティングのモデル）とは反して，研究者はサービスの現象を出発点としてその独自のマーケティングのコンテクストに取り入れ，「どのようにしてこの現象にマーケティングに似た概念を適合させるべきか」問われた。こうして，異なるロジックに基づき開発されてきた既存のマーケティング・モデルは，サービス・マーケティングの発展を拘束するものにはならなかった。

　本章の目的は，主にノルディック学派のリサーチトラディションをもって，サービス・ロジックに基づいたマーケティングについて議論すること，ならびにこの観点が物財を対象とするマーケティングにも適用するかどうか，そして適用するのであればどのようになされるかについて考察することである。ノルディック学派の観点と Vargo & Lusch［2004］のサービス・ドミナント・ロジックとの間には異なる点がいくつかあるものの，共通する特徴も多数みられる。ノルディック学派の観点によると，物財を扱うマーケターは顧客との接触においてサービスの要素をますます取り入れるようになり，30年間以上開発されてきたサービスのロジックに基づくマーケティング志向は，物財を対象とするマーケティングにも適合するだろう。Vargo & Lusch［2004］は，物財はサービスのトランスミッター，つまり顧客のために「利用価値（value-in-use）」を実現する流通メカニズムとしてみられると主張しており，その点で異なる。たいてい，その違いは次のような事実から生じる。すなわち，ノルディック学派の観点は独自のマーケティングのコンテクストにおけるサービス研究に基づいているのに対して，Vargo & Luschによって提唱されたサービス・ドミナント・ロジックは，古典的な経済理論のなかでサービス概念がどのように傍観されてきたかに関する幅広い分析に

基づき発生している（Vargo & Lusch [2004] pp.6-8, Vargo & Morgan [2005]）。

消費のブラックボックスの開封

　サービス・マーケティングにアプローチするノルディック学派のリサーチトラディションのなかで，サービス財と物財を明確に区別する性質は「プロセス」にあり，そこにサービス財特有の様相をみることができることを早期に証明した。サービス財は「オープン・プロセス」において発生し，そこで顧客は共同生産者として参加するため，プロセスの進捗から直接的な影響を受ける。従来，物財は閉鎖的な生産プロセスにおいて生産され，そこでは顧客はそのプロセスの結果としての製品を認識するのみである。

　伝統的な物財に基づくマーケティング・モデルは，そのマーケターに対して相互作用的消費プロセスの方法へと足を踏み入れる術を何ひとつ与えない。おそらくマーケティング・コミュニケーションから提供されるいくつかの情報をもってサポートされるだろうが，マーケティング・ミックスの変数の「プロダクト」にあたる物財のみが顧客によって認識される。しかしながら，物財は相互作用的ではなく，そしてそのマーケターは顧客がその物財で何をしているのか知らない。それゆえに，消費というものが物財を扱うマーケターにとってブラックボックスなのである。

　サービス財のプロセスの特性は，サービス財の生産と消費が少なくとも部分的に同時のプロセスであるということ，ならびにサービス提供者が少なくとも部分的に消費領域に関わっているということから考えられる。サービス財の生産は消費者からみて「オープン・システム」であり，同様にサービス財の消費もまたサービス提供者からみて「オープン・システム」なのである（Grönroos [1978], Gummesson [1979], Lehtinen [1983] 参照）。物財を対象としたマーケティング・モデルによると，物財は顧客へと提供されるが，その物財の消費は企業からみて「クローズド・システム」であり，その物財の消費プロセスはブラックボックスとして扱われる。サービス財のこのふたつの特徴（プロセスの性質，ならびにサービスが生産されている間，顧

第10章 マーケティングへのサービス・ロジックの適用

客はそれを消費しており、そのため彼らはサービス生産プロセスに参入しているという事実）は、ノルディック学派の研究者が開発してきたサービス・マーケティングの概念やモデルに多大な影響を与えた。サービス・マーケティングの文献においていつもあげられるサービス財の4つの特性である「無形性」「異質性」「不可分性」「消滅性」（Fisk, Brown & Bitner ［1993］参照）のいくつかについてはときどき言及されるが、それらはこれまであまり強調されてこなかった（Lovelock & Gummesson ［2005］参照）。

　プロセスの性質と顧客が同時にサービス財の共同生産者であり消費者であるという意見は、ノルディック学派の研究者にマーケティングに対する消費プロセスの役割と影響に目を向けさせた。サービス・マーケティング研究がもたらしたマーケティングへの最大の貢献は、物財を基礎とするマーケティング・モデルのなかの消費に関するブラックボックスにメスを入れ詳しく調べたことであった（Grönroos ［2006］）。マーケティング・ミックスのメタファーを中心とするこれまでのマーケティング・モデルならびに単独機能としてのマーケティングの視点は、推奨品（物財やサービス財）に焦点を合わせてきた。とはいえ、そのマーケティングの概念が暗に示す最善のケースは、特定されたターゲット顧客層が本当に求めるものとその商品が一致する場合である。

　「交換（exchange）」は、マーケティング研究の課題とされ（Bagozzi ［1975］）、その交換の促進がマーケティングの目的と考えられたので、主流のマーケティング・モデルは「取引（transaction）」自体と取引を創造し促進することに焦点をあてるようになった。換言すると、マーケティングは顧客に購入を勧める、つまり取引させることに専念してきたのだが、主流のマーケティングは未だにそのような状況のままだ。購入した後、消費プロセスの間に起こることは、マーケティングの管轄外となった。したがって、「誓約（promise）」のメタファー（Calonius ［1986］）を用いると、物財を基礎とするマーケティング・モデルは誓約を交わすことには対応しているが、その一方で、この誓約によってつくられた期待を既製の生産物以外の手段をもって実現することは、本質的にマーケティングの範囲外で企業のマーケターの専門外なのである。

第Ⅲ部　新しいマーケティング・ロジック

　サービス・マーケティング研究は，この全てを変えた。1970年代のノルディック学派の研究において既に，取引それ自体ではなく，消費プロセスにおける顧客との「相互作用（interaction）」の促進に焦点をあてたマーケティング・アプローチが開発された（Gummesson［1979］，Grönroos［1978］）。フランスでは，サービス・マーケティングの領域内に消費の観念を取り入れる基盤がつくられた。これが「サーバクション（servuction）」と呼ばれるシステムモデルであった（Eiglier & Langeard［1976］，Langeard & Eiglier［1987］）。また，北米では，従業員に職務を「販売すること（selling）」（Sasser & Arbeit［1976］）ならびに「インターナル・マーケティング（internal marketing）」（Berry［1981］）に関心が寄せられた。同様に，サービス財を対象とする「拡張されたマーケティング・ミックス（augmented marketing mix）」のなかに付加的なサービス志向の構成要素を取り入れることに関心が寄せられ（Booms & Bitner［1982］），人材マネジメント及びオペレーションと統合されることなしに，サービス組織のマーケティングは上手く実行されるわけがないという主張がなされた（Lovelock［1984］参照）。これら全ては，消費プロセスのマネジメントをサービス・マーケティングの一部にすべきだと強調している。

　しかしながら，独立した機能としてのマーケティングの確立した見方，ならびにマーケターを素材のミキサーとするメタファーの使用（Culliton［1948］，Borden［1964］）は，実際のところ，マーケティング機能以外の諸機能からその従業員や活動をマーケティング活動に参加させることはできなかった。このため，サービス・マーケティングの発展は抑制され，これらの知見をサービス・マーケティングの一貫した知識体系に取り入れることは困難であった。

　ノルディック学派の研究は異なるアプローチをとった。サービス財はマーケティングのコンテクストにおいて現象としてみることができるため，既存のマーケティングの観念やモデルや概念は研究の出発点として採用されなかった。マーケティングの統合部分としての消費プロセスの間に，サービス提供者と顧客との相互作用が含まれなければ，成功をもたらすマーケティングは実行されず，現実的なマーケティング・モデルが開発されることはない，

ということが明確になった。したがって，交換と取引の促進は研究の焦点とは決してならず，そしてマーケティング・モデルの開発のための出発点にもならない。その一方で，相互作用の促進ならびに企業と顧客間の相互作用のマネジメントは，より実りの多い中心的なテーマとなった。ノルディック学派の研究の多くは，このような視野をもってなされてきた。サービス消費のある時点において，つまりそのサービス生産が終了するとき，顧客はその代金を支払うのだが，これは相互作用の優れたマネジメントがなされなければ実現しない。最初の交換は起こるかもしれないが，良い相互作用がなされなければ，継続的な交換は起こらない。さらに，サービスはプロセスであり，取引の交換を目的とするものではないので，交換が起こる時点において評価することは不可能である。代金は，サービス・プロセスの前後あるいは定期的にサービス提供者に支払われる。だが，Ballantyne & Varey［2006］は，「継続的な相互作用は交換プロセスの規範となる（p.228）」と結論しており，このことから交換は上位概念としてみられる。サービス財においても交換は発生すると理論的に論じることはできる。しかしながら，交換はマーケティング研究の論点として扱うには非常に曖昧で捉え所のない現象である。構成概念として，「交換（exchange）」及び「関係性における交換（relational exchange）」は「取引（transaction）」を指し，研究者と実務家の意識をサービス・マーケティングの本質とされるもの，すなわち「プロセス（process）」や「相互作用（interaction）」とは区別する。リレーションシップ・マーケティングのコンテクストにおいても，交換の理論はおそらくもう諦めたほうがよいのではないか，という同様の結論に至った（Sheth & Parvatiyar［2000］）。

交換から相互作用への注視

　ノルディック学派の研究者による相互作用への焦点は，マーケティングに新奇的な観点をもたらした。それは，マーケティングは単一の機能ではなく，複数の機能であるという気づきであった。つまり，従来の外部機能は往々にして専門家が行なう広告や市場調査やダイレクトメールといった活動

を必然的に伴い，インタラクティブ・マーケティング機能は，マーケティング専門家の機能以外から諸資源を伴って引き出される。インタラクティブ・マーケティングは，生産と消費が同時に起こる相互作用の間において生じるものである（Grönroos［1982］）。全体的なマーケティングの成功におけるインタラクティブ・マーケティングの重要性の考察から，「パートタイム・マーケター（part-time marketer）」という概念が導入されることになった（Gummesson［1987, 1991］）。生産と消費のプロセスが同時に進行していく間には，独立したマーケティング機能の専門スタッフを代表する者の存在を確認することはできない。「真実の瞬間（moments of truth）」という概念（Normann［1983］）では，パートタイム・マーケターが顧客を満足させるために，優れたサービス・マーケティングが絶対的に必要とされる。いかに顧客満足を達成するかは，パートタイム・マーケターが顧客との相互作用をマーケティング的方法で対応するための知識や技術やモチベーションに関わる。Bitner［1992］は，従業員のインパクトよりも顧客の認識に強い影響を与えるものとして「サービススケープ（servicescape）」モデルを示した（「サーバクション（servuction）」モデル（Langeard & Eiglier［1976］p.11），インタラクティブ・マーケティングの資源モデル（Grönroos［1982］p.36），「サービス・スタイル（service style）／消費スタイル（consuming style）」モデル（Lehtinen［1983］）も参照）。当然ながら，サービス従業員が重要な存在となることは頻繁にある。その仕事や行動が何かしら顧客に対して影響を与えるパートタイム・マーケターは，マーケティング部門に所属するマーケターよりもたいていは数倍もその人数は多い。さらに，マーケティング部門内のマーケティング専門家は，適切な場所で適切な時間に適切な顧客との接触をもつことはほとんどない（Gummesson［1991］）。

　また，「サービスの知覚品質（perceived service quality）」の概念（品質認識は消費プロセスにおいてなされる）がサービス財の消費を理解するために開発され紹介された（Grönroos［1982］pp.33-34, ［1984］，Edvardsson［2005］のサービス品質の役割ならびにサービス財を消費する際のサービス経験についても参照）。サービスの知覚品質は，北米の研究者によって取りあげられた（Berry, Parasuraman & Zeithaml が最初でその主要な論者であ

る）。サービスの知覚品質モデルは「ギャップ・モデル（gap model）」（Parasuraman, Zeithaml & Berry [1985] ならびにサービス品質に関するノルディック学派とアメリカン学派のアプローチの比較と Brady & Cronin [2001] 等の拡張モデルも参照）へ，また測定ツールである SERVQUAL（Parasuraman, Zeithaml & Berry [1988]）ならびに SERVPERF（Cronin & Taylor [1992] 及び Liljander [1995] も参照）へと拡張され，そしてさらには「無関心領域（tolerance zone）」（Berry & Parasuraman [1991], Strandvik [1994] も参照）の観念を含むまでに拡張された。

　だが，サービス財の品質がどのようにして認識されるかを単に研究するものとして，サービス品質研究が位置づけられてきたという気づきは興味深いものがある。サービスの品質とマーケティングが明確に統合されている文献は稀だ（注目に値するその特別な例として，Christopher, Payne & Ballantyne [1991] 参照）。たとえサービス品質の研究がマーケティング会議に取りあげられたり，サービス・マーケティングに関する雑誌に掲載されても，その研究は，仮にあるとしても，ただ漠然と間接的に「顧客の期待（customer expectation）」の変数をつうじて，マーケティングに関連するもの，消費プロセスの理解に関連するもの，そしてマーケティングの一部として顧客との相互作用を円滑にする方法に関連するものであった。この原因はおそらく，マーケティング機能の専門家のみでは，品質認識のマネジメントは困難を極め，そしてそれゆえに，マーケティングの主流の観点は機能上それがなせることを制限する。サービス品質のマネジメントのために，全てのビジネス機能に顧客志向を浸透させなければならない。顧客に関する興味は，顧客の品質認識に直接的にも間接的にも影響を与えるあらゆる人物（そしてあらゆるシステムや物的資源も）に普及されなければならない。何かしらの手を尽くして，顧客への関心を企業全体においてみられるようにし，マーケティング部門に限定してはならない。サービス・マーケティングにおいて，組織をつうじて顧客志向ならびにインタラクティブ・マーケティングに対するモチベーションを企業が形成するのを助けるため，インターナル・マーケティングが開発された（Berry [1981], Grönroos [1982] p.40，さらに Ballantyne [2003] はインターナル・マーケティングの関係性志向的開発の

ため,Lings & Greenley［2005］は内部市場志向のツール開発のため参照）。

　論をまとめると，サービス・マーケティング研究の一部は主流のマーケティングの理論的枠組みから妨げられてきたが，サービス・マーケティングについての研究はマーケティングの未開拓地を切り開いた。それは消費のブラックボックスを開封し，マーケティングの観点や概念やモデルを創造した。それらはサービス財以外にも物財のマーケティングを理解するうえでも有効であると考えられる。このことについて後の節にて触れる。

活動としてのサービス財とマーケティング・ロジックとしてのサービス

　とりわけ1980年代においては，サービスを定義する方法について広範囲にわたり議論された。だが現在のところ，当該文献のなかには共通定義はみられていない。ノルディック学派の観点に基づくと，サービスは，顧客の抱える問題を解決することを目的として，顧客とサービス提供者（従業員），物財やその他の物的資源，システムやインフラ，そしてもしかすると周囲の他の顧客との相互作用のなかで発生する一連の行為から構成されるプロセスとして定義づけられる（Grönroos［2000］p.46）。

　この定義と他のものはサービスとは何か，つまりサービス活動に基づいている。だが，近年の研究においては，サービス・マーケティングの分野を専攻する11名の研究者の観点に基づいている（Edvardsson, Gustafsson & Roos［2005］p.118）。すなわち，「サービスとは，市場提供物の一カテゴリーというよりむしろ，価値創造についてのパースペクティブである」。彼らの検討のなかで，パースペクティブとは考え方あるいは「ロジック」を意味する。したがって，サービスを定義する別の出発点は，サービスは顧客のために何をすべきかを考慮することである。つまり，マーケティング・ロジックとしてのサービスである。顧客に対する価値への関心が高まることで，例えば定義等の開発のための論理的出発点は，サービスは価値を創出する方法をもって顧客をサポートすべきであるとされた。価値を創出する方法で顧客をサポートすることは，企業からサポートとして提供されるサービスをもっ

て，以前の状態より良くなったり，他社の予測されるサポートと比較して何かしらにおいて良いと顧客が認識することを意味する。従来，価値は文献において交換される生産物に内在するものとして考えられていた。すなわち，「交換価値（value-in-exchange）」の観念である。交換がマーケティングにおいて中心的概念だとされていたとき，顧客のための価値は必然的に交換されるもの，つまり生産物そのものに内在された。

　顧客への価値がどのように発生するかについてより最近の見方が書かれた文献によると，価値は生産物（物財やサービス財）が顧客によって使われるとき創造される。これが「利用価値（value-in-use）」という観念である（Woodruff & Gardial ［1996］）。顧客のための価値が生産物に内在するという見方は，経済理論のなかの相反するロジック，ならびに経済学において支配的な価値概念がマネジメントとマーケティングに転換される際に生じた誤解を原因とする（Vargo & Lusch ［2004］pp.6-7）。物財やサービス財が顧客のために何かしらを「する」とき，実際に彼らに価値が発生するということは，当然ながら論理的に考えて当然である。事前に存在するのは，潜在的価値のみである。利用価値という表現は，現代のマネジメントやマーケティングの文献ではたいていあまり使われないのだが，この価値創造の観念は有力な見方になりそうである（Normann ［2001］, Storbacka & Lehtinen ［2001］, Grönroos ［2000］, Gummesson ［2002］, Ravald & Grönroos ［1996］, Wikström ［1996］, Vandermerwe ［1996］, Woodruff & Gardial ［1996］, Jüttner & Wehrli ［1994］, Normann & Ramirez ［1993］）。

　利用価値の視点に則してみると，サプライヤー及びサービス提供者は，自らの計画立案や設計や生産プロセスのなかでは価値を創造しない。顧客が自らの価値を創出するプロセス，つまり彼らの日常的な活動のなかで，自らが活動を実行するために生産物を求めるとき，彼らは自分自身でそれを為す。「顧客のための価値は，関係性をつうじて顧客によって，部分的には顧客とサプライヤーあるいはサービス提供者との間の相互作用において創造される。その焦点は生産物にではなく，顧客のために価値が発生する顧客の価値創造プロセスにあてられている（Grönroos ［2000］pp.24-25）」。この見方はVargo & Luschに影響を与えている。すなわち，「サービスを中心としたド

ミナント・ロジックは，価値とは生産物に内在するのではなく，消費者によってそして彼らとともに創造されるものとして定義されることを示唆している（Vargo & Lusch ［2004］ p.6)」。

　提供者は単に，顧客が自らのための価値を創造できるように必要な資源や手段を創り出す。このことが意味するところでは，少なくとも提供者と顧客の相互作用の場において，両者は価値の共創に関わる（Prahalad & Ramaswamy ［2004］，Wikström ［1996］）。だが，顧客は価値の単独創造者でもある。例えば，クリーニング屋で洗濯されたばかりのシャツを着用するときである。物財は，例えばクレジットカードや飛行機の座席といったものとは異質の物体である。企業は予算に都合をつけ，顧客（個人や家庭や組織）が自身のプロセスにおいて求める価値を創り出せるやり方でそれを使えるようにする。例としてそういった顧客のプロセスは，夕食の支度，家の掃除，車での移動，文書作成等がある。

サービス・ロジック VS. 製品ロジック

　「製品ロジック（goods logic）」とは，企業が顧客に資源として物財を使えるようにし，そうすることで彼らは自ら価値を創出する方法でそのプロセスに対応することができるようになる，ということを意味する。提供者である企業はこの物財の単独生産者であるが，利用価値の見方を適用して考えると，顧客は価値の単独創造者となる。それゆえに，物財のマーケティングは，顧客の価値を創出するプロセスにおいて使われる資源（つまり，顧客の価値創出をサポートする資源）として物財を彼らに購入させることである。

　一方のサービス財は，企業の一組の資源が顧客と相互作用するプロセスであり，それによって顧客のプロセスのなかで価値が創造されたり発生する。そのため，価値をサポートする「資源」である物財とは違って，サービス財は価値をサポートする「プロセス」なのである。ノルディック学派が認めるところでは，「サービス・ロジック（service logic）」とは，企業が顧客の価値創造をサポートするプロセスを円滑にする，ということを意味する。この相互作用プロセスに顧客が存在するため，企業と顧客はサービスの共同生産

者であり，価値の共同創造者となる。先述したとおり，ある時点において顧客は価値の単独創造者でもあり得る。このサービス・ロジックに則して考えると，活動としてのサービスは，価値を創出する方法で顧客のプロセスをサポートすることを目的として，必要な諸資源のそれぞれの相互作用ならびにその諸資源と顧客との相互作用のプロセスとして定義づけることができる。したがって，サービス・マーケティングは，そのサービスから得られると期待できる価値について誓約を取り交わして顧客にサービス・プロセスを利用させ，そして顧客がそのプロセスで創造される価値を認識できる方法をもってサービス・プロセスを実行することである（価値が満たされることで誓約は達成される）。

　消費に焦点をおくノルディック学派の伝統に倣い，Korkman［2006］は，「実践（practice）」としての消費プロセスに対するサービス財の影響に基づくサービス・ロジックについて議論している。「実践理論（practice theory）」によると，消費は実践（個人の日常的な活動）として理解することができ，そして消費者としてこの個人は実践の媒体となる。許されるならば，サービス提供者は支援的方法をもって個人の実践に参加することができる（Shove & Pantzar［2005］）。実践理論を用いて，Korkman［2006］は次のように主張している。すなわち，サービス・ロジックとは「実践として消費を為さしめる方法」として理解することができる。そうして，顧客のための価値はその実践から生じるのである。Korkmanによると，価値は創られるのではなく，それはしっかりサポートされた実際の行動をつうじて顧客に発生するものである。

　製品ロジックでは，物財は顧客が単独で行なう価値創造の資源となる。その一方で，サービス・ロジックの観点から，実際の企業と顧客間の相互作用を鑑みると，サービス・プロセスにみられる物的構成要素は，顧客との価値共創におけるサービス提供者のプロセスの一部となる。この場合，物財は顧客のための価値共創において資源となる。いずれの場合も，必要とされるのは物財ではなく資源である。物財を消費するとき，顧客は少なくともその物財の使い方やそれからどのように価値を創造するかといった情報を必要とし，そして別の物財も必要となるかもしれない。例えば，精肉店から購入し

た肉だけでは，夕食を調理するには充分ではない。プロセスとしてサービス財が消費されるとき，サービス・プロセスのなかの物的構成要素は別の資源を伴って使われなければならない。例えばレストランでは，ステーキは他の材料ならびに注文を聞き食事を運ぶ給仕を伴わなければ提供され得ない。Vargo & Lusch［2004］は，物財をサービスのトランスミッターであり「サービス提供のための流通メカニズム」と捉えている（pp.8-9）。だが，ノルディック学派の見方では，サービス財を伝送するのは物財に限らない。物財は，例えば従業員やシステムやインフラや情報といったその他の資源に添えられるひとつの資源としてみられる（Grönroos［1982, 1996, 2006］）。サービスとは，これらの諸資源がともにそれぞれ機能し，顧客と（彼らの消費者及び共同生産資源としての能力の範囲内で）相互作用するプロセスである。このプロセスがどのように機能し，どのような結果を生み出すかによって，顧客のために多かれ少なかれ価値は発生する。プロセスとしてのサービスは顧客の価値創造をサポートしてくれる。このプロセスのなかの他の資源に付随する一資源として，物財は顧客の価値創造をサポートするサービスに寄与する。

物財はサービスと同様になる

　従来，サービスに関する文献では，サービス財は物財を伴ってマーケティングの考え方を規定するものとして説明されてきた。物財とサービス財との違いは重要ではないかもしれないということは，ここしばらくの間に既に主張されていたことだった。物財のなかには無形性として認識されるものもあり，例えばCADやCAMの技術を用いたモジュール生産方式のプロセスは，顧客が製造企業と相互作用し，少なくとも一部の生産プロセスに参加することを可能にした。マス・カスタマイゼーションもまた，顧客を生産プロセスの一部に参加させる方法である。例えば，顧客を生産プロセスに介入させる技術を用いた新しい方法によって物財は生産されることから，製品ロジックは変革の必要を迫られている。製品ロジック及び物財に基づくマーケティングのモデルは，物財を扱うマーケティングに有力なガイドラインを以前

と同様に与えてくれない。その代わりとして，サービス・ロジック及びサービス財に基づくマーケティングのモデルがより一般的なガイドラインを与えてくれるだろう。

　何が起こったか。顧客に対して物財の生産システムが開放され，そしてリレーションシップ・マーケティングへの関心が高まり，顧客との接触の幅及び内容が充実したことによって（Grönroos［1999］），物財そのものをサポートするのに必要な特定の条件を乗り越え，生産者と顧客間の接点の数は増加した。換言すると，顧客のインターフェースが拡大したのだ。このプロセスには，企業と顧客間のたくさんの新しい相互作用がもたらされた。耐久消費財を取り扱うような事業においては，企業間取引や日用品を取り扱う事業であっても，企業と顧客との接触の内容には，コールセンターの対応といった情報サービス財，修理・メンテナンス，その他にも多様なサービス活動をしばしば含む。そのポイントは，今日の多くのビジネスにおける顧客との接触や接点は，製品ロジックが意味するものよりも多くの相互作用する要素を含むようになった，ということだ。

　ノルディック学派の考えでは，サービス財に顕著な特徴は生産と消費プロセスの同時性であるが，そこには多数の相互作用と様々な資源が含まれる。物財を主に取り扱う産業での顧客との接触は，確実にサービスの場合と類似するようになってきており，顧客と企業及びその資源や活動の間の相互作用と継続的なプロセスを含む。顧客の価値創造プロセスをサポートすることは，ただ物財のみを提供して済む問題ではない。この生産物は，顧客と相互作用する資源の束（その他の物財，従業員，情報等）のなかの一資源となる。「この資源の束（そのなかの物財はひとつの資源である）は，顧客をサポートするために必要とされる（Grönroos［2006］p.362）」。もし物財と顧客との接触がよりサービス財のそれに近しいものとなると，製品ロジックが物財を扱うマーケティングに有益なガイドラインを今後ももたらしてくれるのか甚だ疑問である。ここに，サービス・ロジックがこれまでの物財を基盤としたビジネスに対して，より豊かな実りをもたらすものとなる理由がある。

第Ⅲ部　新しいマーケティング・ロジック

消費の拡張概念

　従来，生産は対象物が生み出されるプロセスに関連する。この生産の概念は，物財を対象にして記述された文献から発生している。他方，消費は，その目的がどうであれ顧客が物財を消費するプロセスである。先述のとおり，サービス関連の文献では，生産と消費との関係に対する別の見方が存在する。この見方によると，生産と消費は部分的に同時に起こるプロセスであるがために，顧客は生産プロセスに参加し共同生産者の役割を引き受ける。それによって，生産され消費されるサービスの性質に影響を与え，同様に顧客がサービス経験から創造する価値にも影響を与える。

　もし別の視点から，つまり利用価値の観念に基づく価値創造の視点から消費が定義されるのであれば，顧客の対象物の利用という理解から取って代わり，消費の概念は広がる。市場に出された生産物そのものの利用だけを含むのではなく，消費はあらゆる要素（物財といった物的構造物，情報，人間間の接触，システムやインフラとの接触，顧客の価値創造に影響を与えあう他の顧客との潜在的な相互作用）をも包含する。これは，例えば，サービス・マーケティングに関するノルディック学派の文献やサービス品質に関する膨大な文献における，消費に対する捉え方である。だが，マーケティングへのこの影響について明らかにされれば，もはや消費はブラックボックスとしてみられることはない。

　製品ロジックは，顧客との接触及び企業と顧客間の相互作用における多様な要素による価値サポートを軽視しがちである。だが，それは顧客に提供される中核的な価値（時折，全ての価値）と物財及びその対価とを結びつける。このため，マーケティングは，物財にみられる顧客のための価値を創造し伝えることに対応する。他方，サービス・ロジックは，価値が顧客のために創造される方法をもって彼らのプロセスや日常の活動をサポートすることに対応する。したがって，このロジックにしたがいマーケティングの見地に立つと，企業はただ，商品開発や価格設定やマーケティング・コミュニケーション等をつうじて，顧客が望む価値を約束するための資源を必要とするだ

けではない。加えて，この価値サポートを可能ならしめるプロセスの連鎖や相互作用や成果を開発し，管理し，実行するために必要な資源ならびに知識やリーダーシップを結集しなければならない。よって，サービス・ロジックにおいては，マーケティングは価値について誓約を交わすことだけではなく，マーケティングの不可欠な部分として価値の充足を促進することも指していう（Grönroos［2000］p.55のサービス・マーケティング・トライアングルを参照）。これは，しばしばマーケティングにおいて用いられる「価値提案（value proposition）」という概念に影響を与える。価値提案は，ひとつの提案（助言）であるべきだが，それはこの提案（助言）によってつくられた期待を充足する提供からさらに追求されなければならない。サービス・ドミナント・ロジックの議論によると，企業は価値提案をすることしかできないとされる（Vargo & Lusch［2004］p.5）。だがこれは，企業が消費プロセスのなかに積極的に参加することは不可能であるという製品ロジックに基づいた結論のように考えられる。物財は顧客だけによって消費されるが，消費の間それらは変更することはできない。価値は既製品の消費から顧客によって抽出される。しかし，サービス消費においては，価値の共同生産及び共創は消費プロセスの間に発生する。顧客と企業，双方とも能動的な存在になり得る。例えば，インタラクティブ・マーケティングに関与するパートタイム・マーケターは，サービス消費から顧客が得る価値に影響を与えることができるし，また，そうすべきである。したがって，価値の提言や助言（顧客による期待を形成するため将来的な価値について価値提案をすること）ならびにインタラクティブ・マーケティング活動（誓約の達成）をつうじて「価値の充足（value fulfillment）」に積極的に関わることは，概念的に異なる価値創造の様相である。また，マーケティングの観点から，それらは切り離して考えなければならない。

　物財に基礎をおくマーケティングの文献は，マーケティング機能においてフルタイム・マーケターから管理されるマーケティング・ミックスの考えに則っている。そこでは，生産物の変数は多少なりとも標準化された物財となる。市場調査をつうじて，その生産物はターゲット顧客の要求に合致するものと考えられている。だが，そのことよりもまず，主流のマーケティングの

モデルは消費プロセスについて洞察していない。サービス財に関する研究は，マーケティングと消費プロセスを同じ土俵に立たせた。例えば，ノルディック学派によるインタラクティブ・マーケティングやパートタイム・マーケターの概念及びサービス品質に関する国際的な研究は，マーケティング・モデルの一部として，マーケターに消費について理解させる構造や概念やモデルを与えてくれる。

サービス・マーケティングにおけるノルディック学派の重要な様相は消費の拡張概念の認識であり，そこには，顧客と物的生産物との相互作用が発生するということだけでなく（例えば，物財が消費されるため購入されるとき，あるいは有形物がサービス・プロセスにおいて提供されるとき），消費及び生産のプロセスにおいて相互作用するあらゆる種類の全ての要素に対する顧客の認識も含まれる。このようにして，あらゆる消費の局面，顧客の品質の認識に影響を与え，彼らの価値創造をサポートする企業と顧客間の相互作用におけるあらゆる構成要素は，マーケティングの一部として考慮され扱うことができる。この相互作用は顧客の価値の共創を可能にし，それと同時に，彼らは消費プロセスにおいて直接的にマーケティング活動を活発化する。これが，ノルディック学派のアプローチにおいてインタラクティブ・マーケティングと銘打たれたものだ。

ドミナント・ロジックとしてのサービス・ロジック

顧客とのインターフェースが，標準化された既製品だけよりも多くの要素（宅配，設置，文書やその他の情報の種類，コールセンターのアドバイス，修理やメンテナンス，クレーム対応，品質上の問題やサービスの失敗の改善，請求書や請求書発行システム等）を含んだり，あるいはそのうちひとつないしふたつ〜3つを含む物財のコンテクストでは，その消費プロセスは物財のみに焦点をあてたものよりもずっと手の込んだものになる。物財だけでなく，たくさんの要素が消費プロセスに影響を与える。顧客の価値を生み出すプロセスに影響を与えるこれら全ての要素を企業はいかにしてコントロールするのか。そのプロセスのいくつかは生産と消費の同時プロセスにおいて

発生し，またその他のいくつかはその後に発生するものもある。顧客価値は単一の要素ではなく，全要素の総合的な経験によって形成される。

　顧客とのインターフェースのなかの内容が増加し始めると，おそらく企業にとってその価値を生み出す全体のプロセスをマネジメントすることがなお一層複雑になってしまう。だが，利用価値の観点をもってマーケターは，可能な限り多くのそのインターフェースにおける要素を注意深く設計し取り扱わなければならない。いくつかの要素はその顧客にとって他のものよりも重要であり，適切に取り扱われなければならない。たとえ物財が顧客のプロセスを申し分なくサポートできたとしても，何かしらが欠如したり，拡張された消費プロセスにおいて価値をサポートする方法をもって機能しない部分があると，この価値サポートの可能性はふいにされてしまうだろう。例えば，インターネットで購入したクリスマスプレゼントの配達の遅延であったり，高級ワインのボトルを開栓するコルク抜きが付いていないといったことがこの例としてあげられる。配達に関してはおそらくマーケターによって直接的に対応することができるかもしれないが，他方のコルク抜きの所在については間接的にそのワインの販売者しか対応することができない。

　したがって，マーケターは物財のみを市場に打ち出すのではなく，例えば，レストランの例でいうと，総体的なレストランのサービス・プロセスの一部として飲食物を用いるのと同じように，サービス財全体のうちの一部としてそれらを市場に打ち出すべきである。つまり，顧客との総体的なインターフェースについて考えるとき，物財は単なるモノとして市場に打ち出すのではなく，サービス財として捉えるべきである。だが，顧客が一切のサービスのサポートを必要とせず物的生産物としか接触しないのであれば，マーケティングの観点から，これは物財とサービス財のいずれのコンテクストとしてみるべきであろうか。物財とサービス財のいずれも，顧客が利用価値を得るためにそれらを用いるという主張のもとでは，それはサービスのコンテクストであり，サービス・ロジックをもって消費を説明することができる（Vargo & Lusch［2004］pp.6-7）。この見方から，サービス・ドミナント・ロジックは，マーケティングに対して本当の意味で最も有力な論理を提示する。他方のサービス・ロジックはマーケティングをより効果的なものにいつ

でもしてくれるだろうか。もし顧客が物的生産物としか接触せず、消費プロセスにおいてマーケターが顧客と相互作用しなかったり、その方法すら何ももたない場合でも、サービス・ロジックに基づくマーケティング・アプローチは適合するだろうか。それは、主として消費の分析に基づく包括的な考え方として次の主張から読み取れる。すなわち、「顧客は自らが求めるサービスあるいは価値の満足を得るため、物財であろうとサービス財であろうと購入するということは合点がいく（Grönroos［1979］p.59）」。さらに、顧客は「提供物（物財あるいはサービス財を含む）を購入するが、それは価値を創造するサービスとして解釈される（Gummesson［1995］p.250, Levitt［1974］, Becker［1965］参照）」。しかし、マーケティングの観点からみると、上記のように、マーケターに顧客の物財との相互作用を仲裁する方法がない状況のなか、従来の物財を基礎とする論理に基づくマーケティング・モデルが役立つかもしれない。Stauss［2005］が指摘しているように、サービス・ドミナント・ロジックへの変遷が進んだとしても、物財を基礎とする概念やモデルは一定の状況下において通用し続けるだろう。だが、製品ロジックを用いて開発された物財を基礎とするマーケティング・モデルは、顧客とのインターフェースにおいて物財以外の全てのものは除外されるという特別な場合にしか役に立たない、ということに注意すべきである。これは極端な状況であるために、説明がつかず規範とならない物財のマーケティングは、特殊なマーケティングのケースとして考えられ、そのときサービス・マーケティングが規範となる。

結論

視野を拡げて消費プロセスをみるとき、そしてマーケティングと消費を同じ土俵に立たせ価値創造の観点からそれらをみるとき、従来において実際は「サービス・インターフェース（service interface）」と考えられるもの以外の多様なコンテクストのなかで、顧客はどのようにしてサービスに似たプロセスに組み込まれるかについて観察することができる。サービスを基礎とするマーケティングの概念やモデルは、そのような状況下において製品ロジッ

クに基づくモデルよりも上手く適合する。この結論は，Vargo & Lusch [2004]によるサービス・ドミナント・ロジックから伝えられるものと似通っている。しかしながら，ノルディック学派の見識によれば，物財はそれ自体ではサービス財にはならないし，顧客は物財をサービス財として消費しない。すなわち，物財はサービスに似たプロセスにおいて機能する数ある資源の一種であり，顧客が消費するサービスこそがこの「プロセス」となる。顧客はドリルをサービスとして消費しないが，ドリルを用いるプロセスには，例えば，壁に穴をあけるためにドリルについての情報と穿孔についての知識を要する。このプロセスがサービスである。ドリルはサービスのトランスミッターではなく，むしろそれはサービス・プロセスを可能にするために必要な一資源である。

　一般的にサービス財として扱われているものに加えて，少なくとも耐久消費財とB to Bの文脈における産業財はサービス財として取り扱うことができる。この状況において，顧客とのインターフェースは，サービス財の特徴を物財のそれよりも満たす。サービス・ロジックは，製品ロジックよりもわかりやすくこの種の状況を説明する。もし日用品における顧客とのインターフェース（例えば，コールセンターのアドバイス，製品の利用方法についての提案を載せたウェブサイト，問い合わせ等）に要素を付け加えると，顧客とのこのインターフェースもまた，よりサービスに類似したものになっていく。充分な付加的要素を伴うとき，サービス・ロジックは物財を市場に打ち出すのに製品ロジックが為すよりも適したガイドラインを提示してくれる。

　マーケティングの専門的機能の一部ではなく，その他の諸機能から活動及びプロセスを実行するパートタイム・マーケターが顧客の価値創造に影響を与えるため，孤立した機能的アプローチとしてのマーケティングはもはや意味をもたない（Grönroos [1982, 1999]）。マーケティングはマーケターにとって唯一あるいは支配的な関心であるが，パートタイム・マーケターの顧客に対する関心は彼らにとって唯一重要な領域ではない。我々はこのことから，マーケティングは他のビジネス機能よりも重要であるという結論を導いてはならない。財務，人材マネジメント，製造及びオペレーション，会計，技術及び商品の開発等は，企業の成功にとって等しく重要なのである。とは

第Ⅲ部　新しいマーケティング・ロジック

いえ，顧客への関心はそれらよりも重要性が低いわけではない。

　本章においてなされた議論は，サービス・マーケティングのコンテクスト及びサービス・ロジックは，物財を対象とするそれらよりもむしろ，規範的であり特殊なケースではないということを詳述した。顧客とのインターフェースがその内容の多くを取り除かれ，物財のみを含む簡素化されたものになるとき，物財を対象とするマーケティングならびにマーケティングへの製品ロジックの適用が上手くいくだろう。だが，それは特殊なケースである。対して，規範となるサービスに基礎をおくマーケティングは，顧客とのインターフェースの文脈において，製品ロジック及び物財を基礎とするマーケティング・モデルの使用に充分な正当性を示せなくなると発生する。競争の状況下にあって，企業は顧客との接触を拡大する方法を見つけ，サービス・ロジックを適用したマーケティングのコンテクストへと移行することが重要となる。

　しかしながら，サービス・ロジックに基づくモデルを開発し適用するとき，次のことを心に留めておくことが大切である。すなわち，物財を基礎とするモデルの一部として開発された概念の力を無視してはならない。例えば，価格設定や多様な媒体を用いたマーケティング・コミュニケーションならびにセグメンテーションやターゲッティングは，当然ながら今でも重要なマーケティング変数である。そして，その反対に，物財のコンテクストにサービス・ロジックを適用するとき，サービス・マーケティングの概念やモデルの影響力を弱めてはならない（Stauss［2005］参照）。

参考文献

Bagozzi, R.P. (1975) 'Marketing as Exchange', *Journal of Marketing* 39 (October):32–39.
Ballantyne, D. (2003) 'A Relationship-Mediated Theory of Internal Marketing', *European Journal of Marketing* 37(9):1242–1260.
Ballantyne, D. and Varey, R.J. (2006) 'Introducing a Dialogical Orientation to the Service-Dominant Logic of Marketing', in Lusch, R.F. and Vargo, S.L. (eds.) *The Service-Dominant Logic of Marketing: Dialog, Debate, and Directions*, pp. 224–235. Armonk, NY: M.E. Sharpe.
Becker, Gary S. (1965) 'A Theory of Allocation of Time', *The Economic Journal*, 75, 299 (September): 493–517.
Berry, L.L. (1981) 'The Employee as Customer', *Journal of Retailing* 3 (March):33–40.
Berry, L.L. and Parasuraman, A. (1991) *Marketing Services: Competing through Quality*.

New York: The Free Press.
Berry, L.L. and Parasuraman, A. (1993) 'Building a New Academic Field – The Case of Service Marketing', *Journal of Retailing*, 69(1):13–60.
Bitner, M.J. (1992) 'Servicescapes: The Impact of Physical Surroundings on Customers and Employees', *Journal of Marketing* 56 (April):57–71.
Booms, Bernard, H. & MaryJo Bitner (1982): Marketing Structures and Organization Structures for Service Firms. In Donnelly, John H. & William R. George, eds., Marketing of Services. Chicago, IL: American Marketing Association, 47–51.
Borden, N.H. (1964) 'The Concept of The Marketing Mix', *Journal of Advertising Research*, 4 (June): 2–7.
Brady, M.K. and Cronin, Jr., J.J. (2001) 'Some Thoughts on Conceptualizing Perceived Service Quality: A Hierarchical Approach', *Journal of Marketing* 65 (July):34–49.
Calonius, H. (1986) 'A Market Behaviour Framework', in K. Möller and M. Paltschik (eds.) *Contemporary Research in Marketing*. Proceedings from the XV Annual Conference of the European Marketing Academy, pp. 515–524. Helsinki: Helsinki School of Economics and Hanken Swedish School of Economics, Finland,
Christopher, M., Payne, A. and Ballantyne, D. (1991) *Relationship Marketing: Bringing Quality, Customer Service and Marketing Together*. Oxford: Butterworth Heinemann.
Cronin, Jr., J.J. and Taylor, S.A. (1992) 'Measuring Service Quality: A Re-Examination and Extension', *Journal of Marketing* 56 (July):55–68.
Culliton, J. (1948) *The Management of Marketing Costs*. Boston, MA: Graduate School of Business Administration, Research Division, Harvard University.
Edvardsson, B. (2005) 'Service Quality: Beyond Cognitive Assessment', *Managing Service Quality* (15)2:127–131.
Edvardsson, B., Gustafsson, A. and Roos, I. (2005) 'Service Portraits in Service Research: A Critical Review', *International Journal of Service Industry Management* 16(1):107–121.
Eiglier, P. and Langeard, E. (1976) 'Principe de Politique Marketing Pour les Enterprises de Service', working paper of the *Institut d'Administration des Enterprises Université d'Aix-Marseille*.
Fisk, R.P., Brown, S.W. and Bitner, M.J. (1993) 'Tracking the Evolution of the Services Marketing Literature', *Journal of Retailing* 69 (Spring):61–103.
Grönroos, C. (1978) 'A Service-Oriented Approach to Marketing of Services', *European Journal of Marketing* 12(8):588–601.
Grönroos, C. (1982) 'An Applied Service Marketing Theory', *European Journal of Marketing* 16(7):30–41.
Grönroos, C. (1984) 'A Service Quality Model and its Marketing Implications', *European Journal of Marketing* 18(4):36–44.
Grönroos, C. (1996) 'Relationship Marketing Logic', *The Asia-Australia Marketing Journal*. 4 (1):7–18.
Grönroos, C. (1999) 'Relationship Marketing: Challenges for the Organization', *Journal of Business Research* 46(3):327–335.
Grönroos, C. (2000) *Service Management and Marketing: A Customer Relationship Approach*. Chichester: John Wiley.
Grönroos, C. (2006) 'What Can a Service Logic Offer Marketing Theory?' in Lusch, R.F. and Vargo, S.L. (eds.) *The Service-Dominant Logic of Marketing: Dialog, Debate, and Directions*, pp. 354–364. Armonk, NY: M.E. Sharpe.
Grönroos, C. and Gummesson, E. (1985) 'The Nordic School of Services - An Introduction', in C. Grönroos, C. and Gummesson, E. (eds.) *Service Marketing - Nordic School Perspectives*, Series R2, pp. 6–11. Stockholm: University of Stockholm.
Gummesson, E. (1979) 'The Marketing of Professional Services – An Organizational

Dilemma', *European Journal of Marketing* 13(5):308–318.
Gummesson, E. (1987) 'The New Marketing – Developing Long-Term Interactive Relationships', *Long Range Planning* 20(4):10–20.
Gummesson, E. (1991) 'Marketing Revisited: The Crucial Role of the Part-Time Marketer', *European Journal of Marketing* 25(2):60–67.
Gummesson, E. (1995) 'Relationship Marketing: Its Role in the Service Economy', in W.J. Glynn and J.G. Barnes (eds.) *Understanding Services Management*, pp. 244–268. New York: Wiley.
Gummesson, E. (2002) 'Relationship Marketing and the New Economy: It's Time for Deprogramming', *Journal of Services Marketing* 16(7):585–589.
Jüttner, U. and Wehrli, H.P. (1994) 'Relationship Marketing from a Value Perspective', *International Journal of Service Industry Management*, 5(5):54–73.
Korkman, O. (2006) *Customer Value Formation in Practice: A Practice-Theoretical Approach*. Report A155. Helsinki: Hanken Swedish School of Economics Finland.
Langeard, E. and Eiglier, P. (1987) *Servuction: Le Marketing des Services*. Paris: Wiley.
Lehtinen, J.R. (1983) *Asiakasohjautuva Palveluyritys* (In Finnish: The Customer-Oriented Service Firm). Espoo, Finland: Weilin+Göös.
Levitt, T. (1974) *Marketing for Business Growth*. New York: McGraw-Hill.
Liljander, V. (1995) *Comparison Standards in Perceived Service Quality'*. Report A62. Helsinki: Hanken Swedish School of Economics Finland.
Lings, I.N. and Greenley, G.E. (2005) 'Measuring Internal Market Orientation', *Journal of Service Research* 7(3):290–305.
Lovelock, C.H. (1984) *Services Marketing*. Englewood Cliffs, NJ: Prentice-Hall.
Lovelock, C.H. and Gummesson, E. (2004) 'Whither Service Marketing? In Search of a New Paradigm and Fresh Perspectives', *Journal of Service Research* 7(1):20–41.
Normann, R. (1983) *Service Management*. New York: Wiley.
Normann, R. (2001) *Reframing Business: When the Map Changes the Landscape*. Chichester: Wiley.
Normann, R. and Ramirez, R. (1993) 'From Value Chain to Value Constellation: Designing Interactive Strategy', *Harvard Business Review* 71 (July–August):65–77.
Parasuraman, A., Zeithaml, V.A. and Berry, L.L. (1985) 'A Conceptual Model of Service Quality and its Implications for Future Research', *Journal of Marketing* 49 (Fall):41–50.
Parasuraman, A., Zeithaml, V.A. and Berry, L.L. (1988) 'SERVQUAL: A Multi-Item Scale for Measuring Consumer Perceptions of Service Quality', *Journal of Retailing* 64(1):12–40.
Prahalad, C.K. and Ramaswamy, V. (2004) *The Future of Competition: Co-Creating Unique Value with Customers*. Boston, MA: Harvard Business School Press.
Ravald, A. and Grönroos, C. (1996) 'The Value Concept and Relationship Marketing', *European Journal of Marketing* 30(2):19–30.
Sasser, W.E. and Arbeit, S.P. (1976) 'Selling Jobs in the Service Sector', *Business Horizons*, 19 (June):61–65.
Sheth, J.N. and Parvatiyar. A. (2000) 'Relationship Marketing In Consumer Markets: Antecedents and Consequences', in Sheth, J.N. and Parvatiyar, A. (eds.) *Handbook of Relationship Marketing*, pp. 171–208. Thousand Oaks, CA: Sage.
Shostack, G.L. (1977) 'Breaking Free from Product Marketing', *Journal of Marketing* 41 (April):73–80.
Shove, E. and Pantzar, M. (2005) 'Consumers, Producers and Practices: Understanding the Invention and Reinvention of Nordic Walking', *Journal of Consumer Culture* 5(1):43–64.
Stauss, B. (2005) 'A Phyrric Victory: The Implication of an Unlimited Broadening of the Concept of Service', *Managing Service Quality* 15(3):219–229.
Storbacka, K. and Lehtinen, J.R. (2001) *Customer Relationship Management*. Singapore:

McGraw-Hill.
Strandvik, T. (1994) *Tolerance Zones and Perceived Service Quality*. Report A58. Helsinki: Hanken Swedish School of Economics Finland.
Vandermerwe, S. (1996) 'Becoming a Customer "Owning" Company', *Long Range Planning* 29(6):770–782.
Vargo, S.L. and Lusch, R.F. (2004) 'Evolving To a New Dominant Logic for Marketing', *Journal of Marketing* 68 (January):1–17.
Vargo, S.L. and Morgan, F.W. (2005) 'Services in Society and Academic Thought: An Historical Analysis', *Journal of Macromarketing* 25(1):42–53.
Wikström, S. (1996) 'Value Creation by Company-Consumer Interaction', *Journal of Marketing Management* 12: 359–374.
Woodruff, R.B. and Gardial, S. (1996) *Know your Customers – New Approaches to Understanding Customer Value and Satisfaction*. Oxford: Blackwell.

結章　現代マーケティング理論に向けて

　本書の9つの章は，30年以上をかけて開発されてきたサービス・マーケティング及びリレーションシップ・マーケティングのフレームワークやモデルや概念を提示している。ノルディック学派と国際的に呼ばれた思想集団がその科学的アプローチを絶えず試みてきた。結びとなる本章では，サービス・マーケティング及びリレーションシップ・マーケティングのロジック，そしてマーケティングならびに現代マーケティング理論の開発のためのロジックの可能性について議論する。サービス・ドミナント・ロジックへの関心の高まりに伴い，サービス・マーケティングやリレーションシップ・マーケティングのロジックが現代マーケティング理論に有益な基盤となり得るのか分析するのは至極当然である。したがって，このロジックは，今なおマーケティング研究や実践において最も影響力をもち，主流とされるマーケティング・ミックスのマネジメントのロジックと比較される。

マーケティングによって何が達成されるべきか

　マーケティングに対する伝統的なアプローチによると，その主な目的は目標売上高の達成と顧客獲得だと考えられている。これは，「取引マーケティング（transaction marketing）」と呼ばれてきた。20年以上もの間，リレーションシップ・マーケティングに関する研究は，顧客維持の重要性を説いてきた。マーケティングは顧客獲得のみならず，多くの場合において，構築された顧客との接触を維持しさらに発展させることも，その目的とすべきである。したがって，マーケティングの目的は3段階に特定することができる。すなわち，(1)顧客を獲得する，(2)顧客を維持する，(3)関係性のなかで顧客を

表1　マーケティングの目的と顧客コミットメントの段階

段階	マーケティングの目的	顧客コミットメント
第1段階：顧客獲得	顧客に競合他社よりも自社の商品（物財・サービス財）を選ばせること	トライアル購買
第2段階：顧客維持	顧客が再購買の意思をもつように，彼らを購入物によって満足させること	顧客の財布のシェア（share of the customer's wallet）
第3段階：関係性内での顧客育成	顧客がその企業にコミットし継続的に支援していこうと思わせるように，彼らとの信頼のおける関係性と精神的繋がりを創造すること	顧客の精神のシェア（shere of the customer's heart and mind）

出所：Grönroos［2007］

育成することである。この3段階のマーケティングの目的と求める顧客コミットメントについて，表1にまとめてある。

　取引マーケティングは，その第1段階の達成を目的とする。たとえ顧客が同じ提供者から以前に購入したことがあったとしても，彼らは依然として顧客獲得を目的とした活動（例えば，広告キャンペーン，価格提案，営業訪問）をもってアプローチされる。マーケターにとって，各々の新規購買はトライアル購買のようなものなのだ。

　企業と顧客が継続的にあるいは別の何かしらの定期的な方法で相互作用する状況下では，企業はその顧客に良い影響を与え購買を続けさせる方法をもって，サービス・プロセスの間の顧客との接触を発展させようと試みることができる。このことには，顧客とのインターフェースが生じる場に存在する全ての従業員及びその他の資源に対して顧客への関心が広められていることを必要とする。こうして，企業は特定のカテゴリーにおける顧客の購買の継続的なシェアを得ることができる（顧客の財布のシェア）。

　したがって，これらの顧客が関係性モードにあるようにみえたとしても，本当の関係性は必ずしもそこにあるわけではない，ということを理解しておくことが大切だ。彼らの継続的な購買行動のために，これらの顧客は関係性を築いているようにみえるが，実際のところ彼らは当たり障りのない方法で

企業と繋がっているにすぎないかもしれない（Arantola [2002]）。彼らのその行動は選択肢が他にないことが理由であったりする。例えば，当面のところ，地理的に利便性の高い小売業者が1社しかなかったり，必要な技術をもつあるいはオファーを受けてくれる設備や資材のサプライヤーが1社しかない，等々である。より良いあるいは同程度の立地，よりリーズナブルな価格での提供，改善された技術やひょっとすると唯一適用可能な技術，といった選択肢を選ぶことができるようになるとすぐに，顧客はそちらへ去ってゆくだろう。

　顧客との真の関係性を構築するために，企業は第3段階へと辿り着く努力をしなければならない。その段階において顧客は，気持ちの面でその企業にコミットしているという感情をもち，そうしてようやく企業はそういった顧客の「精神のシェア」を得る（Storbacka & Lehtinen [2001]）。このとき，顧客との真の関係性が構築される。これが意味するところは，この顧客は一定の段階でその企業の愛顧を止めることができなかったということではなく，その顧客が複数の候補との比較・検討を行なう傾向にあったのを低減したということである。この第3段階に到達するため，企業は関係性アプローチをそのマーケティングに取り入れなければならない。

マーケティングの基本的な3つのガイドライン

　既述のとおり，どのようにしてマーケティングは変わりゆく状況に適合するため開発され得るか，マーケティングに関する3つの基本的な仮説を強調する必要がある。これらはマーケティングの開発におけるおおよそ自明の基本的なガイドラインである（Grönroos [2006a, 2007] 参照）。

1. 顧客の選択や行動に影響を与える企業の資源や活動は，マーケティングの資源及び活動である。
2. 企業のマーケティングの資源や活動は，顧客がそれらを認識することができ，それらが顧客に影響を与えることのできる状況下で表出され機能しなければならない。

第Ⅲ部　新しいマーケティング・ロジック

> 3. 企業の諸資源や諸活動のうちどれがマーケティングの資源であり活動であるかを決めるのは，その企業の顧客であり，その企業ならびにマーケターではない。

　これらの仮説は自明のもののように見受けられるが，それにもかかわらず，マーケティング関連の文献においてそれらが明確に指摘されることは滅多にみられない。それらはどういうわけかマーケティング概念の裏に隠されているのだが，それによると，顧客のニーズやウォンツが企業の意思決定の始点とされるべきである。マーケティングの基本的な考えは，企業とその既存顧客ならびに潜在顧客とを関係づけることである。この目的を追求するものは，既存の組織計画や予算構造が如何なものであろうとも，マーケティングでなければならない。
　さらに，効果性を高めるため，マーケティングに関連して計画・実行されることは，顧客から認識され彼らに影響を与えなければならない。つまるところ，顧客自らに影響を及ぼすのは何か，また企業のどういった資源や活動が自らの選択に影響を与えるのかについて決めることができるのは，彼らだけである。顧客に対して影響力をもつものは，状況や顧客に応じて，また時勢の流れによって，それぞれ異なる。

顧客はどのようにして物財やサービス財から価値を得るか：交換価値か利用価値か

　顧客は物財あるいはサービス財を購入するのではなく，彼らは満たされた状態に達するために提供物から得られる価値を購入するのだ（Levitt [1972]）。伝統的に，「交換価値（value-in-exchange）」の概念がマーケティングにおいて用いられてきたが，顧客のための価値がどこでどのように創造されるかを示すこの概念は，主流のマーケティングの綱領に反映され，それによってマーケティングの役割と範囲は決められた。交換価値の概念によると，顧客にとっての価値はサプライヤーの設計と生産プロセスにおいて創られ，その後，顧客に物財あるいはサービス財として利用されるために彼らへ

結章　現代マーケティング理論に向けて

移転される。したがって，価値はその生産物（物財あるいはサービス財）に内在されたものとして考えられる。もしそうであるなら，マーケターの役割はこの既製の価値を顧客に購入させることを目的とした計画及び活動をつくりあげることとなる。顧客にとっての価値は生産物に内在され企業側に知られているために，マーケターは消費（利用）プロセスにおける顧客との相互作用を形成してはならない。この観念は，経済理論から受け継がれる顧客の反応メカニズムと結びつく。すなわちその理論によると，個々人の顧客ではなく市場が，購入の如何によって顧客の全体的な価値の受容を説明するという。そのため，マーケティングのモデルが顧客の消費プロセスのなかで行なわれていることに焦点をあてることはなかった。結局，マーケティングの活動責任は，販売及び（なるべくなら）前向きな購買の決定ということになる。

　しかしながら，生産物から顧客がどのようにして価値を得るかという交換価値の概念は誤った解釈によるものだ。Vargo & Lusch［2004］が示すように，この誤解はマクロ経済学における価値の概念がミクロ経済学へと移転されたとき，そしてその際，マネジメントやマーケティングからその概念が借用されたことから生じたようだ。その古い価値の概念は今なお関連文献においてよくみられるが，20年以上前から，顧客のために価値がどのように創られるかについて示したそれ以外の概念がマネジメント及びマーケティングの文献に現れるようになった。この概念が「利用価値（value-in-use）」と呼ばれるものである（Woodruff & Gardial［1996］，Vargo & Lusch［2004］，Holbrook［1994］参照）。マネジメント及びマーケティングの領域で支持を得ているこの価値概念によると，顧客にとっての価値は生産者の空間ではなく顧客の空間において創られる（Vandermerwe［1996］，Ravald & Grönroos［1996］，Normann［2001］参照）。価値は，顧客の日常の活動やプロセスにおいて，あるいは「価値創造プロセス（value-creating processes）」，つまり，顧客が購入した生産物を利用するときに創られる（Grönroos［2007］）。もちろん，このことは，あらゆる種類のソリューション（例えば，物財，サービス財，情報，そしてこれら以外にも多様な要素のセット）から顧客が価値を得る方法について非常に現実的に記述したもので

ある。

　利用価値という概念は，マーケティング理論にこの上ないほどの影響を与えた。もし顧客によって価値が彼らの日常の生活や活動やプロセスにおいて得られるのであれば，生産物に内在する既製の価値（交換価値）は存在しない。その段階では，価値についての誓約のみが存在する。顧客が本当に望む価値を物財やサービス財から確実に得られるようにするために，企業はその消費プロセスに介入する方法を開発し，そのプロセスにおいて顧客との相互作用を形成しなければならない。マーケティングは販売で終わってはならない。販売方法と前向きな購買決定を形成することよりも先を見据えた関心領域を拡げ，消費及び利用に直接的かつ積極的に関与するようにならなければならない。

　とりわけ（当然ながら唯一というわけではないが），ノルディック学派の思想に則って，サービス・マーケティング及びリレーションシップ・マーケティングに関する研究の大部分は，次のような観察の上に基盤を築いている。すなわち，サービス財の生産及び消費は部分的に同時に進行するプロセスであり，その消費プロセスにおいて企業と顧客は相互作用を行なう。そのため，マーケティングは，インタラクティブ・マーケティングとして，消費プロセスにまでその範囲を拡大しなければならないし，もちろんそのことは可能である。このことから，マーケティング理論のための新しい道を切り開くとき，サービス・マーケティング及びリレーションシップ・マーケティングをその起点としておくことは至極当然だと考えられる。

サービス・ロジック：奇抜な例外から規範へ

　サービス・ロジックのマーケティングへの適用について述べた第10章において，サービス・ロジックとは「顧客の価値創造をサポートするプロセスを企業が円滑にする（Grönroos [2006b]）」ことを意味すると説明した。これは製品ロジックと対照されるものである。すなわちそれは，顧客が利用するために価値をサポートする資源を彼らに提供することである。物財が価値をサポートする資源として説明することができるとき，サービスは価値をサポ

ートするプロセスとして定義づけられる（Grönroos [2006b]）。製品ロジックの適用では，企業は物財の消費あるいは利用のプロセスに介入することはできず，またそのプロセスに影響を与えることもできない。物財はそれ自体で機能しなければならず，その消費者はその物財でできることを自らの知識の範囲内で引き出してそれを利用しなければならない。したがって，顧客のための価値は物財そのものの中になければならない。これは，経済学から借用したマネジメント及びマーケティングの伝統的な交換価値の概念に相当に則っている。

製品ロジックを適用しながらも，利用価値の概念にしたがうと，物財の消費及び利用は顧客単独での価値創造として説明することができる。顧客はその消費プロセスにおいて物財とその他の資源（例えば，その他の物財やその使用方法についての知識）を結びつけ，価値を獲得しなければならない。その提供者はもはや干渉することはできない。

他方，顧客の消費プロセスに介入し，価値をサポートするプロセスとしてのサービスは，次のことを意図する。すなわち，企業はただ購入段階においてのみ顧客と接触することはないが，その消費プロセスのなかでは顧客と相互作用し続ける。よって，利用価値の観念にしたがうと，企業は顧客の価値創造に影響を与える機会をもつ。そして，サービス・マーケティング研究が30年以上前から既に主張しているように，顧客は共同生産者としてそのサービス・プロセス（しばしば，サービス生産プロセスあるいはサービス提供プロセスと呼ばれる）に参加し，そのプロセスの流れと結果に影響を与え，それによってそのサービスの知覚品質にも影響を及ぼす。したがって，サービス・マーケティングならびに後発のリレーションシップ・マーケティングはいつも，顧客を共同生産者として捉え，そしてそれゆえ彼らは価値の共同創造者にもなる。だが，同時に進行する生産と消費のプロセスの間，顧客と相互作用が行なわれることから，彼らは利用価値の共同創造者にもなる。後に，マネジメントの文献においてもこの顧客の共同生産ならびに価値の共創の観念が取りあげられるようになった（Normann & Ramirez [1993], Wikström [1996], Prahalad & Ramaswamy [2004]）。

顧客が物財から自らのための価値を得る方法について説明するためには，

交換価値よりも利用価値のほうが適確であると認識されれば，物財を取り扱うマーケターは，顧客の消費（利用）プロセスに介入する方法を見つける必要がある。その段階における顧客との相互作用的接触を形成することによってのみ，企業は物財の機能性を越えてその消費プロセスに影響を及ぼすことができる。多くの企業がそのために，コールセンターやEメールでのアドバイス，ウェブサイトからの問い合わせへの対応，配送，メンテナンスや修理サービスなどを設け，相当の努力している。企業が実施していることは，まず，顧客の物財の利用をサポートするため物財そのものに対してさらに資源を付け加えることだ。換言すると，価値をサポートする資源としての物財のみを顧客に提供するのではなく，今や価値をサポートするプロセスのなかで多種多様な資源（物財，サービス，情報やアドバイスの入手方法）を顧客に提供しているのだ。これは，物財をもって事業活動を行なっている企業は製品ロジックから脱却し，サービス・ロジックを適用しているという事実を意味する。つまり，顧客にとって物財はサービス財へと置き換えられた。

しだいに顧客とのインターフェースは，物財そのもの以上にますます多くの要素を含むようになっている。競争力を保つため，B to C市場で活動する企業は，上述したように多種多様要素を付け加えなければならなくなった。競争は企業がそうするように仕向け，そしてこの流れはその企業の提供物をよりサービスに似たものへと換えた。よって，サービスがマーケティングの規範になることには少なくともふたつの理由が考えられる。すなわち，(1)顧客が価値を得る方法に関する利用価値の概念は，企業が顧客の消費・利用プロセスのなかで彼らと相互作用する方法を発見することを必要とし，それによって，企業はそのプロセスにおける価値の共同創造者になるための機会を開発しなければならない。さらに，(2)競争的状況は，企業に対して，物財自体から遠く離れて顧客とのインターフェースを開発し，消費・利用プロセスに多様な要素を付け加えることを強いる。そしてまた，顧客とともに価値の共創を可能にしなければならない。

上述した2つの理由は，物財をもって事業活動を行なっている企業の提供物をサービス財へと換える。サービスはマーケティングの規範となる。そしてそれゆえに，主流のマーケティングは，この進展に追いつくべく刷新され

なければならない。だが，物財の他に消費プロセスにおける顧客との相互作用及びインターフェースを拡大する際，マーケティングのアプローチには別の変化も必要とされる。顧客との接点が増加するので，時間の面を考慮しなければならない。企業にとってそれは，取引マーケティングの場合のように単に目標売上高達成の問題ではなく，購入後の顧客との相互作用を調整できるようになる。これは，関係性を少なくとも潜在的に重要と認識しているということを意味する。購買及び消費のプロセスにおける顧客との接触はまだ潜在的な関係性でしかなく，それは単一の消費エピソードしか対応しないかもしれないが，その最初のエピソードが企業と顧客間の別の接触やその後の継続的な接触へと結びつくこともある。潜在的な関係性は，本当の関係性と呼ぶことのできるものへと変わるだろう。その関係性においては，顧客はその企業に対して一定の感情的魅力を感じ始める。

焦点：交換かあるいは相互作用か

　過去数十年にわたり，「交換（exchange）」はマーケティング研究において主要な課題とされ（Bagozzi [1975], Hunt [1976]），交換の促進がマーケティングの真の目的として考えられてきた。そのため，主要なモデルは取引そのもの，さらにその形成と促進に焦点をあてるようになった。言い換えると，マーケティングは顧客に対して取引を行なうよう説得すること，つまり購買に関する前向きな決定をさせることに没頭した。消費プロセスにおいて起こる購入後のことは，マーケティングの範囲には含まれなかった。経済学にみるマーケティングのルーツによると，市場の反応（継続的な目標売上高が達成されるか否か）は，顧客が購入物を好んだか否かをあらわす。交換の理論的枠組みは，現代におけるマーケティングの環境にそぐわないマーケティングに対して影響力をもつ。まず，それはマーケティングを取引志向にする。次に，それは，マーケティングに個々の顧客への配慮を失わせ，その個人との関係性を築く可能性をも無くす。そして必然的に，交換の促進は売上と購買決定に直結するプロセスと関連するため，マーケターの意識は，今日の本質である，つまり生産物の利用中における顧客との相互作用（例え

ば，サービス財に関する便利な情報）から離れる。
　当然ながら，生産物と金銭の交換は今なお存在しているが，特に継続中の顧客との関係性においては，それがいつ起こったかを正確に述べるのは難しい。伝統的な市場に対するマーケティング活動によって，最初の交換はなされるだろうが，継続的な交換を起こすためには，顧客との相互作用を上手くコントロールしなければならない。焦点となる概念は「相互作用（interaction）」である。
　Ballantyne & Varey［2006］が結論しているように，「相互作用はやがて交換プロセスのルールとなる（p.228）」。このため，交換は高次概念としてみられる。交換があらゆる商取引の文脈において行なわれていることについては理路整然と論じることができるが，交換はマーケティング研究の焦点として用いるにはあまりにも曖昧でつかみどころのない現象である。既に結論されているとおり，交換ならびに関係性をもつ交換は取引に焦点を向け，研究者及び実務家の意識を，顧客とその相互作用を含むプロセスとしてのマーケティングから背ける。リレーションシップ・マーケティングのコンテクストにおいて，Sheth & Parvatiyar［2000］が同様の結論を述べている。すなわち，交換の理論はおそらく諦めたほうがよいだろう。同コンテクストにおいて，Evert Gummesson［2002］は，「相互作用と関係性とネットワーク」によってマーケティングは構成されていると論じている。彼は焦点をあてるべき概念としても交換をそこに含めなかった。彼があげる3つの概念について言及すると，相互作用はその基礎となるものであり，関係性は相互作用のマネジメントの成功から発展し，そしてこのことは多様なネットワークのなかの現象として生じる（Gummesson［2005］）。
　したがって，企業は相互作用をつうじて，消費・利用プロセスに直接的かつ能動的な方法で介入できるので，マーケティング理論の開発に際しては，構成概念として交換ではなく相互作用に焦点をあてるべきである。

結章　現代マーケティング理論に向けて

顧客との関係性のマネジメントかあるいは顧客マネジメントか

　リレーションシップ・マーケティングならびに IT を基盤とする，いわゆる「カスタマー・リレーションシップ・マネジメント（CRM：customer relationship management）」のツールは，顧客との関係性をマネジメントすることへの興味・関心をもたらした。明らかに，顧客との関係性をマネジメントすることはリレーションシップ・マーケティングの中心に位置づけられる。だが，より一般的なマーケティング理論におけるその役割はどのようなものであろうか。

　リレーションシップ・マーケティングに関する文献ならびに実務的な調査研究は，その課題に対する多様な見解を示している。顧客との関係性をマネジメントすることは，マーケティングの基本として提供者と顧客の双方向のコミットメント及び理解ならびに win-win の状況を構築することに始まり（Grönroos ［1989］, Morgan & Hunt ［1994］, Håkansson & Snehota ［1995］, Sheth & Parvatiyar ［1995］, Gummesson ［2002］ 参照），反復的な購買行動をみせる顧客の確保（Liljander & Strandvik ［1995］），ロイヤルティー・プログラムやダイレクトメールといったリレーションシップ・マーケティングのツールの管理（Verhoef ［2003］），そしてリレーションシップ・マーケティングの戦術（Leong & Qing ［2006］）及び顧客を操作するために用いられるマーケティング・ミックスのツールボックスにまだ入っていない変数の「関係性」（リレーションシップ・マーケティングの実践の批判として Fournier, Dobscha & Mick ［1998］ 参照）に至るあらゆるものごとを含む。

　さらに，顧客の維持にかかるコストがそのような戦略から生じる収益よりも高いかもしれないので，顧客の維持率を高めることを目的とするリレーションシップ・マーケティングのアプローチは，いつも有益な戦略ではないかもしれない（Reinartz & Kumar ［2002］, Ryals ［2005］）。また，「現代のマーケティングの実践」に関する調査は，次のように報告している。すなわ

ち，文化横断的な企業は多様なマーケティング・アプローチを用いているようであり，それらにいくつかは関係性と表現できるものとそうでないものがある（Coviello, Brodie, Danaher & Johnston [2002]）。

　マーケティングやマネジメント上の術語において，「カスタマー・リレーションシップ（顧客との関係性）」という言葉が多様な意味合いで用いられている。例えば，行動や感情的な結びつき及び相互の連帯感をもつ顧客の開発を指していう（Lindberg-Repo & Grönroos [2004]）。再購買行動（行動の構成要素）に加え，顧客の精神のより大きなシェア（感情あるいは態度及び思考の構成要素）も必要とされる（Storbacka & Lehtinen [2001]）。その他にも，購買行動に関係なく，少なくとも2回以上あるいは必要に応じて姿を見せる全ての顧客をカスタマー・リレーションシップと呼ぶことがある。

　顧客のみが企業との関係性をもっているか，あるいはもちたいかを決めることができる。すなわち，カスタマー・リレーションシップの存在の有無は顧客が決める。その企業の生産物を利用している全ての顧客がその企業との関係性を望んでいるわけではない，ということは至極当然であろう。顧客は「取引モード（transactional mode）」と「関係性モード（relational mode）」のいずれにも自らを位置づけることができ，そして例えば1人のある顧客があるモードにあったとしても，異なる種類の生産物や企業ごとに，あるいはひょっとすると状況によってもそのモードを変化させるかもしれない。顧客がいつ関係性の存在を認識し，関係性を構築したいと考え，あるいは取引モードから関係性モードへと変化させたいと考えるのかについて論じている研究は今のところみられない。関係性を構築する行動に対する顧客の関心ならびにリレーションシップ・マーケティング・アプローチに対する彼らの反応についての知識がまだ充分に蓄積されていない。

　潜在的な関係性は常に存在しているが，企業側も顧客側も真の関係性をお互いに築き，マーケティングの基盤としてそのような関係性を使いたいといつも考えているわけではない。したがって，よりニュートラルな「顧客マネジメント（customer management）」という用語を代用し，顧客との既存の関係性を必要とせず，企業と顧客が望むときに関係性を構築するマーケティングの理論を開発したほうがよほど賢明である。

素材のミックスかあるいは誓約のマネジメントか

　1950年代以来，Neil Borden［1964］がマーケティング・ミックスの観念を導入した後，このメタファーはマーケティングの活動及び計画のマネジメントにおいて主要なガイドラインとなった。それは，企業のどの資源や活動がマーケティングの一部であり，そうでないかを選別して限定した。Bordenは，Culliton［1948］がマーケターを素材のミキサーとして捉えたのを承けて，マーケターの職務に対する観念を提示した。その後，McCarthy［1960］がマーケティング・ミックスの素材を4つのカテゴリーに統合し，それは4Ps（Product：製品，Price：価格，Place：流通，Promotion：プロモーション）として知られるようになった。このフレームワークはすぐさま堅牢なモデルとなり，マーケティングの体系化を提案する他の方法（例えば，Hansen［1956］，同様の構造をもって構成された最初のテキストとしてFrey［1961］，Lazer & Kelley［1962］，Staudt & Taylor［1965］，Lipson & Darling［1974］参照）ならびに，例えば，パラメータ理論（Rasmussen［1955］，Mickwitz［1959］）やその早期の経済学を基盤とする行動パラメータ・アプローチ（Frisch［1933］，von Stackelberg［1939］）といった，マーケティングや顧客に影響を与える活動の理解に対する欧州的アプローチを全体的に見劣りさせた。Bordenが主張するように，マーケティングの研究者と実務家に一様に向けられた信仰の石碑に刻まれたこれらの戒律（Kent［1986］）が，こともあろうにマーケティング・ミックスのメタファーの主要な一概念を冒涜していることに注目することは興味深い。彼は20のマーケティングの素材をリストにまとめているが，彼はその内容がマーケティング変数のリストとして決定的なものとして考えてはならないと明確に述べている。そして彼は，継続的にあらゆるマーケティングの状況を鑑み，それを再

---

1) 往々にして，2004年に改変されたマーケティングの定義はまだ，マーケティング・ミックスのインサイド・アウト的マネジメント・アプローチに基づいている。すなわちそこでは，マーケティングは1つの組織機能として定義づけられている。顧客と彼らとの関係性のマネジメントについての漠然とした言及が付け加えられ，その定義は明確なものになってはいない。Grönroos［2006b］pp.395-417を参照のこと。

第Ⅲ部　新しいマーケティング・ロジック

開発しなければならないと付言している。だが，これは単なる希望的観測であった。

　マーケティング・ミックスにおける4Psは，顧客をそのフレームワークの中心に据えているにもかかわらず，そのモデルは組織構造に適応し，マーケティングをすっかりインサイド・アウトの経営活動にしてしまった。そしてそれは，マーケティングを顧客から容易く遠ざけた。そのモデルは，マーケターの関心をプロセスから背け，扱いやすい構造的な意思決定のフレームワークに向けた[1]。そうしてまた，マーケティングは過剰に戦術的なものになってしまった。さらに，そのシンプルなフレームワークの長所から，研究者や教授や学生は一様にそれを，簡単に教えることができ，理解することができ，実用できるモデルとして受け容れるようになった。このおおよそ半世紀もの間，変わりゆく環境のなかで，主流のマーケティング信奉者に対して，マーケティング・ミックスのメタファーの真偽の確認を怠るようそそのかすには，それはとても使い勝手の良いものだった。マーケティングはひとつのプロセスであるので，主としてマーケティング変数のリストであるモデルは，マーケティングの核心的な意味合いと矛盾することになる。そして，構造的要素が重要視され続ける一方で，時間をかけて実現する顧客志向という本質的な要素は除外され，必然的にリストは過去の産物となる。そのようなリストを用いることには危険を孕む。

　主流のマーケティングの「素材のミキサーというメタファー」「マーケティング・ミックス」「4Ps」は，成長していく市場ならびに（物財やサービス財によって満たされる）過剰な需要を伴う時代のなかで開発されたため，その方向性は往々にして顧客獲得と販売促進へと向けられ，既製の標準化された生産物を伴うが，顧客の消費・利用プロセスに介入する可能性をもたない。今日，マーケティング環境は変化しており，そのため企業にとっての課題も異なっている。もちろん顧客獲得の重要性は今なお失われていないが，徐々に市場の数が増えていくなかで，関係性志向的な繋がりをめざした顧客を維持する能力と彼らの企業活動への参加の拡大は，マーケティングの成功の鍵となる。誓約の概念を用いると，主流のマーケティングは誓約を交わすことに専念しているが，誓約を果たすことには無関心である。その不穏な現

250

実問題は，Brown が大企業のトップマネジメントのメンバーとの議論において観察しているように，「誓約を果たし顧客ロイヤルティを築くことは，企業内のマーケターよりもむしろその他の者の責任であると概して考えられている（Brown［2005］p.3)」。

サービス・マーケティング及びリレーションシップ・マーケティングの研究において，「素材のミキサーとしてのマーケター」というメタファーよりもマーケティングのための基礎が導入され，徐々に利用される場面が増えている。すなわち，誓約の概念である。それはそもそも，1980年代半ばに Henrik Calonius が発表した文献（Calonius［1983, 1986, 1988］）において紹介された。その後，それはリレーションシップ・マーケティング（例えば，Grönroos［1989, 1996, 2006b］, Berry［1995］）ならびにサービス・マーケティング（例えば，Grönroos［1984, 2007］, Betner［1995］）において用いられてきた。Berry［1995］は，顧客と交わした誓約の達成が顧客維持のための基礎となると主張している。Grönroos はリレーションシップ・マーケティングについて広く議論し，Berry & Bitner はサービスにおける関係性について議論しているが，誓約の役割に関する結論は，いかなるコンテクストであろうと全ての生産物にとって真実でならなければならない。

Calonius が提唱する誓約の概念は，Levitt［1981］の主張に部分的に基づいている。すなわち，「潜在顧客がその生産物を事前に経験できないとき，彼らは本質的に何が誓約となるのか，すなわち「満足の誓約（promises of satisfaction）」について問われる。購入される前に目に見える生産物，試用できる生産物，感じることができる生産物，匂いを嗅ぐことができる生産物も，おおかた単なる誓約にすぎない（p.96)」。Calonius［1986］は次のように誓約を定義している。すなわち，誓約とは「他者あるいは自らに対して未来を考慮してなされる，多少なりとも明確に表示される条件付きの宣言あるいは保証であり，それらはある特定の行為を行なったり慎むこと，あるいはある特定の物を与え授けることに言及する（p.518)」。

例えば，コミュニケーションや価格設定といったいくつかのマーケティングの活動やプロセスは誓約を取り交わすことを目的としているが，その他方の目的は，誓約を実現することである。後者のカテゴリーの活動やプロセス

には，例えば，配達，物財やその他のソリューションの取扱い，製品の使用方法に関する情報，修理やメンテナンス，問題やミスのリカバリー，そしてコールセンターの助言といったものを伴う。

また，その誓約の概念はマーケティングにもうひとつの新しい様相を加える。誓約は，組織にその準備が整っていなければ，上手く達成できる見込みはない（Bitner［1995］）。それゆえ，「誓約のイネーブリング（enabling promise）」は誓約を交わし果たすことに不可欠な要素となる。誓約の達成に関与する従業員は，その所属する組織機能や組織内の地位に関係なく，顧客志向をもたなければならない。つまり，マーケティングに必須の要素としてインターナル・マーケティングが求められる。概念としてのインターナル・マーケティングは，サービス・マーケティングにおいて開発され（Eiglier & Langeard［1976］，Berry［1981］，Grönroos［1978, 1981］参照），そしてリレーションシップ・マーケティングの一部を成す（Dunne & Barnes［2000］，Ballantyne［2003］）。

要するに，誓約の締結は，マーケティング・コミュニケーションや価格設定といった伝統的な（エクスターナル・）マーケティング活動と関連し，それは潜在顧客に対する価値提案を伝達することを目的とする。誓約の達成は，価値提案に則して交わされた誓約によって形成された期待が，価値創造的な方法をもってサポートされることを意味する。そして，誓約のイネーブリングは，誓約の締結と実現のための必要条件が形成されるということでもある。図1は，誓約ならびに利用価値の概念を配したマーケティング戦略について描写されている。

おそらくマーケティング部門にて編成されるフルタイム・マーケターは，エクスターナル・マーケティングの諸活動をつうじて誓約の締結に対して責任を請け負う。そのターゲットとなる顧客は，マス市場の一部かもしれないし，個々人としてアプローチされ得る。企業の価値サポート資源（物財やその他の有形物，従業員，情報，システム，技術）をもって，交わされた誓約によってつくられた期待は充足されるべきである。そのような期待は，明確な場合もあればそうでない場合もある。あるいは，曖昧であっても，消費の間だけ明確に認識されるようになる場合もある（Ojasalo［1999］）。顧客と

結章　現代マーケティング理論に向けて

の相互作用のなかで，顧客は価値の共同生産者及び共同創造者として行動する。よって，このプロセスのなかで顧客は一資源でもあり，単なる消費者ではない。そうして，誓約は達成され，顧客の価値創造プロセスはサポートを受ける。総体的なマーケティング・プロセスのこの部分はたいてい，顧客と企業の様々な資源との相互作用（例えば，物財，従業員，システムとの相互作用）を伴うため，サービス・マーケティングにおいて開発されたインタラクティブ・マーケティングという術語は，誓約を達成するプロセスを称するに全くもってふさわしい。この本来の「インターナル・マーケティング」という術語は，極めて未熟なインタラクティブ・マーケティングやマーケティング・コミュニケーションにおける対話型メディアという概念とは全く関係がない。すなわち，インターナル・マーケティングは，交わされた誓約によって形成された期待の充足を可能にするプロセスなのである。インターナル・マーケティングの目的は，その企業が，パートタイム・マーケターとしての活動に動機づけられ見識のある顧客志向的な従業員を保有するのを確実にすることだ。だが付け加えて述べるが，システムや技術ならびに物財やその他の物的資源もまた，顧客志向的仕様をもって開発されなければならない。

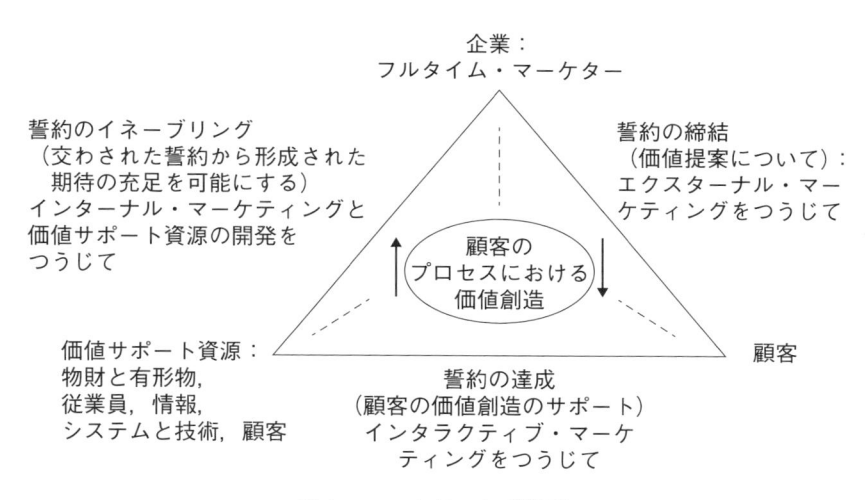

図1　マーケティング戦略

253

第Ⅲ部　新しいマーケティング・ロジック

マーケティング：機能かあるいは多機能的プロセスか

　サービス・マーケティング及びリレーションシップ・マーケティングの研究，そしてとりわけ，ノルディック学派の研究は明確に次のことを主張している。すなわち，顧客とのインターフェースが付加的な要素や接点を伴い，標準化された生産物を多少なりとも越えて拡張されるとき，顧客マネジメントは，マーケティング部門専属のマーケター以外にも他部門の従業員やシステムを用いなければ，上手く実行され得ない（ノルディック学派による文献以外にも，例えば，Lovelock［2000］，Brown［2005］，Brown & Bitner［2006］参照）。適切な場所とタイミングにおいていつも顧客と接触できるわけではないので，マーケティング及び販売の代表者であるはずのフルタイム・マーケターは一部のマーケティングの範疇を越えた対応をすることができず，さらには，顧客との接触に応対し顧客の選択に影響を及ぼす他部門の従業員，すなわちその企業のパートタイム・マーケターのほうが彼らよりも何倍も人数が多い（Gummesson［1991］）。さらに重要なことには，「パートタイム・マーケターはフルタイム・マーケターよりも数の上で勝るだけでなく，しばしば彼らは最もふさわしいマーケターとして行動する専門家となる（Grönroos［1994］p.352）」。マーケティングの組織的目的は，企業をその顧客と結びつけることにある。

　マーケティング及び販売は，顧客マネジメントとしてなされるべきだ。それにもかかわらず，主流のマーケティングをリードしその定義法における世界的権威である AMA は，半世紀にわたり，マーケティングを他機能と同様に存在するひとつの組織機能として常に位置づけてきた。2004年に改訂された定義でさえも，マーケティングは組織機能として強調されている。マーケティングの文献のなかで，この考え方の欠点について，多様な方法，例えば，マーケティングを最も重要な機能あるいはひとつの統合機能として提案するなどして対応しようと努めた（Kotler［1994］）。実際には，このような提案のいずれも，その問題に対する改善策として効果はみられなかった。全組織機能における従業員はそれぞれの分野におけるプロフェッショナルであ

り，あらゆる機能が企業活動の成功のために必要とされる。

　サービス・マーケティング及びリレーションシップ・マーケティングの研究ならびにIMP（Industrial Marketing and Purchasing）によるB to Bマーケティングに関する研究（例えば，Håkansson & Snehota［1995］参照）では，マーケティングはひとつの機能として管理され，計画が立てられ，実行されることは不可能だと結論づけられているが，主流のマーケティングの支持者はそのような明確な結論を導き出していない。この結論から，構造的にマーケティングはマーケティングに責任をもつひとつの部門として完全に組織することは不可能だといえる。それはもはや，マーケティング・マネジメントの範疇を越えており，一部門内に留まらない組織全体における市場志向や顧客志向のマネジメントの課題となる。すなわち，従業員の役割やその活動方法のシステム機能は，顧客の価値創造ならびに彼らの選択やその企業とのビジネス継続の意思に対して直接あるいは間接的に影響を与える。

マーケティングのための新しいロジックに向けて

　本書の各章及び結論部分にあたる本章において主張したように，ますます，あらゆる企業がサービスビジネスに転換している（Grönroos［1990］, Webster［1992, 1994］）。1970年代にLevitt［1972］が既に述べているが，物財やサービス事業は存在しないが，その提供物に多少なりともサービスの要素を伴うビジネスは存在する。Gummesson［1995］は次のように主張している。「顧客は物財やサービス財を購入するのではない。彼らは価値を創るサービスを提供してくれるものを購入する。（中略）従来の物財とサービス財を分ける考え方は遥か昔の遺物である（pp.250-251）」。「このように，サービス・プロセスを理解することは，従来からサービスビジネスと呼ばれるものだけでなく，あらゆる種類のビジネスにとって絶対的に必要となってくることは避けられない事実のようだ（Grönroos［1998］p.336）」。Levitt［1974］の古典的な例（顧客は1/4インチドリルそれ自体を購入するのではなく，1/4インチの穴を求めてお金を払うのである）は，同じことを意図している。つまり，顧客は日常の活動のなかで価値を創造するサービス財を購入

第Ⅲ部　新しいマーケティング・ロジック

しているのだ。顧客はサービス財を探し求め，そして彼らがそうすることを決めるのであれば，企業は自社の提供物をサービス提供物として開発し，サービス企業として活動することができる。

　現代マーケティング理論の開発のためには，その理論の基礎となるロジックがサービスビジネスのマーケティングの現実に則したものでなければならない。本来，サービスは関係性を伴うものであるので，リレーションシップ・マーケティングの考え方もまた，サービス・マーケティングと並行して，そのような現代マーケティング理論の基礎を成形する。

　取引志向的な主流のマーケティングの伝統のために，現代マーケティング理論を開発しようにも，多くの欠陥を抱えるマーケティングの捉え方が今なお大きな影響力をもっている。表2において，その主流のマーケティングの欠点ならびにサービスと関係性に基づくマーケティングの基礎について要約している。

- 顧客マネジメント活動（すなわち，マーケティング）の普及

　　価値提案について交わされた誓約からつくられた期待を充足する効果的な顧客マネジメントは，組織全体に顧客志向が存在し，顧客に対して直接あるいは間接的に影響を与えるタスクが総体的なマーケティング・プロセスの一部として実行され管理されなければならない。パートタイム・マーケターはしばしば，フルタイム・マーケターよりも人数が多い。

- 顧客マネジメント及び顧客志向的活動（すなわち，マーケティング）への専念

　　顧客志向的な行動ならびにパートタイム・マーケターとしての活動に対するモチベーションや関心は，組織全体に存在していなければならない。もしパートタイム・マーケターとして位置づけられる者が顧客志向的な思考（態度）やノウハウをもたず，顧客志向的方法をもって行動したがらなければ，（エクスターナル・）マーケティング活動によって交わされた誓約は達成されず，顧客の価値創造のための適切なサポートは損なわれる。

- 顧客マネジメント（すなわち，マーケティング）のための組織化

　　専属のマーケティング専門家はその独自の部門に組織され得るが，企業

結章　現代マーケティング理論に向けて

表2　サービス競争下におけるマーケティングに対する取引志向的伝統の影響とサービス志向・関係性志向的観点の必要条件

マーケティングの局面	取引志向的伝統の影響	サービス志向・関係性志向的観点の必要条件
顧客マネジメント活動（マーケティング）の普及	顧客志向は顧客が企業と相互作用する場においてのみみられる	顧客志向は組織をつうじて，外部顧客・内部顧客が存在するあらゆる場所においてみられなければならない
顧客マネジメント（マーケティング）への専念	組織の限られた部分のみが顧客志向的行動を実行し顧客志向的思考（態度）をもつ	フルタイム・マーケターと販売員に加えて，組織の大部分が顧客志向的な思考（態度）や行動にコミットしなければならない
顧客マネジメント（マーケティング）のための組織化	マーケティングはマーケティング部門や販売部門の人質であり，当該部門はフルタイム・マーケターのみで組織される	全てのマーケティングは従来どおりに組織化できない。フルタイムのマーケティングのみが専門部門で組織化される。パートタイム・マーケターに対してできる唯一のことは，顧客志向（マーケティング）に向けさせることである
顧客マネジメント（マーケティング）のための予算編成	顧客志向的活動（販売及びマーケティング）のための計画と予算はマーケティング部門や販売部門でのみ立案される	企業のあらゆる計画と予算を顧客志向的活動のために立案し，その事業計画のなかで調整しなければならない
インターナル・マーケティングへのコミットメント	全てのマーケティング及び販売に関する従業員はプロフェッショナルと考えられるので，インターナル・マーケティングは必要とされない	パートタイム・マーケターはフルタイム・マーケターよりも数倍多いので，インターナル・マーケティングは戦略的重要性をもつ
顧客マネジメント（マーケティング）に用いられる	マーケティングという術語が使われるようになってからほとんどの	術語のマーケティングのほとんどは顧客獲得だけにしか言及していない。パートタイム・マーケター

257

第Ⅲ部　新しいマーケティング・ロジック

| 術語 | 期間，それは企業の顧客志向的活動とされた | はマーケティングと呼ばれる何かしらに関与することを拒むことがあるので，この術語は時代遅れで心理的に間違っており，顧客マネジメントならびに顧客志向的思考（態度）や行動の全てを呼称するには有効ではない |

出所：Grönroos［2007］

に拡散するパートタイム・マーケターは，それぞれの機能やプロセスや部門に所属するので，フルタイム・マーケターと同様に組織され得ない。彼らは，別部門の一員であり，それぞれ正規の職務をもつ。パートタイム・マーケターの顧客に対する責務は，彼らの主要な業務（例えば，配送トラックの運転，製造機器の修理，苦情の対応，銀行において顧客とのローンの相談）に加えられたものである。したがって，従来どおりの構造的方法では，マーケティングを組織することはできない。フルタイム・マーケターのみがその独自の集団において組織され得るが，それ以外は，顧客志向の心構えとしてのマーケティングの考え方が組織内に浸透されていくのみである。

- 顧客マネジメント（すなわち，マーケティング）のための予算編成

　従来のマーケティングの計画や予算は，その企業のマーケティング部門のために立てられる。だが，直接的にも間接的にも顧客に影響を与える活動に関わるあらゆる計画や予算を立案する際，そのなかには必ず顧客志向的観点がなければならない。

- インターナル・マーケティングへのコミットメント

　顧客マネジメントがマーケティング専門家のみの責務とされる主流のマーケティングでは，マーケターに対してマーケティングの思考（態度）を開発することを目的とするプログラムは必要とされない。だが，組織全体をつうじて顧客志向が求められるとき，マーケティングに対する望ましい思考（態度）ならびに顧客志向を取り入れることの本当の意味の理解は，当然のことのように受け容れられるものではない。したがって，企業はイ

ンターナル・マーケティングに対して強くコミットしなければならない。そして，トップマネジメントはインターナル・マーケティングを，単なる戦術的な従業員トレーニングのタスクとしてではなく，戦略的な課題として捉えるべきである。

- 顧客マネジメント（すなわち，マーケティング）に用いられる術語

　マーケティングという術語が用いられるようになってからまだ1世紀も経っていない。しかしながら，マーケティングという現象，すなわち，顧客マネジメントは商取引と同じくらい古い歴史をもつ。実のところ，この術語に支持するだけの伝統は存在しないのである。しばしば，パートタイム・マーケターとしての役割を担うべき従業員の間で，このマーケティングという術語が彼らの反感を生みやすく不適当であることがわかる。さらに，これまでの歴史の大半において，「マーケティング」という術語は顧客獲得を指して使われてきたため，その言外の意味が大きく強調されるようになった。現代のマーケティングでは，もちろん，市場に商品を打ち出し顧客を獲得することは重要であることに変わりはないが，徐々にではあるが，顧客を維持し，育成し，そしてその市場に留まらせることがより重要となっている。

　現代一般のマーケティング環境にふさわしい適用可能な術語は開発されていないようなので，従来どおり「マーケティング」を結論を述べる本章でも用いる。だが，筆者の仮説は次のとおりだ。すなわち，企業数の増加は，その中のいくつかの企業は顧客マネジメントを既に実行し，それにあたる他の呼称を使っている可能性を示唆するということ，そしていずれ，マーケティングの文献は顧客マネジメントの新しい環境において用いるにふさわしい術語を発見するということである。

現代マーケティング理論の開発のための提案

　以下の4つの提案（11のサブ提案を含む）に，現代マーケティング理論を開発するための指針となる原則が示されている。これらの提案は，前章まで

の内容ならびに本章での議論を根拠にしてまとめたものである。それらは，「マーケティングの定義とマーケティングのための新しいロードマップの発見：On Defining Marketing. Finding a New Roadmap for Marketing (Grönroos［2006b］)」のなかでより洗練して開発された。その提案は以下のとおりである。

提案 1 a：価値は，企業から顧客へ提供されるのではなく，顧客のプロセスに対するサポートをつうじて，そして顧客との相互作用における共創行動をつうじて創られる（利用価値）。

提案 1 b：マーケティングの役割は，一方では，顧客に対して価値提案を開発し伝達することであり，他方では，物財やサービス財，情報やその他の資源をつうじて，ならびに価値共創が行なわれる相互作用をつうじて顧客の価値創造をサポートすることである。

提案 2 a：顧客は関係性モードにもそうではないモードにもなり得るが，そのため彼らは，企業から関係性を築こうとする方法でアプローチされることに対していつでもありがたく思うわけではないし，関係性を重視する戦略がいつでも企業にとって有益なものとなるわけではない。そしてさらには，関係性構築の一環として顧客を管理することが効果的であることがしばしばあったとしても，それは顧客を企業と関係づけるための全般につうじるアプローチとして考えることはできない。

提案 2 b：顧客との関係性のマネジメントは，マーケティングの開発のための全般につうじるガイドラインとしての原理・原則として考えることはできない。暗黙の方法をもって，マーケティングは，関係性を構築するあるいはそうしないといった両方のマーケティング戦略や活動を考慮しなければならない。

提案 3 a：マーケティングは，マーケティング専門家であるフルタイム・マーケターによる単一の組織的機能のみでは実行なし得ない。

提案 3 b：マーケティングは組織全体につうじた顧客志向が必要とされ

る。そのため，顧客志向へと向けるためにたくさんのあるいは重点的なトレーニングを受けたフルタイム・マーケター，ならびに自らの業務を行なう最初の段階で，顧客志向へと向けるためのトレーニングを全くあるいは部分的にしか受けていないパートタイム・マーケターのいずれも関与する。

提案3c：マーケティングの効果を発揮するため，情報システムやその他のシステムを顧客志向的な方法をもって設計し機能させなければならない。

提案4a：顧客の期待は明確なものだけではなく不明確で曖昧なものもあり，これらの期待は企業の活動によって充足されるべきである。
提案4b：顧客志向的方法を用いた誓約の達成は，誓約のイネーブリング要素としてインターナル・マーケティングの活動を必要とする。
提案4c：顧客志向的な技術や情報システムやその他のシステムならびに適切なリーダーシップが，パートタイム・マーケターによる顧客志向的活動をサポートするために必要となる。
提案4d：交わされた誓約からつくられた期待の充足に対応できるインターナル・マーケティングといった内部活動及び技術やシステムやリーダーシップによってサポートされる「誓約の締結」，ならびに交わされた誓約からつくられた「期待の充足」は，企業のマーケティング・プロセスを形成する。

以上の原則の提案は，顧客マネジメントへのサービスと関係性の観点に関するロジックを示唆している。この論理に基づき，次のようなマーケティングの定義を導くことができる（Grönroos［2006b］）。

　マーケティングは，組織の機能やプロセスに浸透する顧客志向であり，価値提案をつうじて誓約を交わすこと，その誓約からつくられた個人的な期待の充足を可能にすること，そして顧客の価値創造プロセスに対するサポートをつうじて期待を充足することに対応する。そのことに関していえ

ば，マーケティングとは，企業ならびに顧客あるいは顧客以外の関係者のプロセスにおいて価値創造をサポートすることである。

この定義は，「誓約のマネジメントによる定義（promise management definition）」と名称づけることができるだろう。その根幹は，誓約の締結のプロセス及び交わされた誓約から形成された期待を充足可能にし，達成するプロセスである（図1参照）。誓約の締結は，価値提案の開発，価格設定，伝達といった活動を伴う。誓約は，インターナル・マーケティングのプログラムと活動，ならびに顧客志向的な物財，技術，サービス・プロセス，情報システムやその他のシステム，そして適切なリーダーシップをつうじてその達成が可能となる。誓約からつくられた期待は，顧客の価値創造をサポートすることによって充足される。以上のことは，顧客に資源やプロセス（物財，サービス財，情報，従業員，システム，インフラ，物的資源）を提供すること，ならびに顧客とそのような資源やプロセスとの相互作用，加えて顧客を購買・消費及び利用のプロセスに資源として動員することによって実現される。

この論理は利用価値の概念に基づいており，すなわち，顧客のための価値は顧客の価値創造プロセスにおいてつくられるという考えに則っている。一揃いの資源，プロセス，相互作用をもって，企業は顧客の価値創造をサポートするのである。

現代のビジネス環境では，顧客とのより長期的な関係性が，有益性の高いビジネスの基盤となっていることがしばしばみられる。だが，顧客は必ずしも企業と関わるなかで接触を望んでいると決めつけることはできず，そして企業は必ずしも，顧客との関係性を構築することをビジネスにおける最高の戦略的基盤として考えるわけではない。したがって，この定義は，顧客との関係性の構築に対するその可能性を暗に意味するに留めている。価値創造を上手くサポートする生産物を顧客に提供することに加えて，そのことを交わされた誓約からつくられた個人的な期待と合致するように実行することは，「関係性モード（relational mode）」にある顧客が再購買を望むようになる可能性，さらには企業との感情的な繋がりを開発する可能性を高めてくれるだ

ろう。それはまた，顧客との関係性を受容し促進しやすくする（De Wulf, Odekerken-Schröder & Iacobucci［2001］，Odekerken-Schröder, De Wulf & Schumacher［2003］）。このような場合において関係性は構築される。

　さらには，複数の組織的機能が顧客志向となり，マーケティングに対して責任をもたなければならない。主流のマーケティングにしたがい，マーケティング機能と呼ばれるものは，例えば，市場調査，広告及びその他のマーケティング・コミュニケーションの方法，販売，といったものが含まれるが，それらは100％顧客に焦点をあわせる。その一方で，例えば，R&D，商品開発，製造及びサービスの実行，流通，資源調達，修理及びメンテナンス，コールセンターの活動，サービス・リカバリー及び組織内の至る所にみられる苦情処理，人材マネジメント，財務といったものは，適宜顧客に焦点をあわせなければならない。したがって，顧客志向としてのマーケティングは，他にも色々とあるなかで，これらの機能のタスクを計画し実行する一側面である。

　この定義は，マーケティングに関する意思決定をすべき領域に存在する変数のリストに基づいたものではない。そのようなリストは，決定的なものにならず，そして容易く時代錯誤のものとなってしまう。さらに，多様な状況に対応して複数種のリストが必要となる。考えられる限りのマーケティングの状況の要求に適合した，意思決定すべき領域の全リストを取り揃えるのは不可能である。そのため，誓約のマネジメントによる定義は，「誓約の締結」，「このプロセスを実行可能にすること」，「誓約からつくられる期待の充足」をもって顧客のプロセスにおける価値形成をサポートすることをマーケティングに含めている。誓約のイネーブリングについては，その定義において明確に示されている。もしこの内部的なサポートがなかったりその管理を誤ってしまうと，顧客の価値創造プロセスのサポートを無事に行なうことは困難になる。

　最後に，期待（Miller［1977］）と期待の否定（Oliver［1980］参照）の役割については，明確に考え示すことができる。価値提案の伝達及び誓約の締結は期待を形成するが，その期待が提供される価値サポートによって充足される方法は，マーケティングの成功に決定的な影響を与える。締結された誓

約に基づいて顧客は期待をつくりあげるため，誓約それ自体ではなく，その誓約によってつくられた顧客の個人的な期待を充足するのである。

結論

プロセスではなく，ひとつの機能，既製の価値と構造の交換，一組のマーケティング変数に焦点をあてる主流のマーケティングのフレームワークは，現代のマーケティングの状況にあまり適合しない。少なくとも，標準化された消費財では，それ以外の生産物と比べてそうとはいいきれないが。それは，マーケティングの実践及び研究にとって相当の足枷となっている。プロセスに本質を見出し，サービスと関係性を基盤とするマーケティング・ロジックは，研究者及び実務家の両者にとって，企業のあらゆるマーケティングの資源と活動の位置づけに役立ち，そして予算や計画の立案に，マーケティング部門の活動だけでなく，これら全ての資源と活動を取り入れることにも役立つ。そのとき，マーケティングは企業の顧客にとってより妥当性の高いものとなる。もしそうであれば，マーケティングはトップマネジメントにとってもより妥当性の高いものとなり，結局のところその企業のステークホルダーにも同様のことがいえる。

主流のマーケティングの構造的アプローチにしたがうと，マーケティングの理解ならびにマーケティング・プログラムの編成及び計画・実行が比較的単純なものとなる。マーケティング・ミックスのマネジメントのメタファーは，教育学上平易であり，理解しやすく，再現可能なマーケティング手法として役立ってきた。それは，教授たちにとってマーケティングを教えやすくし，マーケターにとってマーケティングを実践しやすくしてきた。新しいマーケティングのロジック，ならびにそのマーケティングのプロセスの観点及び誓約のイネーブリングと締結と達成への焦点を伴う誓約のマネジメントによる定義は，より複雑な指針を提示する。所定の状況において，どのマーケティングの資源や変数を用いるべきかを規定することが難しくなり，そして長い間，何がマーケティングであって反対にそうではないのかを決定することが不可能となるだろう。例えば，顧客ベース，顧客の嗜好や購買及び利用

の行動，競争の状況及び競合他社の行動，ビジネス環境の変化に伴って，マーケティンング・プロセスに含まれるべき資源や活動は変わる。そのような変化はゆっくりかもしれないし，一夜にして起こるかもしれない。

　論結するにあたり，このサービスと関係性に基づくロジックならびに顧客志向的な誓約のマネジメントによる定義が，主流のマーケティングよりも，現代マーケティング理論に対して優れた基盤を与えるのかについて，当然ながら問われるべきである。あるいは，他により良い選択肢が存在するだろうか。もちろん，後者の疑問には断定して答えることはできない。だが，私見ではあるが，30年以上も蓄積されてきたサービス・マーケティング及びリレーションシップ・マーケティングの研究は，これらの分野におけるマーケティング思想の発展と増え続ける産業に対応するビジネス環境の発展がしだいに重なりあうことを証明している。サービス・マーケティング及びリレーションシップ・マーケティングは，今日のマーケティングの理論と実践に対する課題が一致するロジックを提案してくれるようである。このことに鑑みて，誓約に基づきプロセスを志向するマーケティングの定義は，現代マーケティング理論のための全般的な定義ならびに基盤的なロジックになり得る可能性を秘めている。マーケティングのサブ領域に対応して，おそらくその領域の特徴に対応した特別な定義がなされるだろう。そのなかでも例えば，リレーションシップ・マーケティングはその独自の定義を開発している。

参考文献

Arantola, H. (2002) *Relationship Drivers in Provider-Consumer Relationships. Empirical Studies of Customer Loyalty Programs*. Helsinki: Hanken Swedish School of Economics, Finland.
Bagozzi, R.P. (1975) 'Marketing as Exchange', *Journal of Marketing*, 39(October): 32–39.
Ballantyne, D. (2003) 'A Relationship-Mediated Theory of Internal Marketing', *European Journal of Marketing*, 37(9): 1242–1260.
Ballantyne, D. and Varey, R.J. (2006) 'Introducing a Dialogical Orientation to the Service-Dominant Logic of Marketing', in Lusch, R.F. and Vargo, S.L. (eds) *The Service-Dominant Logic of Marketing: Dialog, Debate, and Directions*. Armonk, NY: M.E. Sharpe, pp. 224–235.
Berry, L.L. (1981) 'The Employee as Customer', *Journal of Retailing*, 3(March): 33–40.
Berry, L.L. (1995) 'Relationship Marketing of Services: Growing Interest, Emerging Perspectives', *Journal of the Academy of Marketing Science*, 23(4): 236–245.
Bitner, M.J. (1995) 'Building Service Relationships: It's All About Promises', *Journal of the*

第Ⅲ部　新しいマーケティング・ロジック

Academy of Marketing Science. 23(4): 246–251.
Borden, N.H. (1964) 'The Concept of the Marketing Mix', Journal of Advertising Research, 4 (June): 2–7.
Brown, S.W. (2005) 'When Executives Speak, We Should Listen and Act Differently', Journal of Marketing 69(October): 2–4.
Brown, S.W. and Bitner, M.J. (2006) 'Mandating a Service Revolution for Marketing', in Lusch, R.F. and Vargo, S.L. (eds) The Service-Dominant Logic of Marketing: Dialog, Debate, and Directions. Armonk, NY: M.E. Sharpe, pp. 393–405.
Calonius, H. (1983) 'On the Promise Concept', unpublished discussion paper. Helsinki: Hanken Swedish School of Economics, Finland.
Calonius, H. (1986) 'A Market Behaviour Framework', in Möller, K. and Paltschik, M. (eds) Contemporary Research in Marketing. Proceedings from the XV Annual Conference of the European Marketing Academy. Helsinki School of Economics and Hanken Swedish School of Economics, Finland, pp. 515–524 (also published in Marketing Theory 6(4), 2006, pp. 419–428).
Calonius, H. (1988) 'A Buying Process Model', in Blois, K. and Parkinson, S. (eds) Innovative Marketing: A European Perspective. Proceedings from the XVIIth Annual Conference of the European Marketing Academy. University of Bradford, pp. 86–103.
Coviello, N.E., Brodie, R.J., Danaher, P.J. and Johnston, W.J. (2002) 'How Firms Relate to Their Markets: An Empirical Examination of Contemporary Marketing Practice', Journal of Marketing, 66 (July): 33–46.
Culliton, J. (1948) The Management of Marketing Costs. Graduate School of Business Administration, Harvard University, Boston.
De Wulf, K., Odekerken-Schröder, G.J. and Iacobucci. D. (2001) 'Investments in Consumer Relationships: A Cross-Country and Cross-Industry Exploration', Journal of Marketing, 65(1): 33–50.
Dunne, P.A. and Barnes, J.G. (2000) 'Internal Marketing: A Relationships and Value Creation View', in Varey, R. and Lewis, B. (eds) Internal Marketing: Directions for Management. London: Routledge, pp. 192–220.
Eiglier, P. and Langeard, E. (1976) Principe de politique marketing pour les enterprises de service, Working Paper. Institut d'Administration des Enterprises, Université d'Aix-Marseille.
Fournier, S., Dobscha, S. and Mick, D.G. (1998) 'Preventing the Premature Death of Relationship Marketing', Harvard Business Review, 76 (January–February): 42–51.
Frey, A. (1961) Advertising, 3rd edn, New York: Ronald Press.
Frisch, R. (1933) Monopole-Polypole – le notion de la force l'économie. Nationalekonomisk Tidskrift, Denmark, pp. 241–259.
Grönroos, C. (1978) 'A Service-Orientated Approach to the Marketing of Services', European Journal of Marketing, 12(8): 588–601.
Grönroos, C. (1981) 'Internal Marketing – An Integral Part of Marketing Theory', in Donnelly, J.H. and George, W.R. (eds) Marketing of Services. Chicago, Ill.: American Marketing Association, pp. 238–238.
Grönroos, C. (1984) 'A Service Quality Model and Its Marketing Implications', European Journal of Marketing, 18(4): 36–44.
Grönroos, C. (1989) 'Defining Marketing: A Market-Oriented Approach', European Journal of Marketing, 23(1): 52–60.
Grönroos, C. (1990) Service Management and Marketing. Managing the Moments of Truth in Service Competition. Lexington, MA: Lexington Books.
Grönroos, C. (1994) 'Quo Vadis, Marketing? Toward a Relationship Marketing Paradigm', Journal of Marketing Management, 10(5): 347–360.
Grönroos, C. (1996) 'Relationship Marketing Logic', The Asia-Australia Marketing Journal,

結章　現代マーケティング理論に向けて

4(1): 7–18.
Grönroos, C. (1998) 'Marketing Services: The Case of a Missing Product', *Journal of Business & Industrial Marketing*, 13(4/5): 332–338.
Grönroos, C. (1999) 'Relationship Marketing: Challenges for the Organization', *Journal of Business Research*, 46(3): 327–335.
Grönroos, C. (2006a) 'What Can a Service Logic Offer Marketing Theory', In Lusch, R.F. and Vargo, S.L. (eds) *The Service-Dominant Logic of Marketing: Dialog, Debate, and Directions*, Armonk, NY: M.E. Sharpe, pp. 354–364.
Grönroos, C. (2006b) 'On Defining Marketing: Finding a New Roadmap for Marketing', *Marketing Theory*, pp. 6(4).
Grönroos, C. (2007) *Service Management and Marketing: Customer Management in Service Competition*. Chichester: John Wiley & Sons, Ltd.
Gummesson, E. (1991) 'Marketing Revisited: The Crucial Role of the Part-Time Marketer', *European Journal of Marketing*, 25(2): 60–67.
Gummesson, E. (1995) 'Relationship Marketing: Its Role in the Service Economy', in Glynn, W.J. and Barnes, J.G. (eds) *Understand Services Management*. New York: John Wiley & Sons, pp. 244–268.
Gummesson, E. (2002) *Total Relationship Marketing: Rethinking Marketing Management: From 4Ps to 30Rs*. London: Butterworth Heinemann.
Gummesson, E. (2005) *Many-to-Many marknadsföring (Many-to-many marketing)*. In Swedish. Malmö: Liber.
Håkansson, H. and Snehota, I. (1995) *Developing Relationships in Business Networks*: London: Routledge.
Hansen, H.L. (1956) *Marketing: Text, Cases, and Readings*. Homewood, IL: Richard D. Irwin.
Holbrook, M.B. (1994) 'The Nature of Customer Value: An Axiology of Service in the Customer Experience', in Rust, R.T. and Oliver, R.L. (eds.) *Service Quality: New Directions in Theory and Practice*, Thousand Oaks, CA: Sage pp. 21–71.
Hunt, S.D. (1976) 'The Nature and Scope of Marketing', *Journal of Marketing*, 40(July): 17–28.
Kent, R.A. (1986) 'Faith in Four Ps: an Alternative', *Journal of Marketing Management*, 2(2): 145–154.
Kotler, P. (1994) *Marketing Management*. Englewood Cliffs, NJ: Prentice-Hall.
Lazer, W. and Kelley, E.J. (1962) *Managerial Marketing: Perspectives and Viewpoints*. Homewood, IL: Richard D. Irwin.
Leong Yow Peng and Qing Wang (2006) 'Impact of Relationship Marketing Tactics (RMTs) on Switchers and Stayers in a Competitive Service Industry', *Journal of Marketing Management*, 22(1–2): 25–59.
Levitt, T. (1972) 'Product-line Approach to Service', *Harvard Business Review*, 50(September-October): pp. 41–52.
Levitt, T. (1974): *Marketing for Business Growth*. New York: McGraw-Hill.
Levitt, T. (1981) 'Marketing Intangible Products and Product Intangibles', *Harvard Business Review*, 59 (May-June): 94–102.
Levitt, T. (1986) *The Marketing Imagination*. New York: The Free Press.
Liljander, V. and Strandvik, T. (1995) 'The Nature of Customer Relationships in Services', in Swartz, T.A., Bowen D.E. and Brown, S.W. (eds.) *Advances in Services Marketing and Management*, 4, Greenwich, CT: JAI Press, pp. 141–167.
Lindberg-Repo, K. and Grönroos, C. (2004) 'Conceptualising Communications Strategy from a Relational Perspective', *Industrial Marketing Management*, 33: 229–239.
Lipson, H.A. and Darling, J.R. (1974) *Marketing Fundamentals: Text and Cases*. New

York: John Wiley & Sons.
Lovelock, C.H. (2000) 'Functional Integration in Services: Understanding the Links Between Marketing, Operations, and Human Resources', in Swartz, T.A. and Iacobucci, D. (eds) *Handbook of Services Marketing and Management*. Thousand Oaks, CA: Sage, pp. 421–437.
'Marketing Renaissance: Opportunities and Imperatives for Improving Marketing Thought, Practice, and Infrastructure' (2005) *Journal of Marketing*, 69 (October): 1–25.
McCarthy, E.J. (1960) *Basic Marketing: A Managerial Approach*. Homewood, IL: Irwin.
McGovern, G.J., Court, D., Quelch, J.A. and Crawford, B. (2003) 'Bringing Customers into the Boardroom', *Harvard Business Review*, 82 (November): 70–80.
Mickwitz, G. (1959) *Marketing and Competition*. Helsingfors, Finland: Societas Scientarium Fennica.
Miller, J.A. (1977) 'Studying Satisfaction, Modifying Models, Eliciting Expectations, Posing Problems and Making Meaningful Measurements', in Junt, H.K. (ed.) *Conceptualization and Measurement of Consumer Satisfaction and Dissatisfaction*. Cambridge, MA: Marketing Science Institute, pp. 72–91.
Morgan, R.M. and Hunt, S.D. (1994) 'The Commitment-Trust Theory of Relationship Marketing', *Journal of Marketing*, 58(January): 20–38.
Normann, R. (2001) *Reframing Business: When the Map Changes the Landscape*. Chichester: John Wiley & Sons, Ltd.
Normann, R. and Ramirez, R. (1993) 'From Value Chain to Value Constellation: Designing Interactive Strategy', *Harvard Business Review*, 71(July–August): 65–77.
Odekerken-Schröder, G.J., De Wulf, K. and Schumacher, P. (2003) Strengthening Outcomes of Retailer-Consumer Relationships: The Dual Impact of Relationship Marketing Tactics and Consumer Personality, *Journal of Business Research*, 56(3): 177–190.
Ojasalo, J. (1999) *Quality Dynamics in Professional Services*. Helsinki: Hanken Swedish School of Economics, Finland.
Oliver, R.L. (1980) 'A Cognitive Model of the Antecedents and Consequences of Satisfaction Decisions', *Journal of Marketing Research*, 17 (November): 460–469.
Prahalad, C.K. and Ramaswamy, V. (2004) *The Future of Competition: Co-Creating Unique Value with Customers*. Boston, MA: Harvard Business School Press.
Rasmussen, A. (1955) *Pristeori eller parameterteori? Studier omkring virksomhedens avsaetning* (Price Theory or Parameter Theory? Studies of the Sales of a Firm). Copenhagen: Erhvervsekonomisk forlag.
Ravald, A. and Grönroos, C. (1996) 'The Value Concept and Relationship Marketing', *European Journal of Marketing*, 30(2): 19–30.
Reinartz, W. and Kumar, V. (2002) 'The Mismanagement of Customer Loyalty', *Harvard Business Review*, 80 (July–September): 4–12.
Ryals, L. (2005) 'Making Customer Relationship Mangement Work: The Measurement and Profitable Management of Customer Relationships', *Journal of Marketing*, 69 (October): 252–261.
Sheth, J.N. and Parvatiyar, A. (1995) 'The Evolution of Relationship Marketing', *International Business Review*, 4(4): 397–418.
Sheth, J.N. and Parvatiyar, A. (2000) 'Relationship Marketing in Consumer Markets: Antecedents and Consequences', in Sheth, J.N. and Parvatiyar, A. (eds) *Handbook of Relationship Marketing*. Thousand Oaks, CA: Sage, pp. 171–208.
Stackelberg, H. von (1939) Theorie der Vertriebspolitik und der Qualitätsvariation. *Schmollers Jahrbuch*, 63(1) 73–85.
Staudt, T.A. and Taylor, D.A. (1965) *Marketing: A Managerial Approach*. Homewood, IL:

Richard D. Irwin.

Storbacka, K. and Lehtinen, J.R. (2001) *Customer Relationship Management*. Singapore: McGraw-Hill.

Vandermerwe, S. (1996) 'Becoming a Customer "Owning" Company', *Long Range Planning*, 29(6): 770–782.

Vargo, S.L. and Lusch, R.F. (2004) 'Evolving to a New Dominant Logic for Marketing', *Journal of Marketing*, 68(January): 1–17.

Verhoef, P.C. (2003) 'Understanding the Effect of Customer Relationship Management Efforts on Customer Retention and Customer Share Development', *Journal of Marketing*, 67(October): 30–45.

Webster Jr., F.E. (1992) 'The Changing Role of Marketing in the Corporation', *Journal of Marketing*, 56(October): 1–17.

Webster, Jr., F.E. (1994) 'Executing the New Marketing Concept', *Marketing Management*, 3(1): 9–18.

Webster Jr., F.E., Malter, A.J. and Ganesan, S. (2005) 'The Decline and Dispersion of Marketing Competence', *MIT Sloan Management Review*, 46(4): 35–43.

Wikström, S. (1996) 'Value Creation by Company-Consumer Interaction', *Journal of Marketing Management*, 12: 359–374.

Woodruff, R.B. and Gardial, S. (1996) *Know Your Customers: New Approaches to Understanding Customer Value and Satisfaction*. Oxford: Blackwell Publishers

索　引

あ行

IMP グループ …………………… 151
IT ………………………………… 20
アウトソーシング ………………… 20
異質性 …………………………… 215
インターナル・マーケティング …… 7,
　121, 160, 216, 253, 258
インターナル・マーケティング機能
　………………………………… 63
インターナル・マーケティングの必
　要性 …………………………… 121
インターネット …………………… 23
インタラクティブ・マーケティング
　………………… 83, 178, 228, 242, 253
インタラクティブ・マーケティング
　機能 ………… 53, 76, 119, 137, 218
イントラネット …………………… 20
"will" の期待 …………………… 94
失われた生産物の事例 …………… 12
エクスターナル・マーケティング
　………………………………… 252
エクストラネット ………………… 20
エピソード ………………… 187, 188
エレベーターの修理・メンテナンス
　のサービス財のケーススタディ
　………………………………… 98
オーダーメイド ………………… 178
オープン・システム …………… 215
オープン・プロセス …………… 214
オペレーション・システム …… 102
オペレーション資源 …………… 101

か行

買い手と売り手との相互作用 ‥52-55,
　75-77
買い手と売り手の相互作用における
　資源 …………………………… 55
価格設定 ………………………… 45
科学的管理法 …………………… 158
拡張されたマーケティング・ミックス
　………………………………… 216
カスタマー・バリュー・チェーン
　………………………………… 186
カスタマー・リレーションシップ・
　マネジメント ………………… 247
仮説生成型研究プロセス ………… 92
価値 ……………… 185, 196, 197, 260
価値創造 …………… 226, 227, 242
価値創造プロセス ………… 221, 241
価値提案 ………………………… 227
価値の共創 ……………………… 243
価値の共同創造者 ………… 11, 243
価値の充足 ……………………… 227
価値発生プロセス ………… 185, 186
価値プロセス …………………… 15
価値をサポートする「プロセス」
　………………………… 222, 242
活動 ……………………………… 51
関係性 ………………… 7, 179, 187
関係性計画 ……………………… 163
関係性構築という目標 ………… 141
関係性コスト …………………… 198
関係性コミュニケーション・グローブ

271

索　引

……………………………………193
関係性ダイアログ………………195
関係性における交換……………217
関係性品質…………………………95
関係性モード………13, 200, 248, 262
企業イメージ……45, 53, 54, 73, 75-77
企業の市場関係性のマネジメント
　…………………………………169
企業文化…………………………120
技術的資源……………………56, 89
技術的ソリューション…………157
技術的品質…53, 54, 71-78, 92, 97, 100, 101
期待………………………………263
期待サービス…………………68, 69
期待の否定………………………263
機能的品質…53, 54, 72-78, 92, 97, 100, 101
機能の束……………………………88
ギャップ・モデル………………219
共同生産…………………………243
共同生産者………………………8, 11
共同創造者…………………………8
苦情処理…………………………178
口コミ………………69, 77, 192-195
クローズド・システム…………214
クローズド・プロセス……………84
計画作因……………………………57
計画ツール…………………………31
計画的コミュニケーション・プロセス
　………………15, 179, 190, 191, 193, 200
計画的コミュニケーション・プロセスの輪……………………………190
計画的マーケティング・コミュニケ

ーション……………………193, 201
結果の消費……………………12, 83, 85
行為…………………………187, 188
交換………………7, 154, 215, 217, 245
交換価値……………………221, 240
工場関連サービス要素…………106
行動パラメータ…………………135
広報………………………………129
顧客育成…………………………178
顧客志向……………………260, 261
顧客情報ファイル………………164
顧客と従業員との間にみられる双方
　向のコミュニケーションの概念…60
顧客との関係性のライフサイクル
　…………………………………115
顧客の期待…………………93, 219
顧客の財布のシェア……………238
顧客の精神のシェア………238, 239
顧客の知覚価値……………90, 197-199
顧客マネジメント……21, 22, 247, 248
顧客満足……………159, 165, 169
顧客ロイヤルティ………………165
個別化……………………………163
コペンハーゲン学派……………134
コミュニケーション……………182
コミュニケーションの欠如……192

さ行

サーバクション………137, 216, 218
サービス…………………………220
サービスあるいはマーケティングの
　研修……………………………120
サービス・インターフェース……230
サービス・エンカウンター……115

索　引

サービス概念 …………………… 29
サービス企業のインターナル・マーケティング ……………………… 36
サービス企業の顧客との関係性のモデル …………………………… 55
サービス技術者 ………… 101, 103, 104
サービス競争 …………………… 152, 182
サービス・コンセプト ………… 57-59
サービス・コンテクスト ………… 114
サービス財の特性 ………………… 51
サービス財のマーケティング ……137, 138
サービス・システム ……………… 96
サービススケープ …………… 105, 218
サービス・スタイル ……………… 218
サービス知覚品質 ………………… 137
サービス提供 ………………… 157, 158
サービス提供の設計 ……………… 34
サービス・ドミナント・ロジック ……………………………………… 212
サービスのアクセシビリティ ……34, 58-61
サービスの企業内要素 ………… 37, 41
サービスの使者 …………………… 35
サービスの知覚品質 …………… 69, 218
サービス品質 ………………… 53, 67
サービス・プロセス ……………… 7
サービス・プロセス・モデル …… 96
サービス文化の必要性 ………… 120
サービス・マーケティング ……… 2
サービス・マーケティング・トライアングル ………………… 12, 87
サービス・マーケティング・モデル ……………………………………… 58

サービス・マーケティングの混乱 … 29
サービス・マーケティングの性質 … 51
サービス・メッセージ ……… 192-194
サービス・ロジック …… 213, 222, 226, 227, 242
SERVQUAL ………………… 93, 219
SERVPERF ………………… 219
サポート・システム …………… 97, 98
サポート部分 …………………… 97
3段階モデル …………………… 62
視界の境界線 ………………… 96, 97
シークエンス …………………… 188
資源の調整 ……………………… 86
市場サービス財 ………………… 32
市場シェアの統計 …………… 164, 165
市場志向 ………………………… 138
市場調査 ……………………… 164, 165
市場提供物 ……………………… 156
システム志向的アプローチ …… 128
実践 …………………………… 223
実践理論 ……………………… 223
自動化 ………………………… 20
ジャストインタイム・ロジスティクス ……………………………………… 20
従来の外部機能 ………………… 217
従来のプロダクトマーケティング … 83
従来のマーケティング機能 …… 53
手段のパフォーマンス ………… 70
"should" の期待 ………………… 94
商業取引のルーツ ……………… 153
消費財のマーケティングにおける流通の概念 ……………………… 60
消費者の影響 …………………… 61
消費スタイル …………………… 218

273

索　引

消費のブラックボックス ………… 214
消滅性 ……………………………… 215
将来的な価値 ……………………… 227
所有権及び所有権の取引が無いこと
　……………………………………… 33
真実の瞬間 ………………… 118, 188, 218
人的資源 ………………………… 35, 36
生産財マーケティング ……… 114, 116
生産志向的 ………………………… 132
生産と消費が同時 ………………… 51
生産と消費の相関 ………………… 32
生産物 ……………………………… 157
生産物のコンセプト ……………… 156
制度的アプローチ ………………… 128
製品メッセージ ……………… 192-194
製品ロジック ……………………… 222
誓約 … 69, 117, 118, 141, 215, 242, 250,
　251, 261-264
誓約のイネーブリング …………… 252
誓約の概念 ……………………… 250-252
誓約の達成 …………………… 92, 252
誓約の提示 ………………………… 92
誓約のマネジメント …………… 16, 249
誓約のマネジメントによる定義 … 262
誓約を可能にすること …………… 85
政略 ………………………………… 129
接客 ………………………………… 169
接客従業員 …………………… 55, 96
全般的なマーケティング理論 …… 131
全マーケティング機能 …………… 53
総合的品質管理（TQM） ………… 20
相互作用 …… 7, 184, 216, 217, 245, 246
相互作用アプローチ ……………… 136
相互作用プロセス … 15, 179, 184-188,
　190-195, 199, 200
即席の認識 ………………………… 94
素材のミキサー ……… 114, 129, 130

た行

ダイレクト・コミュニケーション
　…………………………………… 190
ダイレクトメール ………………… 247
ダイレクトレスポンス・マーケティ
　ング ……………………………… 189
対話 ………………………………… 194
ダウンサイジング ………………… 20
知覚サービス ………………… 68, 69
中核的な価値 ……………………… 226
調整されたマーケティング ……… 139
直接販売 …………………………… 35
転換曲線 …………………………… 167
統合型マーケティング・コミュニケ
　ーション ………………………… 189
統合機能 …………………………… 139
独占的競争理論 …………………… 133
特有のシステム知識 ……………… 102
ドミナント・ロジックとしてのサー
　ビス・ロジック ………………… 228
取引 ………………………… 215, 217, 247
取引志向的な目標 ………………… 141
取引特有品質 ……………………… 95
取引マーケティング ………… 117, 237
取引モード ………………… 13, 200, 248

な行

内部化市場 ………………………… 176
内包的意味 ………………………… 195
認識される生産物のパフォーマンス

……………………………… 69
ネットワーク・アプローチ ……… 136
ノルディック学派 …… 6, 114, 137, 151

は行

パートタイム・マーケター …… 14, 88, 118, 119, 136, 218
パッケージツアーのマーケティングの事例 …………………… 42
パラメータ理論 ……………… 134
反証概念 …………………… 92, 94
BtoB の関係性 …………… 200, 201
BtoB マーケティング …………… 86
非計画的メッセージ …………… 192
非相互作用的な市場コミュニケーション ……………………… 45
人 …………………………… 130
非マーケティング ……………… 136
表現のパフォーマンス …………… 70
品質競争 ……………………… 134
不可分性 ……………………… 215
副次的な構成要素 ……………… 33
物的資源 ………………… 56, 102
物的要素 ……………………… 130
物理的環境 …………………… 56
物理的に無形性 ………………… 51
ブランド・マネジメント ………… 23
フルタイム・マーケター …… 14, 137, 143, 156, 159, 252, 254
プロセス ……… 130, 217, 218, 230, 231
プロセス・リエンジニアリング …… 20
プロセスの観点 ………………… 103
プロセスの消費 …… 12, 83, 85-87
プロダクト …………………… 214

プロダクトマーケティング・トライアングル ………………… 84, 85
米国マーケティング協会 ……… 128
包括的なサービス ……………… 182
補助サービス ………… 37, 38, 58, 61
ホリスティックなマーケティング概念 ……………………… 83

ま行

マーケット・セグメンテーション ……………………………… 163
マーケティング ……… 14, 127, 128
マーケティング機能 …………… 132
マーケティング計画 ……… 161, 162
マーケティングコスト …………… 20
マーケティング・コンセプト …… 132
マーケティング・マネジメント … 131
マーケティング・ミックス ……… 113, 114, 118, 127-133, 249
マーケティング志向 …………… 138
マーケティング思想におけるノルディック学派 ……………… 5, 81
マーケティング信仰 …………… 140
マーケティングにおける関係性の定義 …………………………… 116
マーケティングに重要となる3つの当事者 ……………………… 84
マーケティングの基本的な3つのガイドライン ……………… 239
マーケティングの生産性 ………… 23
マーケティングの責任 ………… 160
マーケティングの従来の役割 …… 114
マーケティングのトレーニング …… 36
マーケティングの変数と資源 …… 155

索　引

マーケティングの目的 ……………… 52
マーケティング復興 ………………… 20
マーケティング部門 …… 132, 158, 159
マーケティング・ミックス概念の欠点
　………………………………………… 33
マーケティング・ミックスの設計
　………………………………………… 33
マーケティング・ミックスの本質
　……………………………………… 131
マーケティング・ミックスのマネジ
　メント ………………………… 5, 19
マーケティング・ミックスの歴史
　……………………………………… 129
マーケティング理論 …………… 20, 23
マス・コミュニケーション ……… 189
満足の誓約 ………………………… 251
ミクロ経済理論 …………………… 133
魅力 ………………………………… 152
無関心領域 ………………………… 219
無形性 ………………………… 32, 215
メガマーケティング ……………… 129

や行

有機的機能主義アプローチ ……… 127
優良なサービス品質 ……………… 98
4 Ps ………………………… 114, 128
4 P モデル …… 19, 33, 83, 142, 143, 149,
　155, 156

ら行

理髪店のマーケティングの事例 …… 43
利用価値 …… 8, 11, 213, 221, 222, 226,
　229, 240, 241, 244, 262
リレーションシップ・マーケティング
　…………………… 11-13, 140, 141, 151, 237
リレーションシップ・マーケティン
　グ・アプローチ …………………… 86
リレーションシップ・マーケティン
　グとサービス競争 ……………… 179
リレーションシップ・マーケティン
　グにおける価値プロセス ……… 195
リレーションシップ・マーケティン
　グにおけるサービス財 ………… 177
リレーションシップ・マーケティン
　グにおける相互作用プロセス … 186
リレーションシップ・マーケティン
　グにおける対話 ………………… 191
リレーションシップ・マーケティン
　グの動的プロセスのモデル …… 15
理論形成 ……………………………… 7
理論検証 ……………………………… 7
連続性の概念 ……………………… 29
ロイヤルティー・プログラム …… 247

著者紹介

クリスチャン・グルンルース（Christian Grönroos）

ハンケン経済大学（HANKEN School of Economics Finland）の名誉教授。Ph.D（経済学）。サービス・マーケティング及びリレーションシップ・マーケティングを専門とする。HANKEN-CERS（Centre for Relationship Marketing and Service Management）の研究所長を兼務。2011年，"Legends in Marketing"に認定。主著 *Service Management and Marketing*（邦題『北欧型サービス志向のマネジメント』）の第3版が現在までに出版されている。彼はその専門分野のパイオニアであり，市場志向的なマネジメントについて初めて「サービス・マネジメント」という術語と関連づけて説明した研究者の1人である。また，彼は現代のサービス及び情報技術がもたらす競争を言い表すのに「サービス競争」という概念を提唱した。

訳者紹介

蒲生智哉（かもう　ともや）

立命館大学大学院経営学研究科企業経営専攻博士課程後期課程修了（2010年）。博士（経営学）。ハンケン経済大学留学（2008年9月～2009年2月）。目白大学経営学部専任講師を経て，現在，名古屋学院大学商学部専任講師。専門分野はサービス・マネジメント。主な出版物は『北欧型サービス志向のマネジメント──競争を生き抜くマーケティングの新潮流──』（近藤宏一監訳／蒲生智哉訳）ミネルヴァ書房，2013年（Christian Grönroos [2007] *Service Management and Marketing : Customer Management in Service Competition*, 3rd edition, John Wiley & Sons, Ltd.）。

▨▨▨サービス・ロジックによる現代（げんだい）マーケティング理論（りろん）
── 消費プロセスにおける価値共創へのノルディック学派アプローチ ──

▨発行日──2015年7月26日　初　版　発　行　　　〈検印省略〉
　　　　　2017年6月16日　初版2刷発行

▨訳　　者──蒲生智哉（かもうともや）
▨発行者──大矢栄一郎
▨発行所──株式会社　白桃書房（はくとうしょぼう）
　　　　　〒101-0021　東京都千代田区外神田5-1-15
　　　　　☎03-3836-4781　Fax 03-3836-9370　振替00100-4-20192
　　　　　http://www.hakutou.co.jp/

▨印刷・製本──藤原印刷株式会社

© Tomoya Kamoh 2015 Printed in Japan
ISBN 978-4-561-66212-9 C3063

本書のコピー，スキャン，デジタル化等の無断複製は著作権法上での例外を除き禁じられています。本書を代行業者等の第三者に依頼してスキャンやデジタル化することは，たとえ個人や家庭内の利用であっても著作権法上認められておりません。
落丁本・乱丁本はおとりかえいたします。

好評書

大石芳裕【編】グローバル・マーケティング研究会【著】
日本企業のグローバル・マーケティング 　　本体 2,800 円

古川裕康【著】
グローバル・ブランド・イメージ戦略 　　本体 3,000 円
　—異なる文化圏ごとにマーケティングの最適化を探る

栗木　契【著】
リフレクティブ・フロー 　　本体 3,300 円
　—マーケティング・コミュニケーション理論の新しい可能性

折笠和文【著】
マーケティングの批判精神 　　本体 2,500 円
　—持続可能社会の実現を目指して

大石芳裕【編著】
マーケティング零 　　本体 2,500 円

大石芳裕【編著】
グローバル・マーケティング零 　　本体 2,500 円

——————東京　白桃書房　神田——————

本広告の価格は本体価格です。別途消費税が加算されます。

好 評 書

畢 滔滔【著】
チャイナタウン，ゲイバー，レザーサブカルチャー，ビート，
そして街は観光の聖地となった
　―「本物」が息づくサンフランシスコ近隣地区

本体 2,750 円

畢 滔滔【著】
なんの変哲もない 取り立てて魅力もない地方都市 それがポートランドだった
　―「みんなが住みたい町」をつくった市民の選択

本体 3,100 円

矢作敏行・川野訓志・三橋重昭【編著】
地域商業の底力を探る
　―商業近代化からまちづくりへ

本体 3,400 円

嶋口充輝【監修】川又啓子・余田拓郎・黒岩健一郎【編著】
マーケティング科学の方法論

本体 3,200 円

——————— 東京 白桃書房 神田 ———————

本広告の価格は本体価格です。別途消費税が加算されます。

好 評 書

P. コトラー・W. ファルチ【著】杉光一成【訳】
コトラーのイノベーション・ブランド戦略　　本体 4,200 円
―ものづくり企業のための要素技術の「見える化」

C. H. ラブロック／L. ライト【著】小宮路雅博【監訳】高畑　泰・藤井大拙【訳】
サービス・マーケティング原理　　本体 3,900 円

D. フォード・IMP グループ【著】小宮路雅博【訳】
リレーションシップ・マネジメント　　本体 3,800 円
―ビジネス・マーケットにおける関係性管理と戦略

西川英彦・岸谷和広・水越康介・金　雲鎬【著】
ネット・リテラシー　　本体 2,700 円
―ソーシャルメディア利用の規定因

―――― 東京　白桃書房　神田 ――――

本広告の価格は本体価格です。別途消費税が加算されます。